本书得到江苏高校哲学社会科学研究项目：

莱布尼茨哲学与中国文化关系研究（2020SJA1363） 的资助

东吴哲学文丛

莱布尼茨科学观研究

杨静◎著

中国社会科学出版社

图书在版编目（CIP）数据

莱布尼茨科学观研究／杨静著．—北京：中国社会科学出版社，2021.12
（东吴哲学文丛）
ISBN 978 - 7 - 5203 - 9418 - 5

Ⅰ.①莱…　Ⅱ.①杨…　Ⅲ.①莱布尼兹(Leibniz,Gottfried Wilhelm Von
1646 - 1716)—哲学思想—思想评论　Ⅳ.①B516.22

中国版本图书馆 CIP 数据核字(2021)第 264847 号

出 版 人	赵剑英
责任编辑	朱华彬
责任校对	谢　静
责任印制	张雪娇

出　　版	中国社会科学出版社
社　　址	北京鼓楼西大街甲 158 号
邮　　编	100720
网　　址	http://www.csspw.cn
发 行 部	010 - 84083685
门 市 部	010 - 84029450
经　　销	新华书店及其他书店

印刷装订	北京明恒达印务有限公司
版　　次	2021 年 12 月第 1 版
印　　次	2021 年 12 月第 1 次印刷

开　　本	710×1000　1/16
印　　张	17.5
插　　页	2
字　　数	274 千字
定　　价	99.00 元

凡购买中国社会科学出版社图书，如有质量问题请与本社营销中心联系调换
电话：010 - 84083683
版权所有　侵权必究

《东吴哲学文丛》总序

苏州大学哲学系成立于1999年，迄今正好20周年。此次哲学系推出《东吴哲学文丛》5种，可谓恰逢其时：既是对哲学系建系20周年最好之献礼，又是对东吴哲学一次很好的学术总结反思。真是可喜可贺。

东吴，以地望言之，即古之浙西也。清初史学大师章实斋有言，"世推顾亭林氏为开国儒宗，然自是浙西之学。不知同时有黄梨洲氏，出于浙东"，而"浙东贵专家，浙西尚博雅"。由此可知，相对浙东"言性命者必究于史"之"广义史学"传统，吴地学风重博雅，出博学之考据家与经学家。不宁唯是，吴地自古繁庶风流，尤于明清时期多有工于艺之文人雅士；文士"游于艺"，而不耐于辨名析理，故吴地少有理学家。凡此似则足证，东吴向来出文人学者而不出哲人。然或可暂置此一传统之说，更作新诠。依今人严迪昌之言，明清文人虽"游于艺"而不"耽于艺"，乃是要"以艺通道"。若作如是之解，则吴地文人实有高远之理想，其之"以艺通道"不正与戴东原之"以词通道"相映成趣，实并不津津于"艺事"，而有"道"求焉？至于东吴文人"以艺通道"不成而"耽于艺"，终未在明清哲学史上获得其相应地位，此虽是憾事，然并不否定"以艺通道"原则之合法性，而或可归于此一哲学运作模式之因缘条件未足。

故在中国古典时代后期，东吴哲学"以艺通道"之哲学运思模式虽未能修成正果，而在全面应对现代性开展的新时代，或可迎来其重获开展的契机。故自1900年东吴大学创于古吴苏州，开中国现代私立高等教育之先河，哲学教育与研究之风即已蔚然于东吴之园，洋溢于葑溪两侧。东吴大学老校长杨永清所题之校训"养天地正气，法古今完人"正是哲学理念贯彻落实于大学"完人"教育之明证。经历了百年沧桑，见证了数代东吴哲人之精神探索，伴随着苏州大学哲学系的成立，东吴哲学在21世纪进入了一个全新的发展时期，但也面临新的哲学主题带来的挑战。在此技术高度发展、政治格局更为复杂、时空极度压缩的新全球化时代，地球人一方面在对"物"与"身体"的控制与改造技术方面达到了前所未有的高度，另一方面则面临着来自环境、社会、人心的严重失序问题；要解决人类的困境，我们必须整合东西方文明，吸纳全球不同"部族"的智慧，给出多元但同时更具普适性的理性反思形态。故相对近现代主导的偏于"刚性"的哲学理性模式，21世纪哲学理性模式要求平衡人类不同精神维度，在心与物/身、理与情、理性思辨与实证运作等之间有一调停。对此，东吴哲学同人实可立足吴地，放眼全球，通过"游于艺"进而"以艺通道"之哲学运思，参与到对全球哲学的建设中。自然，对于哲学人来说，21世纪新全球化时代的"艺"已非古典时代狭义的"文艺"，而是广义之人文社会科学及艺术，故"游于艺"进而"以艺通道"要求基于自身既有研究领域开展"跨学科""跨教研室"的"跨界"思维与合作，东吴哲人之使命可谓重矣、大矣。

此次出版的《东吴哲学文丛》所收5种虽非刻意规划，但一定程度上反映了东吴哲学共同体近年来"跨学科"交流、"以艺通道"的初步成果；5种书分别论及了中西哲学美学思想之比较、当代儒学对公共伦理的参与、莱布尼茨的科学观、科学哲学中的量子规范场理论以及西方逻辑思想史5个主题，涉及面非常广泛，处理角度亦独到别致，其精彩之处在此难以详述，有待读者品味体察。特别是，5种书的作者，有的是学养深厚的资深教授，有的是功力颇深的中年学者，另外3位是已在学界崭露头角的青年才俊，他们实为东吴哲学未来希望之所在。黑格尔（Hagel）说，密涅瓦河畔的猫头鹰要到黄昏才起飞。但哲学的未来实在青年，我们将东吴哲学的未来寄予青年一代。

2019年不仅是苏州大学哲学系成立20周年，也是作为中国现代思想启蒙的五四运动开启的100周年，我们以本套丛书的出版作为对本系成立20周年的庆祝，也以之作为对五四运动最高的礼敬。

周可真　吴忠伟

目　录

前　言

在英语中科学一词为 Science，一般指自然科学，可以理解为建立在感官经验基础上而获得的系统知识和判断能力。在德语中科学一词为 Wissenschaft，泛指一切有系统的学问，不仅包括自然科学，一般还包括历史学、语言学、文学、哲学等一切具有一定结构的知识体系。由此可见在德语中的科学这一词汇，其含义比英语中的含义要广泛得多。科学在不同文化、不同地域、不同时代其内涵都有所差别而且含义几经转折，至今还没有一个为世人公认的定义。所以贝尔纳（Bernal）说："科学在全部人类历史中确已如此地改变了它的性质，以致无法下一个适合的定义。"① 尽管无法给科学下确切的定义，但是科学的产生与发展毋庸置疑地推动着人类文明的进程，是人类伟大的事业。回眸历史，在三百万年的漫长岁月中，人类通过制造、运用工具改造自然，逐渐脱离了蒙昧和野蛮的时代，创造了光辉灿烂的文明。石器时代，人类通过制造使用石器开始认识自然；弓箭的发明则大大地提高了原始狩猎效率，人类才可能将剩余的猎物饲养起来，从此人类的历史由狩猎时代进入畜牧时代；火的发现和使用一方面提升了人的生活质量，另一方面又增加了人的生产手段：使用火可以炼制黏土，制造出各种不同的陶器；使用火可以熔化铜和铁，制造出金属农器具，自此人类才彻底结束了迁徙奔波的生活模式，进入到自给自足的农业社会模式，从而开始了人类近七千年的文明史。

伴随着劳动创造，在认识自然规律的同时，人类逐渐形成创造出了

① ［英］贝尔纳：《历史上的科学》，伍况甫等译，科学出版社 1981 年版，第 1—2 页。

语言、文字等知识赖以诞生和发展的基础。可以说人类文明的历史就是人类追求科学和摆脱愚昧的历史,是人类不断地认识和把握自然规律、利用和发挥科学的功能的历史。探究历史,我们发现在科学发展的每一个历史时期,其背后都有着哲学思想的支撑;而科学的研究成果也促使相应的哲学思想的演变。与此相对应的是,科学观的发展推动着哲学观的变化;哲学观的不断更新又会把科学凝结成新的时代精神。概而言之,科学的物质功能和应用价值直接地推动了人类对物质世界的改造,从而拓展了人类的生存与行为空间;科学自身的精神价值和文化意蕴更是深远地影响并决定着人类思维的发展和演进。鉴于此,作为对科学进行哲学反思的科学观的时代意义和存在价值得以确定。广义科学观认为科学是探索事物规律的学问,与具体研究对象、研究方法无关。广义上的科学观侧重于将科学系统视为一个整体研究对象加以反思,是站在科学之外的文化整体的背景上考察科学,本文正是在这种角度对莱布尼茨的科学观加以探讨。费尔巴哈(Feuerbach)在《对莱布尼茨哲学的叙述、分析和批判》一书中曾明确地说:"近代哲学领域内继笛卡尔(Descartes)和斯宾诺莎(Spinoza)之后,内容最丰富的哲学家乃是莱布尼茨。"① 在整个西方哲学的历史上,莱布尼茨的形而上学是最为晦涩复杂的哲学之一,也正是因为其内容丰富如此,而给莱布尼茨哲学的后学留下了巨大的阐发可能性。按照费尔巴哈的观点,是否具有阐发的可能性是哲学与非哲学或真哲学与伪哲学的标准,那么无疑莱布尼茨哲学是真正的哲学,是有待挖掘有待阐发的哲学。莱布尼茨哲学理念的真正意蕴,对我们现时代的真正价值仍然隐藏在莱布尼茨论著的更深层次,等待着进一步的发现与探索,等待着进一步的具象化。

站在人类的历史长河回望,现代科学的脚步姗姗来迟。但是其诞生后所展现的巨大力量是前所未有的,这也就使得科学一直占据人类反思关注的焦点从未改变,以至于尤瓦尔·赫拉利(Yuval Noah Harari)认为科学是现代人的宗教。当然,除了因为科学对现代生活的强大影响之外,还因为人们对科学之科学的追问。即摒弃具体科学的内容与形式,而反

① [德]费尔巴哈:《对莱布尼茨哲学的叙述、分析和批判》,涂纪亮译,商务印书馆1985年版,第5页。

思科学本身的意义、价值、目的、方法、特征等等，这是人类对于普遍性思维追求的惯性使然。作为黄昏飞起的密涅瓦猫头鹰，以考察科学观为主要任务之一的科学哲学直至"二战"后才以一门独立学科的姿态出现。科学哲学历经逻辑实证主义、批判理性主义、社会历史主义，以及后现代主义，发表了很多重要的研究成果，产生了广泛的影响。然而1970年，当代科学哲学中的最大异端①费耶阿本德（Paul Feyerabend）宣告："科学哲学"是"一门有伟大过去的学科"②，意指科学哲学这门学科没有未来。1986年，美国科学哲学家法因（Arther Fine）在其《自然本体论态度》一文中喊出了"实在论死了"的口号，再次震惊了整个科学哲学界。传统的科学观似乎走到了死角，面临着重重危机，出路在哪里呢？科学哲学不是无源之水，无本之木，"以史为鉴，可知兴衰"，明晰科学发展的历程，追寻前人的科学观，赋予今人以新的启迪，未尝不是好的方法。一方面，我们可以从过去的思想家的探索中寻得启示，透过他们的工作和经历更好地把握当前的时代；另一方面，学习他们的精神，使我们的心胸更加开阔，选择更加理性。

生活在天才辈出的17世纪的哥特弗利德·威廉·莱布尼茨（Gottfried Wilhelm Leibniz, 1646—1716），是继亚里士多德（Aristotle）后唯一一位百科全书式的伟大人物，不仅在西方哲学史以及西方文化史上，甚至于在整个人类哲学史以及整个人类文化史上，能出莱布尼茨之右者都寥寥无几。③他一生天赋异禀，又勤奋异常，因此几乎在每一个他所涉及的领域都做出了独特的发现：在哲学上，他是欧陆唯理论集大成者；在数学上，他创造了二进制、发明了微积分；在物理学上，他进一步完善了力的守恒定律；在化学上，他发表了《磷的发现史》；在技术方面，他制作了乘法演算机、水压机、风车；在逻辑学、法学、语言学等等多达十数个研究领域都取得了骄人的成绩。所以狄德罗（Denis Diderot）在他主编的《百科全书》中写道："当一个人考虑到自己并把自己的才能和一

---

① 洪晓楠：《科学文化哲学的前沿探索》，人民出版社2008年版，第208页。

② ［美］洛西：《科学哲学历史导论》，邱仁宗、金吾伦、林夏水等译，华中工学院出版社1982年版，第227页。

③ 段德智：《中国当代莱布尼茨研究述介》，《哲学动态》2003年第7期。

位莱布尼茨的才能来做比较时，就会恨不得把书都抛弃，去找个世界上极偏僻的角落躲藏起来以便安静地死去。这个人的心灵是混乱的大敌：最错综复杂的事物一进入他的心灵就弄得秩序井然。他把两种几乎彼此不相容的品质结合在一起了，这就是探索发现的精神和讲求条理方法的精神；而他借以积累起最广泛的各种不同种类知识的最坚毅又最五花八门的研究既没有削弱这一种品质，也没有削弱另一种品质。就哲学家和数学家这两个词所能具有的最充分的意义来说，他是一位哲学家和一位数学家。"① 狄德罗对莱布尼茨的评价绝不是刻意吹捧，相反是十分客观理性而克制的。任何人在某一单一领域取得成就已实属不易，更何况莱布尼茨在诸多领域获得的赞誉：德国科学、哲学之父，现代计算机之父，数理逻辑的先驱，德国以及欧洲历史上最后一个各学科的通才。以至于罗素的评价"莱布尼茨毕竟是个大人物，他的伟大现在看来比以往任何时代都明显"② 在我们今天这个时代仍然是不为过的。作为百科全书式的思想家莱布尼茨同时身为哲学家和自然科学家，莱布尼茨浩瀚渊博的科学研究是其哲学大厦的夯实根基，具体的现实的科学研究为其哲学思考提供了素材与基础，而哲学思考是其现实科学研究的一般概括与理论提升，这些哲学思考又反过来渗透在莱布尼茨的具体科学研究中。仔细考察莱布尼茨的形而上学，可以发现其结论的重要性不仅仅体现在其神学和道德理论上，而且更体现在科学上。对莱布尼茨科学观的研究就是对莱布尼茨的科学成就以及著述中关于科学的论述进行哲学的反思与阐发，这对于我们理解科学精神与人文精神的关系，探索科学发展与进步的精神动力，是十分有意义的。

　　莱布尼茨思想体系的一个突出特点是在许多方面显示了独特的现代性意义，莱布尼茨在世时，无论是由于政治的原因还是因为与牛顿著名的发明权之争，抑或是由于其研究远远超越其同时代而不被理解，莱布尼茨生前所受争议颇多，极少受到其同时代人的认可与接受。一贯乐观的他却自信地相信，随着整个人类社会的进步与发展，他本人思想的深刻内涵与巨大价值终究会被发掘与承认。莱布尼茨曾经乐观地表达："我

---

① ［德］莱布尼茨：《人类理智新论》，陈修斋译，商务印书馆 1982 年版，第 1 页。
② ［英］罗素：《西方哲学史》（下卷），马元德译，商务印书馆 1976 年版，第 124 页。

有这么多思想，总有一天会有某些用处的，假如别人比我更深入透彻地研究这些思想，并把他们心灵的美好创造同我的劳动结合起来。"① 这应该归功于早期思想家的精神意识所常常具有的全面性，从而使原创思想表现出完整丰富的总体性特征；同时也在于莱布尼茨所具有的那种广泛的兴趣、渊博的学识和平等的文化意识，所以他提出了个体与和谐、不同民族间的文化交流等具有现代活力的哲学思想。而在科学方面，莱布尼茨走得更远，英国学者麦克唐纳·罗斯（Mac Donald Ross）认为，莱布尼茨在科学研究中就一直采取一种未来主义态度②。所以他的很多具有远见的科学研究，是在其去世后数百年才被人发现，甚至直到今天才被认识。比如作为现代计算机记数系统的二进制，其科学价值是莱布尼茨最先敏锐地意识到的，但在他的时代却屡屡因为对当时的社会没有任何实际的用处而被拒绝发表。再比如莱布尼茨从二十岁到生命尽头都执着的普遍字符研究，其实质就是后来的数理逻辑，这是在其去世一百多年后才因英国数学家布尔（Boole）的研究而被人发现，莱布尼茨也因此成为数理逻辑之父。此外，还有拓扑学、物理学相对性时空理论等等。在莱布尼茨庞杂的著述中仍然包含着许多尚未被发现的、非常有价值的东西。站在后人的角度，可以说莱布尼茨的思想是取之不竭的精神宝藏；可以预言，后代对莱布尼茨的思想也会不断做出新的诠释。

莱布尼茨著述颇丰，留下了 15000 多封书信和各类论著达 80000 多部篇之多，"这是一笔可观而难得的精神财富，但这又给莱布尼茨研究带来了难以预料的不确定性"③。甚至莱布尼茨本人也担心人们曲解他的整个思想，因而在生前正式出版的著作很少，其学术成就大多"养在深闺人未识"。1901 年在巴黎第一次召开并决定着手出版莱布尼茨全集后，情况才开始扭转，人们越来越认识到莱布尼茨思想的重要性。《莱布尼茨著作与书信全集》（*Sämtliche Schriften und Briefe*）预计出版 120 卷文集，第 1 卷于 1923 年出版，"二战"期间曾一度中止，迄今已编辑出版了 48 卷，

---

① ［美］汤姆森：《莱布尼茨》，李素霞、杨富斌译，中华书局 2014 年版，第 144 页。

② ［英］罗斯：《莱布尼茨》，张传有译，中国社会科学出版社 1987 年版，第 50 页。

③ 李文潮、余慧贤：《第七届莱布尼茨国际学术会议在柏林召开》，《哲学动态》2002 年第 3 期。

目前的进度为 3 年一卷，全部编辑出版工作拟于 2055 年前后竣工。目前，全世界大部分国家都有莱布尼茨研究协会，如日本已经编辑出版了十卷本的《莱布尼茨研究》；在莱布尼茨的故乡德国，莱布尼茨的研究更是引起了广泛的关注，似乎超过了康德（Kant）的研究①。莱布尼茨学术涉猎之广，难免使后人对其研究有失偏颇，大部分讨论集中于其单子论、充足理由律、前定和谐、自由与必然等问题的探讨，而一些重要的领域在某种程度上被忽略了，比如他的科学观。莱布尼茨作为大陆三大杰出理性主义代表之一，对科学与理性一贯保持着极高的热情，在其生前发表的唯一鸿篇巨制《神义论》（*Théodicée*）中宣扬了其理性与信仰的和谐一致的观点，足见其对科学的重视。在这种情况下，本文的研究目的就是，在尽可能详尽的材料的基础上，对莱布尼茨的科学观做一个较为全面、系统的梳理，把握在这一思想中的内在线索或核心主题。实际上，莱布尼茨一生都在进行科学的研究与反思，不仅其科学观的内涵十分丰富，而且他的科学观更是极大地影响了其独特的宗教观和深远的政治观，从而形成了一个完整的思想体系。

对莱布尼茨思想的重视开始于 19 世纪，从这一时期对其思想有了相对全面而系统的研究。这一时期的代表作是费尔巴哈的《对莱布尼茨哲学的叙述、分析和批判》。在书中费尔巴哈专门探讨了莱布尼茨的神义论思想，对莱布尼茨的宗教观进行了批判分析，他不同意莱布尼茨那种对理性与信仰、科学与宗教的调和思想，总结道："莱布尼茨是半个基督教徒，他既是有神论者或基督教徒，又是自然论者。他用智慧、理性来限制上帝的恩惠和万能。但这种理性无非是自然科学的研究室，无非是关于自然界各个部分的联系、整个世界的联系的观念。因此，他用自然论来限制自己的有神论；他通过对有神论的否定来肯定、维护有神论。"②

1900 年英国哲学家、数学家、分析哲学创始人伯特兰·罗素（Bertrand Russell）的《对莱布尼茨哲学的批评性解释》出版，开创了 20 世纪莱布尼茨研究的新路径。罗素在开篇伊始就指出，莱布尼茨"比斯宾诺

---

① 王路：《莱布尼兹著作的研究与出版》，《哲学动态》1997 年第 6 期。
② ［德］费尔巴哈：《对莱布尼茨哲学的叙述、分析和批判》，涂纪亮译，商务印书馆 1985 年版，第 202 页。

莎的哲学更加适宜于由定义和公理出发的几何学演绎"①，认为莱布尼茨
以"矛盾律"和"充足理由律"两个逻辑前提作为基础，通过逻辑方法
演绎出了自己的哲学体系。在书中，罗素探讨了莱布尼茨的物质哲学和
关于上帝存在的四种证明，但仅仅浅尝辄止。1902年路易·库图拉特
（Louis Cutura）《莱布尼茨逻辑学》和1903年恩斯特·卡西勒（Ernst
Cassirer）《莱布尼茨哲学体系》的出版，沿着罗素的思想方向，将莱布
尼茨的逻辑演绎系统推向了新的高峰。他们认为莱布尼茨的单子论体系、
上帝的存在与创造以及自由的问题都是在充足理由律这一大前提的原则
下推理演绎出来的。20世纪莱布尼茨研究的主流方向由这三本重要的著
作基本确定了，即认为莱布尼茨思想的最主要与最重要的方面都来自其
逻辑学说，莱布尼茨的整个形而上学体系都是由逻辑学来进行阐释和概
括的。对于这样的观点，既有追随的声音，也有反对者。约翰逊
（A. H. Johnson）认为这种观点有一定的可取之处，但是把莱布尼茨的形
而上学体系仅仅局限于逻辑学是不全面的，还应包括神学、生物学、数
学等方面。布洛迪（C. D. Broad）等人持相反的观点，认为与其说莱布尼
茨的哲学根源于其逻辑学，还不如说莱布尼茨的逻辑学根源于其哲学。
持第三种观点的弗兰克尔（A. A. Fraenkel）认为，莱布尼茨的形而上学
与其逻辑原则之间的关系是独立平等的，是两个平行的系统。

　　当代对莱布尼茨的研究进入了百花齐放的阶段，但对其科学观的关
注仍是"弱项"。在《牛津西方哲学史》书中安东尼·肯尼（Anthony
Kenny）②探讨了莱布尼茨关于自由与可能、理性真理和事实真理等问题
的论述，指出莱布尼茨主张永恒真理不依赖于上帝的意志，而依赖上帝
的理智；举凡涉及逻辑的领域，上帝也别无选择。当上帝赋予我们所生
息的现实世界时，与他可能会创造的数不清的其他可能世界相对照，上
帝自身的选择是出于什么？上帝的这一选择是否有理由，是不是自由的
选择？莱布尼茨的回答是：上帝自由地选择和创造了一切可能世界中最

---

　　①　［英］罗素：《对莱布尼茨哲学的批评性解释》，段德智、张传有、陈家琪译，商务印书
馆2000年版，第1页。
　　②　［英］肯尼：《牛津西方哲学史》，王珂平译，中国人民大学出版社2010年版。

好的世界。美国的汉姆普西耳（Hampshire）① 在其所著的《理性的时代》一书中也对莱布尼茨的上帝与充足理由律、必然真理与偶然真理、必然性与人类自由等概念进行了论述。帕里克·莱尔利（Patrick Riley）编纂的《莱布尼茨政治著作选》一书较深入地探讨了莱布尼茨的正义和人类责任问题，指出神性正义和人类正义之间的差别只是一个度的问题。他认为莱布尼茨哲学的顶点是理性神学，莱布尼茨想要建立，或者说发现一种"宇宙法学"，一种共同适合于上帝和人类的法律和正义体系；上帝和人类共同存在于这个社会或宇宙全体的精神共和国里，这是宇宙的最高贵的部分，它是一个在物质自然界中（并居于其顶端）的道德王国。英国的乔治·罗斯（George MacDonald Ross）以及阿根廷的圭叶尔墨·拉尼亚（Guillermo Ranea）等在第七届莱布尼茨国际学术会议上围绕莱布尼茨的"宇宙和谐"论，提出了对当代具有现实意义的关于人与自然、科学技术、经济发展等若干方面的和谐共存与发展问题。奥康诺（D. J. O Connor）主编的《批评的西方哲学史》是一本"与罗素的《西方哲学史》相媲美的大型西方哲学史名作"，该书以独特的视角指出并论证了②：莱布尼茨的形而上学结论极端重要是不仅表现在神学和道德理论上，而且体现在科学上。进一步说，他的基本观点产生于他的科学实验过程之中，而且也是对伽利略、牛顿、开普勒、笛卡尔和惠更斯的新科学所提出的时间、空间、运动和物质等概念的全面检查结果。这是第一部以科学视角为基点来论述莱布尼茨思想体系的著作，令人耳目一新。波塞尔（Hans Poser）③ 在《世界哲学》发表的一篇论文中指出莱布尼茨不仅是哲学家、数学家，而且还在科学技术上拥有许多重要发明。其发明的二进制，是所有计算机技术的基础。因此，把莱布尼茨看作信息时代之父并不是没有道理的。波塞尔的文章阐述了莱布尼茨在他的科学技术发明中所体现的系统论思想、科学工具化思想和他关于机器的比喻。同时进一步指出，在这个科技日新月异的时代，人作为唯一拥有自由的存在者，必须对自己的技术和行为带来的后果负责，必须警惕现代技术有可能带

---

① ［美］汉姆普西耳编：《理性的时代》，陈嘉明译，光明日报出版社 1989 年版。
② ［美］奥康诺主编：《批评的西方哲学史》，洪汉鼎等译，东方出版社 2005 年版。
③ ［德］波塞尔：《莱布尼兹与技术》，李理译，《世界哲学》2005 年第 4 期。

来的种种威胁。

　　国内对莱布尼茨的研究，最早可以追溯到 1859 年中国清代数学家李善兰和英国传教士伟列亚力（Alexander Wylie，1815—1887）合作翻译的微积分著作《代微积拾级》。在这本书的序言中记述道："我国康熙时，西国来本之（即莱布尼茨）、奈顿（牛顿）创微分、积分二术。"这是目前有据可查首次涉及莱布尼茨的中国文献。其后一个多世纪学术界仅仅翻译了莱布尼茨的几个短篇著作，包括《单子论》《人类理智新论·序》《形而上学序论》等，相关的莱布尼茨学术论文也寥寥无几。

　　这种状况直到 20 世纪 80 年代才有了根本性的转变，1981 年中国人民大学教授庞景仁先生翻译发表了莱布尼茨的《致德雷蒙先生的信：论中国哲学》。武汉大学已故的陈修斋先生是新中国莱布尼茨哲学研究的奠基人。他先后翻译并出版了莱布尼茨若干重要著作，包括《人类理智新论》（1982）、《莱布尼茨与克拉克论战书信集》（1983）和《新系统及其说明》（1999）等，并组织翻译了罗素的《对莱布尼茨哲学的批评性解释》（2000），这一系列工作为中国莱布尼茨研究奠定了基础。迄今，国内研究莱布尼茨的学者日渐增多，如武汉大学哲学系已经成立了莱布尼茨研究中心，发表了一系列研究莱布尼茨哲学的论文；北京大学的孙小礼先生出版了《超越时代——哲人科学家莱布尼茨》《莱布尼茨与中国文化》专著，着重探讨了莱布尼茨与中国的文化交流；德籍华裔学者李文潮先生更是为中国的莱布尼茨研究打开了新的局面，作为世界莱布尼茨学会副主席兼学术委员会主任，李文潮教授编译了莱布尼茨生前轰动欧洲的《中国近事》一书，发表了相关的研究论著，并积极架起了国内学者与国外学者沟通的桥梁，促进了莱布尼茨研究在中国的新的高峰。通过全国学术期刊网（CNKI）对相关莱布尼茨的研究论文进行初步统计，从 1979 年到 2011 年，32 年间国内学者共发表研究论文 300 多篇，平均每年约为 10 篇，并且数量呈逐年递增的趋势。与此同时，我们还应认识到国内研究成果的数量与质量与国外相比仍有相当的差距。中国当代莱布尼茨研究中的热点问题①主要围绕于其自然哲学、人学思想以及中西文化交流几个方面，对莱布尼茨的科学观研究仍然不够。

————————

　　①　段德智：《中国当代莱布尼茨研究述介》，《哲学动态》2003 年第 7 期。

　　汪堂家，孙向晨和丁耘[①]在《十七世纪形而上学》一书中论述了莱布尼茨的普遍科学、普遍语言及其道德哲学。书中探讨了莱布尼茨的普遍科学概念与笛卡尔的普遍科学的内在联系和历史来源，认为莱布尼茨的普遍科学不仅体现在方法上而且体现在语言上。江畅[②]在其专著《自主与和谐》中用大量篇幅对莱布尼茨的上帝概念和社会正义作了论述。他认为要正确理解和对待莱布尼茨的上帝概念，关键问题是要清楚上帝在莱布尼茨哲学体系中的地位，具体地说，要清楚莱布尼茨是为了论证上帝存在而建构了形而上学体系，还是为了其形而上学体系能自圆其说而设定上帝存在。他的结论是："与其说莱布尼茨要证明上帝存在，不如说他的形而上学体系使他不得不设定或推定上帝存在。"对于莱布尼茨的社会学思想，他指出在莱布尼茨看来，个体性最本质的规定在于个人的自由，包括自我意识和意志自由两方面；由自由的个人所组成的社会属于上帝之城的精神王国，是一种正义的社会。林成滔[③]在其博士学位论文专门研究了莱布尼茨有关科学与神学关系思想。指出莱布尼茨的整个思想体系是一种融科学、哲学、神学于一体的自然神学，其核心是理性的上帝这一概念；在莱布尼茨的自然神学体系中，上帝的存在是一种预设，问题的关键在于上帝的理性化，上帝的意志要受到其理性的制约，上帝的创世行为须让理性理解。他认为莱布尼茨的世界图景是理性化的，其思想总体上具有明显的自然神论倾向。徐端康[④]在《欧洲近代经验论和唯理论哲学发展史》一书中探讨了莱布尼茨知识的真理性问题、上帝这一概念在莱布尼茨单子论中的地位以及二者的关系。指出莱布尼茨所谓上帝不同于传统的宗教神学的上帝概念，不是那种超自然、任意干涉世间祸福的人格神，而具有自然神论的含义。在他那里，上帝既"在世界之上"即创造和规定一切，又"在世界之中"，即本身乃是单子。同时，他排除了上帝对一切自然过程的干预的一面，认为上帝创造了世界和预先规定了世界的和谐后就不再过问世界，而是让其按力学规律活动。上帝的自

---

①　汪堂家、孙向晨、丁耘：《十七世纪形而上学》，人民出版社 2005 年版。

②　江畅：《自主与和谐》，武汉大学出版社 1995 年版。

③　林成滔：《莱布尼茨：科学与神学》，博士学位论文，北京师范大学，2006 年。

④　徐端康：《欧洲近代经验论和唯理论哲学发展史》，武汉大学出版社 2007 年版。

由的本性就在于按照理性即充足理由律选择最好的可能的命题或世界，但上帝本身不能随时任意活动。

目前，对莱布尼茨科学思想的关注较少，只零散见于一些期刊论文中，鲜有系统的论述。如张祖贵①指出莱布尼茨把科学看作一种社会的有机组成部分，认为他的科学观包括在关于整个社会的思想中，人类社会必定走向世界大同，因此科学是属于全世界的；提出科学与技术的结盟、科学社会化、科学技术造福人类；莱布尼茨主张集中人才研究学术，是为了发展工程技术和文化，从而更好地安排社会生产。莱布尼茨建立科学院的思想及其实践，正是他的科学观的生动体现。莱布尼茨科学观的核心在于：为了真正的幸福，科学是必需的，即一切科学技术研究的最终目的是人类的幸福。这是经过文艺复兴运动以后，新兴资产阶级发展科学的目的。他继承了自培根以来的科学观，进一步发展了"知识就是力量"的观点，提出了知识就是幸福的思想。李少斌②则认为莱布尼茨科学观的核心思想在于知识的数学化以及为此所作出的努力，即试图建立以普遍符号和推理演算为中心内容的通用语言代替自然语言，揭示莱布尼茨发明微积分的思想根源，指出莱布尼茨科学观的哲学基础在于他关于事实真理和理性真理划分的理论。刘啸霆③对莱布尼茨的文化观进行了研究，指出科学和知识是文化统一的有力杠杆，莱布尼茨远远超前于同时代的其他学者，热衷于做一些有利于科学和文化传播的大事情，例如主张设立各种世界性的学会，设立包括"异教徒"在内的世界教会，编纂百科全书，计划在欧洲各国设立科学院等，比如柏林科学院的建立就是莱布尼茨大力促成的，俄国彼得堡科学院的建立莱布尼茨也功不可没，其视野和影响要比同时代其他人深远宏大得多。莱布尼茨不仅仅能从学科化、专业化的方向进行科学研究，他本人更有一种难得的现代观，强调和重视跨学科综合性研究。

---

① 张祖贵：《莱布尼茨及其科学观》，《科学学研究》1989 年第 1 期。
② 李少斌：《莱布尼茨的的科学观》，《湖北大学学报》（哲学社会科学版）2000 年第 5 期。
③ 刘啸霆：《莱布尼茨哲学体系论》，《河南师范大学学报》（哲学社会版）1995 年第 2 期。

第一章　莱布尼茨科学观的形成背景

正如卡尔·雅斯贝斯（Karl Jaspers）所说："我的本质是历史的时代和整个社会的状况。"① 每位历史人物的思想经历都有着特定的时代、社会背景，而"人的存在主要由他在经济、社会和政治境况中的生存所构成，其他一切事情都依赖于这些境况的实在性，甚至很可能仅仅由于这些境况的实在性，其他一切事情才成为实在的"②。当要了解某种思想的境况时，考察当时的时代背景就成了首要的工作。本章旨在通过探究莱布尼茨生活的时代背景和其本人的历史实践，分析对莱布尼茨科学观形成具有影响的诸多因素。

第一节　莱布尼茨科学观的时代背景

一　莱布尼茨科学观的社会背景

莱布尼茨出生于 1646 年德国莱比锡，更确切地说，是神圣罗马帝国，而不是我们现代人所熟悉的德国，那个陌生而复杂的神圣罗马帝国早已

---

① ［德］雅斯贝斯：《现时代的人》，周晓良、宋祖良译，社会科学文献出版社 1992 年版，第 2 页。

② ［德］雅斯贝斯：《现时代的人》，周晓良、宋祖良译，社会科学文献出版社 1992 年版，第 17 页。

不复存在。但是这个时代、这个国家深刻地影响着莱布尼茨的生活的每一细节,影响着莱布尼茨学说的各个方面。17世纪对于彼时的德国来说是一个不幸的时代。这一时期的西欧的英国、法国等国家正在历经着一次商业革命浪潮。这种重商主义的经济发展期正是近代工业化发展必不可缺的必要基础。但是当时欧洲各个国家的历史进程、社会发展、经济状况、内政外交等等情况各不相同,也使得工业化的进程全然不一致。英国从18世纪60年代伊始,率先开启了工业革命历程,经历近一个世纪的时间,到19世纪中叶实现了手工业向机器生产的过渡,最早完成了工业化。在英国的示范效应下,法国在19世纪初开启了工业革命进程,到1851年左右基本完成了工业革命。伴随轰轰烈烈的工业革命的同时,是这些西欧国家逐步加强统一的中央集权。但是同时代的德国却走了一条完全相反的道路,经历了一场中央权力的瓦解过程。"在欧洲,对一个文化民族来说,建立统一的、中央集权化的民族国家是告别中世纪,迈进现代化社会门槛、维持稳定统治的唯一有效的过渡性政治方式。"① 而德国错过了历史发展的良机,远远落在了英、法等国之后。

当时德意志帝国的军事力量由于各种原因受到了削弱,权力的重心逐步从皇帝的手中滑向邦国诸侯,这些诸侯国的君主在自己的诸侯国内行使着独立的行政权、司法权、关税权;《黄金诏书》的颁布更是规定皇帝的人选也必须由七大选侯来选举产生。"在新教诸侯与天主教皇室之间发生内部争端后,在内部的宗教战争之后,这个被中央集权化民族国家包围的德意志空间,终于在17世纪成为内、外各种势力实现各自野心的竞技场。"② 1618—1648年在德国发生了旷日持久的"三十年战争",这场战争是打着宗教旗帜所进行的:信奉新教的诸侯国与信奉天主教的国王由于宗教信仰的不同而导致的纷争。但这只是表象,实际上除了宗教原因外,更深层次的原因在于德国各诸侯以及欧洲的各种政治力量进行的一场利益争夺。

战争的导火索是神圣罗马帝国的皇帝试图集中权力,重新整合德国的政治格局,恢复帝国的政治和宗教统一,而新教诸侯们为了维护自己

---

① David Calleo, *The German Problem Reconsidered*. London, 1978, p. 19.

② David Calleo, *The German Problem Reconsidered*. London, 1978, p. 4.

的既得利益，联合同样信奉新教的丹麦和瑞典进行了反击，并乘机扩张领土。1630 年法国参战，法国的参战彻底揭露了这场战争的本质，因为信奉天主教的法国为了波旁王朝的世俗利益却支持了信奉新教的诸侯国，向信奉天主教的奥地利和德意志天主教诸侯宣战。站在法国方面的还有萨伏依、威尼斯和匈牙利等国家。这场在德意志领土内发生的欧洲大战的最终结果是德国损失了三分之一以上的人口，大片土地荒芜，生产力受到严重破坏，经济倒退了 200 年。1848 年战争以《威斯特法利亚和约》的签署结束，德意志各诸侯国获得了最后的胜利。皇帝失势了，和约将皇帝的权力限制到最小限度，确立了邦国国体，德国境内的 360 多个大小邦国获得了帝国等级自由，这实际上确定了德国的分裂。在邦国与帝国的关系中，邦国国体有效地抵制了皇帝和帝国的干预权，通过不断扩大本身统治范围和职权，各诸侯邦国本质上获得了主权实体的地位，这种在空间上的政治分化致使贸易的发展受到了严重的阻碍。美国历史学家戴维·卡列奥（David Calleo）指出："靠贸易为生的城市如科隆以及汉撒城市的区域在日益缩小，某些地方甚至是第一次看到了农奴制的设立，城市的行会再度巩固了对手工业的统治，要发展任何大规模的企业都是困难而罕见的。在这片德意志内陆空间里，自给自足的农业统治着经济生活，以至于在许多地方，17、18 世纪甚至比 16 世纪实际上更为封建。"①

二 莱布尼茨科学观的文化背景

这一时期德国的文化以巴洛克风格为主体。巴洛克文化发源于意大利罗马，"巴洛克"这个字大约是从葡萄牙文"baroca"演变而来。它首要的本意是异乎寻常，不合常规。不同于文艺复兴时期的庄重典雅、单纯和谐，巴洛克风格以其繁复夸饰、富丽堂皇而著称，它是当时天主教会借以宣扬背书的工具来获得民众的信任与支持，同时也适应了各国上层皇家贵族的偏好趣味，所以在 17 世纪盛极欧洲，使得欧洲的 16 世纪中叶到 18 世纪中叶被称作巴洛克时代。巴洛克风格的产生与发展是当时政治宗教斗争的掠影。

---

① David Calleo，*The German Problem Reconsidered*. London，1978，p. 60.

在德国，巴洛克风格是在"三十年战争"前后（1648 年）发展起来的，于 1680 年前后达到顶峰。从 16 世纪初，马丁·路德（Martin Luther）所倡导的宗教改革后，新教与天主教的斗争在德意志这片土地上就没有平息过。在盛行新教的地方，提倡尊重自由，人们普遍崇尚物质生活，致力于新知发展；而在天主教的势力范围内，则以宫廷和教会为中心，鼓舞雄壮华丽的美术，夸示强大世俗权力的宫廷趣味。巴洛克风格的表现力与富足的炫耀一经传入就风靡开来。"三十年战争"后，德国曾经的繁荣和名誉都化为了灰烬，社会笼罩在一片无法挥去的虚无、悲观以及无望的氛围中，享乐主义逐渐弥漫。人们面对命运无可奈何，任由命运摆布，认为世上没有恒定不变的事物，只有变化无常是永恒的。这就促使人们放弃长远打算，及时行乐。而基督教会的精神权力又遭受致命打击，无力与世俗政权抗衡。缺少精神制约的世俗权力开始恶性膨胀，导致巴洛克时代的君主为所欲为。

巴洛克时代又被称为"风流世纪"，在这一时代，人们的生活方式与往昔不同。往昔人们由于受各种条件的制约，不太讲求享受。而巴洛克时代从宫廷开始喜欢奢华铺张，竞相攀比、挥霍成风，每一个宫廷都力图超过其他宫廷，比如著名的法国国王路易十四就偏好于此。这就增大了经济上的开支负担，而且越是上层社会，奢华讲究便越严重。上层社会的人们衣着华丽，喜好虚饰，最典型的莫过于使用假发假辫，这在莱布尼茨遗留下的画像中可以看到生动的体现。在社交场合讲虚荣讲排场也很突出。人们常用的生活器皿是中国的瓷器、珐琅制品，其中精制瓷器餐具居多。由此产生的优点是发展了瓷器工业。由于崇尚摆设，人们在家庭中喜用立式支架灯。椅子把手上缀有服花，衬褥垫座上带有刺绣。柜橱门上镶有金属花纹或嵌着宝石。甚至从殖民地输入的咖啡、茶叶和烟草也成为生活嗜好品。追求摩登、虚饰似乎是巴洛克的生活风尚。生活的奢侈和过分的豪华似乎成了巴洛克时代的标志，这一切背后的深层原因在于对中世纪苦行僧种种清规戒律的反抗，反映了世俗思想对自由的向往。除了社会生活，巴洛克风格的影响还波及哲学、文学、音乐、雕刻和建筑形式等诸多方面。巴洛克文化呈现出一种多元化的态势，表现出混合与矫饰的特点，常常摇摆于截然不同的两种对立矛盾之中：在信仰方面，文艺复兴以后，宗教观的改变使人不再单单地寄希望于来世，而是重视现世的生活。但巴洛克文化既不愿舍弃前者也不愿拒绝后者，因此在宗教上折中了来世幸福与今世幸福；在社会思想方面，巴洛克文化代表着中世纪末期新的自然科学的宇宙观与宗教思想的调和妥协，造成宗教思想与人文主义，自然科学与唯心主义的混杂与混合；在哲学上就表现为对不同思想观点的调解与妥协，这一点在莱布尼茨身上表现得尤为突出。莱布尼茨是不同观点的主要调和者，他试图解决天主教与新教的矛盾；提倡西方与东方（尤其是中国）的文化交流；主张调和机械观和目的论、自然科学和神学以及近代哲学和古代哲学。他创立的单子论认为任何存在的事物，无论物质的精神的，抑或人和神都具有表现自身力量的单子地位，根本不存在精神与物质的二元论。据此，虽然一切事物都有相对的独立性，但它们相互之间却是和谐一致的、协调的。他的哲学被称为神预先确定的灵肉一致的和谐哲学，这正是对立统一的巴洛克精神。

三　莱布尼茨科学观的历史背景

尽管科学哲学在 20 世纪前期才真正成为一门独立的学科，但它却有着深远的历史渊源。在古希腊科学与哲学尚未分离之时，古希腊哲学强调自然作为万物的本性和背后的原理，即寻求万物的构成及其规律，逐渐形成了静态自然观。如毕达哥拉斯主义认为世界的本原是"数"，自然界存在数学的和谐，使得万物得以构成并有条不紊地变化。德谟克利特（Democritus）则认为构成世界万物的是细小的物质性原子，原子在虚空中不断结合、分解，从而构成了万物的各种变化。柏拉图（Plato）深受毕达哥拉斯主义的影响，把毕达哥拉斯的抽象的"数"的观念扩展为抽象的"一般"的观念，将数学理念推向极端，认为整个宇宙都是以数学—几何模型建构，试图用数目最少的元素来说明自然现象的多样性和丰富性，并以此作为构成科学理论的理想目标；贬低感性认识，认为观察无法得到真理；否认归纳法，强调数学方法和演绎法的作用。亚里士多德作为古希腊科学思想的集大成者，强调了观察和经验在科学知识中的作用，认为观察和经验既是产生科学知识的原因，又是检验它们的标准；他阐述了归纳—演绎的科学模式，并提出经验科学的划界标准有二：一为确实可靠性，二为理论概括性。

近代之初，自然科学还是哲学的一个分支，这从《自然哲学的数学原理》等著作的名称就可窥见一斑，思想领域占统治地位的仍然是基督教神学，无论是天主教，还是新教。近代科学的先驱者们实际上都笃信宗教，事实上都是基督教的忠实儿子①，以至于雅斯贝斯相信，现代科学深深植根于基督教的精神与动力，离开基督教的土壤，现代科学不可能开花结果。幸运的是，当这些虔诚的科学先驱进行科学实验时，一切的神学教义都被抛诸脑后。他们对待自然的态度基本上都是注重事实的，始终坚持尽可能精确定量的描述和定律。实际上其背后的原因在于文艺复兴的影响，人们一改中世纪对天国憧憬，开始关注世俗世界，自然成为新的焦点。

从弗兰西斯·培根（Francis Bauon）开始，自然科学逐渐脱离了神学的藩篱，成为世俗的学问。虽然培根本人对科学发现本身并未做出直接的贡献，但他所开辟的重视经验研究的道路，却使他成为现代实验科学的始祖。为了获得真正的知识，需要这样的品质，那就是"非常机敏而又全智，能够把握事物的相似之处（这是主要之点），同时又非常稳重，能够注意和分辨它们比较精细的差别；……作为天性，就具有探索的欲望、怀疑的耐心、沉思的嗜好、断言的谨慎、重新考虑的果断、整理的仔细；并且……不损害新的东西，也不赞美旧的东西，并痛恨一切欺诈"②。从这段话可以看出培根所提倡的科学精神，是在尊重事实的基础上加以客观分析的态度。在对亚里士多德科学方法的吸收批判中，培根开创了经验主义归纳法，莱布尼茨在培根归纳法的基础上又前进了一步。培根倡导纯粹经验的实验方法，他认为科学始于毫无偏见的客观观察，在科学研究中，首先要摆脱成见，尽管人的心灵"像一面魔镜"要做到这点是十分困难的。其次要运用正确的方法，将观察和实验系统记录，运用正确的推理，找出规律，之后在这些低一级的公理基础上循序上升，归纳为更普遍的真理。可以看出尽管重视感觉与经验，作为经验主义哲

① ［英］沃尔夫：《十六、十七世纪科学、技术和哲学史》（上），周昌忠等译，商务印书馆1984年版，第7页。

② ［英］沃尔夫：《十六、十七世纪科学、技术和哲学史》（下），周昌忠等译，商务印书馆1984年版，第128页。

学家的培根并不是彻底否认理性主义的。培根对科学的态度是偏于功利的，他认为科学知识的重要性在于可以为人类谋求更多的利益，造福于人类。但与那种目光短浅的功利主义不同，他反对类似于根据每项科学研究的实际效果进行评价的狭隘观点。培根激烈地批判经院哲学，提出了"知识就是力量"的口号，极大地倡导人的主体能动性，自此掀开了人类征服自然、改造自然的新篇章，科学技术的地位被迅速提升，也导致了后世对他的诸多争议。

洛克（Locke）作为近代第一个将经验主义构造成为完整的理论体系的哲学家，强调归纳法的重要性，认为演绎推理要获得正确结论，必须以前提的正确为保证，而正确的前提只能通过归纳法得来。"心灵中是没有天赋观念的"，他认为人类的心灵最初是一块白板，没有天赋的思辨原则和实践原则。秉承经验主义传统的洛克相信一切知识归根结底都起源于后天经验。经验有两类：一是外部感觉经验，二是内部反省经验，通过这两种经验产生简单观念。客观事实的知识必须建立在简单观念基础上，而复杂观念和抽象观念则由简单观念的结合、并列或抽象得来。知识也有两类：一类是关于我们心中抽象观念的概括知识，例如数学知识、伦理学知识；另一类是关于实在存在的知识，即关于外物、自我、上帝存在的知识。洛克系统地考察了人的认识能力，论证了培根所提出的知识来源于感性世界的原则，他的目标是研究人类理智，探讨知识的起源、可靠性和范围，以及信仰的依据和程度。洛克对知识的评价却是矛盾的：由于知识仅仅来源于感觉和反省，而我们并不清楚感觉到底在多大程度上真正反映了外部世界，所以大部分公认的信念是信仰的问题，而不是真正知识的问题。尽管每个人都对自己的心灵或灵魂有直觉的、不可抵制的知识，但我们不知道它的本质是什么，甚至不知道它究竟是物质的抑或不是物质的。就像对待上帝的态度一样，虽然我们对上帝的存在有论证的知识，却对上帝的本性一无所知。可以说，以培根和洛克所代表的英国经验论和同时期欧洲大陆所代表的唯理论正是近代科学哲学的萌芽。

第二节　莱布尼茨及其思想渊源

一　莱布尼茨其人

1646 年 7 月 1 日莱布尼茨出生于莱比锡大学道德哲学教授之家，这为莱布尼茨能够受到良好的家庭知识教育打下了坚实的基础，晚年得子的老莱布尼茨在儿子小时常常向他讲述历史，阅读书籍，成为莱布尼茨最早的学术启蒙。尽管莱布尼茨后来成长一位旷古烁今的通才并不能简单地用良好的家庭教育来解释，一个原因是莱布尼茨年仅六岁时父亲就逝世了，但是这位启蒙老师的过世，并没有阻断莱布尼茨的求学之路，甚至在一定意义上让这条路更平坦了些。莱布尼茨之后获得的教育更加自由，更加不用接受正规古板的限制，而失去父亲的痛苦在一定程度上可以通过与父亲共同的兴趣爱好——读书得到重温。莱布尼茨天资聪颖，从小就展示出非凡的特质。七岁进入学校后，莱布尼茨的拉丁文造诣很快就走到了其他同学的前面，可以进行拉丁文著作的阅读，对那个时代的人而言，拉丁语的作用不过是锦上添花的外语而已，只有少数从事学术研究的学者才能够熟练使用。莱布尼茨学校的老师却因其异乎寻常的早慧大为恼火，认为这样操之过急必然会带来不好的结果，他们的频频警告差点阻碍了莱布尼茨的前进步伐。好在年幼的莱布尼茨遇到了人生中第一位颇具慧眼的伯乐，这位在当地极有声望的先生为莱布尼茨的智力天赋所赞叹，费尽心思说服莱布尼茨的家人允许他进入其父亲的图书馆，这个图书馆在两年前莱布尼茨父亲过世的时候按照莱布尼茨学校老师的要求关闭了。可能因为这个原因莱布尼茨在后来的自传中尽管也承认去学校上学，但他认为自己的学问大部分来自自学。无论如何八岁的莱布尼茨正式获准进入父亲的图书馆读书，犹如鱼跃大海，莱布尼茨的开心是我们可以想象的，毕竟谁发现自家有一座宝藏能抑制兴奋不欢呼雀跃呢。在那个年代，老莱布尼茨的图书馆几乎就是莱比锡所能提供的最大的知识宝库，一方面莱布尼茨的父亲是一位道德哲学教授，他本人收集的图书收藏于此；另一方面，图书馆继承了莱布尼茨的外祖父——一位神学家的法律书籍；更重要的一方面是，莱布尼茨父亲的第二任妻子是一位书商与出版商的女儿（莱布尼茨亲生母亲是其父亲的第三任妻子），这位书商赠予女儿最重要的嫁妆就是大量的书籍，这些书籍涉猎面甚广，因为这些书籍原本销售的对象是全德乃至于整个欧洲，那么类别自然是林林总总，尤其在宗教方面，绝不会像莱布尼茨的父亲或外祖父那样保守，仅仅桎梏于正统的路德教。至此，莱布尼茨开始大量阅读古希腊罗马哲学、经院哲学和神学作品。柏拉图、亚里士多德、希罗多德、色诺芬、阿基米德、西塞罗等等名字不再只是耳闻，而是真正与之"相见"。

亚里士多德的逻辑学对少年时代的莱布尼茨产生了重大的影响，不仅为其思维的严谨有序提供了强大的工具，甚至最早确立了莱布尼茨一直坚持的道路。正是在亚里士多德的逻辑中，莱布尼茨发展了他的普遍科学的思想，即：所有的真理都可以用简单的普遍字符来表达并加以证明。这一工作不仅成为莱布尼茨一生最重要的工作之一，而且影响了其数学、逻辑学和形而上学。同时，莱布尼茨从小就具备了哲学研究的潜质，那便是怀疑与反思，即使是他极其崇拜的诸如亚里士多德这样的哲学大师，莱布尼茨也从不一味盲从，总是善于在前人的基础上阐述自己的观点。莱布尼茨就对亚里士多德的逻辑学颇有微词，中学时代的莱布尼茨就曾因批判和改良亚里士多德的逻辑学而在老师和同学中声名大振。莱布尼茨认为逻辑不仅帮助人们的思想去把握事物的秩序，而且反映现实，亚里士多德的述谓条目未免太过烦琐，莱布尼茨寻求的是一套同时掌握简单观念与复杂命题和真理的范畴。这些术语的表格和范畴的系统是莱布尼茨力图建立的人类普遍字符的工作的最初起源。莱布尼茨曾直言："当他作为一个激情澎湃的十几岁的少年刚刚产生这个绝妙的想法的时候，他并没有意识到这项事业的困难，而在其更成熟的年龄他远远没有抛弃它，他在知识方面的发展反而只是证明了他要实施这项极有野心的计划的决心。"①

1661 年 4 月，十五岁的莱布尼茨进入莱比锡大学学习哲学，后来又选修了法学。在这一时期，莱布尼茨开始接触近代哲学，弗朗西斯·培根、霍布斯、笛卡尔都有涉猎。这一时期由哥白尼、开普勒、第谷开创

---

① Lerbniz, *De numeris characteristics ad linguam universalem constituendam*, vi 4, p. 265.

的天文学革命，已然渗透至物理学和形而上学领域，对亚里士多德的物理学尤其是实体的概念，带来极大的挑战，使得莱布尼茨不得不在经院哲学与机械论之间做出选择。后来莱布尼茨回忆道："小时候我学习亚里士多德，经院哲学也不排斥，即使到现在也不讨厌他们。但那时柏拉图和普诺提诺让我很有满足感，更别提到后来研究的其他古代伟人了。从特里维尔学校毕业后，我开始看近代作品，记得十五岁时我独自在莱比锡附近一个叫作罗森德尔的小树林散步，考虑是否要保留实体形式。最终机械论占了上风，我开始专攻数学。"① 确切地说，莱布尼茨的选择并不是彻底抛弃亚里士多德的哲学，而是亚里士多德在使用实体这一概念解释具体的物理现象时的表述。并不是全然抛弃"有关物体的实体的、非物质的形式"成为彻底的机械论者，而是通过改造亚里士多德的观点使之与现代观点相一致。莱布尼茨从不认为亚里士多德的物理学和机械论物理学完全排斥，或者我们可以将莱布尼茨的选择看作一种调和二者的努力。"我一进入大学，就幸运地让著名的托马修来做我的老师，他尽管没有像我那样的怀疑并且也不倾向于让我去着手改造有关（亚里士多德物理学中）物体的实体的、非物质的形式，但却强烈地命令我去阅读亚里士多德并且向我保证，一旦我阅读了这位伟大的哲学家，我将抱有与经院哲学传统中对于亚里士多德的诠释者们完全不同的观点。我马上就见证了这个建议中的智慧，并且发现亚里士多德与经院哲学者之间的差别就跟一位精通国家事务的伟大人物跟一个只会在其小房间中做梦的僧侣之间的差别一样。因此我对于亚里士多德的哲学形成了一个与一般见解很不相同的观点。我并不接受他的全部假说，但是我却在原则上赞赏它们。对我来说，亚里士多德似乎承认——多多少少就像德谟克利特或者在我的时代中的笛卡尔和伽桑迪那样——没有物体是由自身推动的。"②

　　1662 年 12 月，在大学学习 19 个月后，莱布尼茨就取得了哲学学士

---

　　① L. E. Loemker, G. W. Lerbniz, *Philosophical Papers and Letters* Reidel, Dordrecht, 1969, pp. 654 – 655.

　　② Alexandre Foucher de Careil, *Memoire sur la philosophie de Leibniz*, Paris：F. R. de Rudeval, 1905, part 1, pp. 6 – 7.

学位，他的学位论文是：《论个体化原则的形而上学争论》（*Metaphysical Disputation on the Principle of Individuation*）。莱布尼茨的哲学兴趣在这篇论文中崭露头角，文章探讨了经院哲学最复杂的问题之一：个体性的原则问题。同一性和个体性的本质是什么，或者说是什么将同类别的不同个体区分开来。论文答辩后不久，莱布尼茨赶往耶拿大学，在那里莱布尼茨遇到了对他影响颇深的魏格尔（Erhard Weigel，1625—1699），魏格尔是一位新毕达哥拉斯主义者和数学家，他使莱布尼茨树立了这样一种真理性的理念，这种思想对莱布尼茨的影响后来持续了其一生，这也是莱布尼茨试图建立的一种普遍论宇宙观，即毕达哥拉斯——柏拉图式的普遍和谐的宇宙观。莱布尼茨终生没有放弃这种基础性指导原则：宇宙是一个由数学和逻辑原则所统率的和谐整体，因而数学和形而上学是基本的科学，论证的方法是真正的哲学的方法。① 1666 年 9 月，20 岁的莱布尼茨因为种种诸如太过年轻的原因被莱比锡大学拒绝授予其博士学位，使之与成为莱比锡历史上最年轻法学博士失之交臂。10 月，莱布尼茨转到位于纽伦堡皇家自由城管辖区域内的阿尔特道夫大学，莱布尼茨在这所相对开放的大学取得了法学博士学位。慧眼独具的阿尔特道夫大学甚至还愿意聘他为教授，但莱布尼茨拒绝了。

放弃了大学教授职位所带来的稳定经济保障，莱布尼茨加入了一个叫作玫瑰十字架兄弟会的炼金术士团体②，并出任秘书职务，领取薪水。炼金术自 12 世纪起就在欧洲一直十分流行。在中世纪后期，炼金术与巫术、占星术、魔术、通灵术一起被视为科学，被称为隐秘科学或隐秘哲学，它们往往以一些古代哲学或学说为理论基础，通过经验达到预期实用目的。这也可以解释为什么"17 世纪科学革命顶尖人物"的牛顿和"现代实验科学始祖"的培根都痴迷于此。莱布尼茨这段热衷于炼金术的经历和其本人崇尚实验科学，厌恶中世纪经验哲学"隐秘的质"的个性不无关系，参与炼金术团体很大程度上是因其对自然科学诸多学科浓厚的兴趣所在。

1667 年，二十一岁的莱布尼茨遇到了博因堡男爵（Johann Christian，

---

① ［美］梯利：《西方哲学史》，伍德增补，葛力译，商务印书馆 2015 年版，第 403 页。

② 段德智：《莱布尼茨哲学研究》，人民出版社 2011 年版，第 4 页。

Freiherr von Boyneburg，1622—1672），博因堡男爵是当时神圣罗马帝国中最有权势的七大选帝侯之一——美因茨选帝侯的首相，博因堡男爵极为欣赏莱布尼茨的才华将其引荐给美因茨选帝侯、大主教约翰·菲利浦（Kurfursten von Main，Johann Philipp von Schonborn，1605—1673）。至此，莱布尼茨开始其政治生涯，终其一生，莱布尼茨都在为宫廷的君主和贵族工作。时值"三十年战争"结束后不久，美因茨选帝侯希望可以解决宗教的纷争，使天主教和新教联合起来，避免新的战争。因而鼓励莱布尼茨调解教派的分歧，在这段时期，莱布尼茨写作了《反对无神论者的自然忏悔录》《为三位一体论辩护》，促进天主教和新教的联合日后成为莱布尼茨终身的事业。1670 年，二十四岁的莱布尼茨出版第一部哲学著作。次年莱布尼茨出版第一部自然哲学（物理学）著作。莱布尼茨还试图去解决当时法国对德国入侵的威胁，他曾提出用由西印度生产的糖做成的廉价朗姆酒去切断法国白兰地的销路。还提出一个别出心裁的调虎离山之计——《埃及计划》，转移法国君主路易十四对德国的虎视眈眈，而是挥师南下进攻非基督教的埃及。以至于我们很难不做这样的联想，一百多年后拿破仑对埃及的入侵是不是参考了莱布尼茨的计划。无论如何，美因茨选帝侯对莱布尼茨的这一提议赞赏有加，1672 年派莱布尼茨跟随其侄子出使法国兜售其计划。

到达法国的莱布尼茨立刻被巴黎的学术氛围深深吸引，羡慕之情在当年的信中展露无遗："学会中的成员都是在各个领域中极为博学的人，他们或许能够一起编纂一部有关技术与科学的大百科全书；他们在皇家图书馆（其中有些人也居住于此）每周聚会两次。他们的秘书是伽罗瓦，他也是《学者期刊》的编辑。国王在这座城市的外围——圣·雅克郊区也拥有一座天文台，一般人在一开始会把它误认为是一座城堡；而其中的一些会员，尤其是那些天文学家就居住于此。皇家图书馆附近是学会的公园和实验室，多年以来他们一直都在这里培育几乎所有品种的植物并分析相关的化学成分。皇家图书馆拥有超过 35000 卷的印刷品以及将近 10000 部手稿。"① 这在一定程度上解释了外交任务的失败却并未影响莱

---

① Leibniz, *Allgemeiner*, *politischer und historischer Briefwechsel*, Samtliche Schriften und Briefe, ed. by the Academy of Sciences of Berlin, pp. 297 – 298.

布尼茨旅法的热情，他根本没能将建议书交给法国政府，就更谈不上加以游说了。但是在巴黎的四年，却对莱布尼茨的思想产生了重大的影响。在这里，莱布尼茨结识了惠更斯、马勒伯朗士、阿尔诺。由于惠更斯对莱布尼茨的赏识和指导，数学成为了莱布尼茨在巴黎的主要工作之一，离开巴黎前莱布尼茨已经独立完成微分学和积分学，为后来与牛顿（Newton）在微积分发明权上的争论埋下种子。因为惠更斯（Huygens），莱布尼茨还接触到笛卡尔和帕斯卡（Pascal）从未发表的著作，笛卡尔的一些著作甚至是因为莱布尼茨抄录的手抄本才得以保存。在巴黎期间，莱布尼茨曾两次被短暂地派往英国伦敦，借此机会，莱布尼茨与英国的学者建立了广泛的联系，并由于自己发明的计算器而被接收为英国皇家学会会员。在从法国返回德国的途中，莱布尼茨取道荷兰，在海牙与斯宾诺莎进行了"几次极为充分"的交谈，对若干哲学问题展开了讨论，包括斯宾诺莎伦理学、上帝存在的论证、笛卡尔的运动理论、莱布尼茨有关普遍文字的计划等。① 如今看来是欧洲两大理性哲学家的伟大会面，却由于当时世人对斯宾诺莎的讨伐，晚年莱布尼茨对此经历极力否认。

　　由于博因堡男爵和美因茨选帝侯的相继过世，莱布尼茨接受了汉诺威的工作，并出乎他本人意料地终身定居于此，尽管莱布尼茨并不喜欢汉诺威，想方设法地奔波于柏林、德勒斯登、维也纳等地。莱布尼茨身兼数职，是宫廷顾问、图书馆馆长、矿山工程师、历史学家。除却历史研究外，精力充沛的莱布尼茨对其他各项工作都完成得还算不错。他提出了针对图书馆的新的管理方式，在矿山发明了多种实用的风车、抽水机等机械设备。在他的大力奔走下，建立了柏林科学院，莱布尼茨出任第一任院长。而对其新雇主乔治·路德维希（George Ludwig）寄予厚望的格威尔夫家族史研究撰写工作却视为负担，踟蹰犹豫。乔治·路德维希有望继承英国王位，希望写一本家族史光耀门楣是可以理解的。而莱布尼茨的这本家族史却打算从地球的地质形成写起，也难怪这本家族史最终也没有完成。当乔治·路德维希 1714 年正式成为英国国王乔治一世的时候，恼怒地把莱布尼茨留在了汉诺威。

　　1716 年 11 月 14 日，莱布尼茨在汉诺威去世，享年七十岁，终身未

---

① ［英］安托内萨：《莱布尼茨传》，宋斌译，中国人民大学出版社 2015 年版，第 60 页。

娶，晚景凄凉。莱布尼茨的棺木上镌刻着一条螺旋线以及箴言：下降的升起。一语成谶，用下降的终究会升起来形容莱布尼茨再确切不过了。尽管莱布尼茨的秘书曾向德国宫廷的政客们发出讣告，但或许是因为国王的原因，他们竟都退避三舍无一人参加莱布尼茨的葬礼，莱布尼茨的葬礼只有他的秘书一人参加，以至于被后世认为是德国的耻辱。① 莱布尼茨的朋友科尔（ker）痛苦又愤愤不平地写道："我必须承认，当我看到汉诺威人对他的遗骸所付出的稀少的关注的时候，这让我觉得奇怪；因为他在去世之后的几天之内就被埋葬了，这更像是对待一个强盗，而不是他真正所是的他的国家的荣耀！"② 莱布尼茨一生留下涉及欧洲乃至世界17、18世纪所有知识领域的二十多万张手稿，大部分著作都没有公开发表而被完整地保存在汉诺威图书馆。尽管当时的皇室布伦瑞克家族在莱布尼茨逝世时对其所有文字资料的查封有可能极大地阻碍了欧洲在哲学、数学、自然科学等诸多方面的发展，但无疑这却给后世对莱布尼茨研究留下了极其丰富而全面的材料。莱布尼茨曾清醒地说仅仅通过他的公开发表的著作来了解他是远远不够的。尽管莱布尼茨的葬礼是与其才华贡献极为不符的清冷寂寞，但之后所受的礼遇却越来越高，1717年，沃尔夫（Wolf）在《学术记事》上发表讣告；1718年巴黎科学院发表悼词；1793年，汉诺威立起纪念碑；1883年，莱比锡竖立起其个人雕像；更不用说当代遍布德国各地的莱布尼茨研究所和仍在如火如荼进行中的莱布尼茨全集出版工作。伟大人物的光芒从不会被历史湮灭，只会随时间流逝发出愈加璀璨的光芒。

二 莱布尼茨科学观的理论渊源

从莱布尼茨的个人经历我们可以看出，莱布尼茨的思想受到了诸多历史前人的影响。这一点他本人也不止一次谈到，在《人类理智新论》中莱布尼茨说自己的体系："似乎把柏拉图和德谟克利特、亚里士多德和

---

① Mates, *The Philosophy of Leibniz：Metaphysics and Language*, Oxford University Press, 1986, p. 30.

② Ker of Kersland, *Memoirs*, pp. 117–118. 转引自［英］安托内萨《莱布尼茨传》，宋斌译，中国人民大学出版社2015年版，第494页。

笛卡尔，经院哲学家和近代哲学家，神学、伦理学和理性，都结合起来了，它似乎从一切方面采取了最好的东西，然后又走得更远，达到前人为所及的地步。我在其中发现了关于灵魂和身体的结合的一种很可理解的解释，对这件事从前是曾感到绝望的。我在这体系所提出的诸实体的单一性中，以及由'原始实体'所确定的诸实体的前定和谐中，找到论文事物的真正原则。我在其中发现了一种惊人的单纯性和齐一性，以至我们可以说这种实体到处和永远是一样的，只是在圆满性的程度上有所差别。我现在看到了：当柏拉图把物质看作一种不完善的、瞬息万变的东西时，他的意思是什么；亚里士多德提出他的'隐得来希'是想说明什么；照普林尼所记的德谟克利特本人所允许的来世生命是指什么；怀疑论派所宣扬的反对感觉的论点在多大程度上是有道理的；怎么动物照笛卡尔所说其实是自动机器，但怎么照人类的意见它们又是有灵魂和有感觉的；应该怎么来合理地解释那些把生命和知觉给予一切事物的人的观点……"① 在一封给友人的信中，莱布尼茨写道："对这个系统的考虑，也使人看到，当我们深入地来考察事物时，在大部分哲学派别中都可看到有比人们所认为更多的道理。入怀疑派所说的在感性事物中缺乏实体的实在性；毕达哥拉斯派和柏拉图派把一切还原为和谐，或数、理念和知觉；巴门尼德和柏罗丁所讲的没有任何斯宾诺莎主义的一和甚至唯一的大全；斯多葛派那种和别人所讲的自发性可以相容的联系；犹太和埃及的神秘主义者所讲的认为一切都有感觉的生命哲学；亚里士多德和经院哲学家们所讲的形式和隐得来希；以及另一方面德谟克利特和近代人那种对一切特殊现象的机械论的解释等；所有这一切都被结合在一起，就像结合在一幅图景的一个中心一样，从这个观点去看，整个对象（从别的一切观点去看都被搅混乱了的）就显出它的井井有条和各部分的和谐一致：我们过去由于一种宗派主义，总是排斥别人的观点而限制了自己，以致没有做到这一点。"②

只要对莱布尼茨略有了解，就很容易发现莱布尼茨思想的最大特征

---

① ［德］莱布尼茨：《人类理智新论》，陈修斋译，商务印书馆1982年版，第31—32页。

② *Die Philosophischen Chriften von Gottfried Willelm Leibniz* IV, hrsg. von C. I. Gerhardt, Hidesheim, Georg Olms, 1965, p. 523.

是：调和性、折中性。如果说"幸福的人严守中庸之道"，那么莱布尼茨毫无疑问就归属于这类幸福之人，无论是在科学领域，抑或是在政治领域，甚至在宗教领域，莱布尼茨似乎天生反感对立，对对立心生不满，难得的是这种对于这种在两个完全不同的极端不满，莱布尼茨从来都是在努力进行调和之人，试图找寻出折中之道。正如莱布尼茨所说，"我几乎对什么东西都不轻视"，"我清楚地知道事物是多种多样的"，"出于我的天性和我的基本观点，我总是习惯于在别人的著作个更多地注意对我有益的东西，而较少地注意那些是不好的东西。纯粹反驳的文章，我自己通常既不去写，也不去读。"对待前人的精神遗产也是如此，尽管莱布尼茨并不是毫无选择地将它们一概纳入自己的体系之中，但毋庸置疑的是，莱布尼茨的科学思想受到了广泛的影响。

柏拉图与亚里士多德

柏拉图的哲学体系涉及范围广泛，莱布尼茨对其辩证法、伦理学、自然哲学、心理学、政治学都很熟悉，其中对莱布尼茨影响最大的是柏拉图的理念论，尽管莱布尼茨不可能认可柏拉图著名的洞穴论。理念一词本意是看到的东西，在柏拉图之前的哲学家如恩培多克勒、德谟克利特等人也使用这个词语，但意指有形的事物。而柏拉图则用这个词语指代"心灵的眼睛看到的东西"，即我们所说的理念，因为在柏拉图那里，肉眼看到的感性世界与心灵或理智看到的理念世界是分离的，感性世界不过是转瞬即逝的现象的堆积，柏拉图认为在现实可感世界之上的理性世界才是世界的本质。在柏拉图的经典著作《理想国》中，他是这样解释理念的概念的："当我们给许多个别的事物加上同一的名称，我们就假定有一个理念存在。"① 可以看出，柏拉图的理念是某一类事物的共性的抽象。正如，苏格拉底、柏拉图、亚里士多德等一个个活生生的人都是"人"这个理念的在感性世界的具象，他们都具有"人"这一理念的某些共性，比如都有大脑、都会运动等等。但是这些具体的人又各有各的特点，只有"人"这一的理念才是真实的、固定不变的。柏拉图的理念并

---

① ［古希腊］柏拉图：《理想国》，郭斌、张竹明译，商务印书馆 1986 年版，第 596 页。

不是人们认识的抽象，对于柏拉图来说，理念是真实存在的精神实体，"一方面我们说有多个东西存在，并且说这些东西是美的，是善的等等。另一方面，我们又说又有一个美本身，善本身等等，相应于每一组这些多个的东西，我们都假定一个单一的理念，假定它是一个统一体而称它为真正的实在。"① 理念世界并不是单纯的思想世界，而是真实的感性世界万物的本原。感性世界的万事万物以理念世界的诸多理念为基础进行复制、模仿。因此，同一个理念，在感性世界中的形象却有多种，是变化的，而理念则是唯一的，不变的。它们不依赖于人的思想，是一种客观存在，"各种事物有它们自己的牢固的存在，这种存在不是相对于我们的东西，也不会由于我们的想象的力量而动摇不定，而是和各种事物自身以及它们自己固有的本性有关"② 。理念也是绝对的，"如果有人向我说，一件东西之所以美，是因为它有美丽的颜色、形状之类，我是根本不听的，因为这一切把我闹糊涂了。我只是简单、干脆，甚至愚笨地认定一点：一件东西之所以美，是由于美本身出现在它上面"③ 。感性世界的具体事物总是相对的、不完满的，正如美的具体事物或因为这个原因或因为那个原因是美的，但一定是有缺陷的。而美的理念才是绝对的、完满的。尽管同一类事物只有一个理念，但是这样先验的、纯粹的理念是有无数的，"没有任何东西因为太卑下或者不重要而没有它的理念"。④ 有桌子的理念，有大小的理念，有形状的理念，有声音的理念，有运动的理念，有真、善、美的理念……这些无数理念构成的理念世界是一个有序的、有联系的有机整体，按照逻辑次序从下至上依次是：关于具体事物的理念、关于关系的理念、性质的理念、数学理念、伦理理念、政治理念、善的理念。⑤ 最高的理念——善的理念是其他一切理念的源泉，也是唯一的，是逻各斯，是宇宙的终极目的。而这样的理念是不能为人

①　［古希腊］柏拉图：《理想国》，郭斌、张竹明译，商务印书馆1986年版，第178—179页。

②　范明生：《论柏拉图早期的理念论》，《外国哲学史研究集刊》（四），中国社会科学院哲学研究所西方哲学史研究室编，上海人民出版社1981年版，第159页。

③　［古希腊］柏拉图：《斐多篇》，《西方哲学原著选读》（上卷），北大哲学系教研室编译，商务印书馆1981年版，第73页。

④　［美］梯利：《西方哲学史》，伍德增补，葛力译，商务印书馆1995年版，第66页。

⑤　［古希腊］柏拉图：《理想国》，郭斌、张竹明译，商务印书馆1986年版，第181页。

的感官所全面把握的，"作为多个的东西，是我们所能看见的，而不是思想的对象，但是理念则只能是思想的对象，是不能被看见的"①。只能靠理性进行把握。这样，柏拉图贬斥感性在认识中的作用就可以理解了。不同的人在通过感官获得对同一对象的认识时，结论往往是不同的，正所谓，横看成岭侧成峰。因此，对于柏拉图来说通过感性主观对流动的事物进行了解无法获得可靠的知识。感官知觉只能揭示现象而不能揭露事物的本质，真正的知识只能是以理性为基础的，"知识不在于对事物的感受中，却在于对所感受而起的思维中；显然，由思维能达事物之'存在'与事物之理，由感受则不能。"② 这样知识的获得就不是通过经验概括总结而得来了，所以柏拉图又提出"回忆说"。无论后世的哲学家对柏拉图的理念论持怎样的态度，值得注意的是，如此一来，数学概念就是先验的，不依赖于时间、空间和人的思维，是一种独立于现实感官世界的客观存在。数学家的研究不是创造出新东西，而是对这种客观存在的描述；数学上的新成果不是发明，而是发现。包括莱布尼茨在内的很多数学家和唯理论者都或多或少地继承了这种观点，认为以数学理论为代表的知识的真理性就是客观的，由独立于现实世界之外的存在决定的，而这种真理性是要靠理性来理解。

　　古希腊哲学集大成者亚里士多德以其名言"吾爱吾师，吾更爱真理"，一早就宣布了对柏拉图思想的异议。身为物理学家的亚里士多德不认同柏拉图轻视感觉经验、不注重运动变化的理念论是容易理解的，无论亚里士多德的物理学有多少荒谬的结论，其研究方法和现代物理学有多么的格格不入，重视感觉，关注现实的思想是一致的。恩格斯（Engels）把亚里士多德誉为古希腊哲学家中"最博学的人物"③，一定意义上是因为亚里士多德除了继承柏拉图的理论外，对古希腊各个流派都有深入系统的研究，并在此基础上建立了自己庞大的理论体系。对莱布尼茨影响颇深的实体论，一定程度就是亚里士多德调和柏拉图理念论和德

---

　　① ［古希腊］柏拉图：《理想国》，郭斌、张竹明译，商务印书馆1986年版，第179页。
　　② ［古希腊］柏拉图：《理想国》，郭斌、张竹明译，商务印书馆1986年版，第81页。
　　③ ［德］恩格斯：《反杜林论》，《马克思恩格斯选集》（第三卷），人民出版社2012年版，第59页。

谟克利特原子论的产物。实体论是关于存在本身的理论，亚里士多德称之为"第一哲学"或"形而上学"，"有一门学问专门研究'有'本身，以及'有'凭本性具有的各种属性。这门学问与所谓特殊科学不同，因为那些科学没有一个是一般讨论'有'本身的，他们各自割取'有'的一部分，研究这个部分的属性；例如数理科学就是这样做的。我们现在既然是在寻求本原和最初的原因，那就很明显，一定有个东西凭本性具有那些原因……因此我们也必须掌握'有'本身的最初原因"①。对于亚里士多德来说，存在是最高的，范围最广泛的，其他一切事物不过是存在的一个侧面，一个部分。"至于其他的一切之被称为'有'，是因为其中有些是这个根本意义上的'有'的量，有些是它的质，有些是它的遭受，有些是它的其他等等，……这些东西没有一样是自存的，能够与实体分离的，如果有的话，那个走着、坐着或健康的东西倒是存在的东西。现在我们看到这些东西比较实在，是因为有个确定的东西在底下撑着它们（即实体和个体），这东西是蕴含在那类谓词里面的，因为我们使用'好''做'等词的时候总是包含着这个意思。所以很明显，就是靠这个范畴，其他的任何一个范畴才'有'。因此，那根本的、非其他意义的、纯粹的'有'必定是实体。"② 在亚里士多德这里，实体是不依赖于任何其他的一种独立存在，是第一的至高无上的存在，但是这种存在绝不是柏拉图那种脱离现实物质的存在。而是与现实物质联系在一起的存在，不是在物质以外，而是在物质以内。亚里士多德认为柏拉图理念论最根本的问题是，一方面把理念看成普遍的东西，另一方面又认为理念是可以分离的、单独的个体。经验的世界告诉亚里士多德，无法想象一个普遍的一般（理念）脱离个体的具体事物而存在，因此亚里士多德不同意柏拉图的分离学说，"普遍性显然不能离个体而存在"，对亚里士多德而言，世界只存在一个个具体鲜活的个体，而不存在柏拉图所说的绝对的、不变的理念。正如这个世界存在着苏格拉底、柏拉图、亚里士多德等一

① ［古希腊］亚里士多德：《形而上学》，《西方哲学原著选读》（上卷），北大哲学系教研室编译，商务印书馆 1981 年版，第 122 页。

② ［古希腊］亚里士多德：《形而上学》，《西方哲学原著选读》（上卷），北大哲学系教研室编译，商务印书馆 1981 年版，第 124—125 页。

个个具体的人，却不存在脱离个体而独立存在的"人"的理念。亚里士多德针对现实事物是理念的模仿、复制提出这样的批判，如果果真如此，那么不同的理念是如何在一个事物中统一起来的？比如芝诺这样具体一个人，他应该拥有人的理念、动物的理念、运动的理念、发声的理念……那么这些本该是独立存在的理念是如何在这样一个具体个体上统一起来的？理念论的另一个问题是，理念是永恒的、不变的，但是参照这同一理念的童年的芝诺和成年的芝诺却是存在显著差别的，或者我们换成一颗种子和由这颗种子变为的参天大树就更能说明问题，种子和大树还是同一理念的模仿吗？理念无法对诸如此类的运动变化问题给出完美的解释。亚里士多德自己的解释是："同一个实体，当它保持着自己的同一性的时候，却同时能够容受相反的性质。同一个人有的时候白，有的时候黑，有的时候热，有的时候冷，有的时候好，有的时候坏。这种性能在别的地方是找不到的。"① 对于亚里士多德来说，实体是固定不变的，变化的是属性。"某些东西，我们说它们存在，因为它们是实体，另一些东西则因为它们是实体的属性，还有一些东西则因为它们是趋于实体的过程，实体的毁灭、缺乏、性质，或者是实体的产生、生成，或者是实体的相关者，或者是所有这些东西以及实体自身的否定。"② 在这里实体和属性都是"存在"，差别是实体的不依赖与其他任何的一种独立的存在，而属性则需要依赖于实体而存在。那么亚里士多德如何解释事物变化的原因呢，尽管在亚里士多德的某些论述中，我们可以看出其唯物主义的倾向，但无论如何，亚里士多德绝不能接受唯物主义论者那种单纯无目的物质的运动，亚里士多德提出著名的"四因说"：质料因、形式因、动力因、目的因。质料因是"构成了一个物体而本身继续存在着的东西"，即材料；形式因是事物的结构、比例或本质；动力因是"事物变化或停止的缘故"；目的因是"做一件事的缘故"③。在现实中这些原因

---

① ［古希腊］亚里士多德：《范畴篇》，《西方哲学原著选读》（上卷），北大哲学系教研室编译，商务印书馆1981年版，第315页。

② ［古希腊］亚里士多德：《形而上学》，《西方哲学原著选读》（上卷），北大哲学系教研室编译，商务印书馆1981年版，第110页。

③ ［古希腊］亚里士多德：《物理学》，《西方哲学原著选读》（上卷），北大哲学系教研室编译，商务印书馆1981年版，第133页。

并不是各自分离而是浑然一体的，进而亚里士多德将之归纳为"形式"与"质料"，或者说，形式与物质。"形式"是事物的"本质"，决定"质料"。一个事物之所以会发生变化发展是为了实现它的形式或目的，即隐德来希。既然运动是需要原因的，那么就一定由最初的不动者作为初始推动者，促成后面的运动。它一定是不动的，否则它的运动还需要有推动者。既然它是不动的，那么就一定是精神的而不是物质的，因为物质就一定会运动。"必须断定：必然有一个永恒的不动实体"，这最初的存在或最高的实体就是神，"我们说神是一个至善而永生的实体，所以生命与无尽延续以至永恒的时空全属神，这就是神。[①]"需要注意的是，亚里士多德的神是世界的最高目的或至善，是与古希腊哲学理神论传统一脉相承的，至于后来被中世纪基督教经院哲学利用的人格化的上帝去崇拜就是后世子孙的不孝了。

笛卡尔与斯宾诺莎

正如黑格尔在《哲学史演讲录》中所表达的观点，"哲学与它的时代是不可分的。所以哲学并不站在它的时代以外，他就是对它的时代的实质的知识。同样，个人作为时代的产儿，更不是站在他的时代之外，他只在他自己的特殊形式下表现这时代的实质，……也就是他自己的本质。没有人能够超出他的皮肤"[②]。无论愿意与否，每个人的思想都深刻地带有其时代的烙印，换言之，"伟大的历史实在、社会和国家，实际上对于任何'体验'总是有先行决定性的。自我思考和自传——狄尔泰的出发点——并不是最先的东西，也不是解释学问题的充分基础，因为通过它们，历史再次被私有化了。其实历史并不隶属于我们，而是我们隶属于历史。早在我们通过自我反思理解我们自己之前，我们就以某种明显的方式在我们所生活的家庭、社会和国家中理解了我们自己。主体性的焦

---

① ［古希腊］亚里士多德：《形而上学》，《西方哲学原著选读》（上卷），北大哲学系教研室编译，商务印书馆 1981 年版，第 143 页。

② ［德］黑格尔：《哲学史演讲录》（第一卷），贺麟、王太庆等译，商务印书馆 1960 年新1 版，第 56—57 页。

点乃是哈哈镜。个体的自我思考只是历史生命封闭电路中的一次闪光。因此，个人的前见比起个人的判断来说，更是个人存在的历史实在"①。尽管莱布尼茨思想渊源庞杂，但在一定意义上，其同时代思想家对他的影响远远超出了前人，无论这种影响是以继承赞同的形式展现还是以批判论战的形式展现。

近代哲学家中对莱布尼茨影响最大的是笛卡尔，作为欧洲哲学史上划时代的代表人物之一，笛卡尔对法国乃至欧洲的哲学影响是巨大的，也因此，莱布尼茨才会在小时候就接触到了笛卡尔的思想，包括其哲学、数学和科学。纵观整个西方哲学史，近代哲学和古希腊哲学相比较，可以看出明显的从本体论到认识论转向，古希腊哲学更多地关注世界的本原、本质问题，而到了近代哲学家那里，想要讨论本体是什么的问题，必须要先回答我们是否可以认识本体，或者说我们的认识是否可靠，因为如果认识本身是不可靠的，那么通过认识这一中介去了解的本体必然无法保证其真实性。而笛卡尔正是这一哲学转向的奠基人之一，笛卡尔厌恶经院哲学，厌恶权威，怀疑一切，主张将一切放在人类理性的尺度上进行衡量，认为数学是所有知识的理想模型，其他学科都应该仿照数学进行建构，这些观点我们都可以在莱布尼茨那里找到或多或少的影子。

笛卡尔发现很多知识都是靠不住的，甚至是建立在迷信的基础之上。想想笛卡尔生活的年代就很容易理解了，近代之初，尽管经院哲学随同中世纪的结束逐渐没落了，但其势力仍然强大。经院哲学鼓吹信仰至上，盲目崇拜权威，坚持以《圣经》作为衡量知识的准绳。在这种情况下，笛卡尔认为无法分辨真伪，无法确定哪些是真的，哪些是假的。对于笛卡尔来说找寻确定性就十分必要了，而笛卡尔使用的方法是排除一切的不确定性，即普遍怀疑。"尽管怀疑的作用笼统地看并不十分明显，但它仍然是十分重要的，表现在（这种怀疑）使我们原理各种偏见，并提供了一种使我们的心灵习惯于将自己从各种感觉中分离出来的简单方式。最终，表现在它导致这样的结果，就是使我们不再对以后发现的事实产生任何怀疑。"② 笛卡尔在《第一哲学沉思集》一书中系统地提出了自己

---

① ［德］伽达默尔：《真理与方法》，洪汉鼎译，上海译文出版社1992年版，第355页。

② ［美］汤姆森：《笛卡尔》，王军译，中华书局2002年版，第46页。

的怀疑，"我应当把凡是我能想出其中稍有疑窦的意见都一律加以排斥，认为绝对虚假，以便看一看这样之后在我心里是不是还剩下一点东西完全无可怀疑。所以，由于我们的感官有时候欺骗我们，我就很愿意假定，没有一件东西是像感官使我们想象出的那个样子，因为有些人连在对一些最简单的几何问题进行推断时也会出错，并且做出一些谬论来，而我断定自己也和任何一个别的人一样也会容易弄错，所以我就把我以前用来进行证明的那些理由都一律摒弃，认为是虚假的。最后，我觉察到我们醒着的时候所有的那些思想，也同样能够在我们睡着的时候跑到我们心里来，虽然那时没有一样是真实的，因此，我就决定把一切曾经进入我的心智的事物都认为并不比我梦中的幻觉更为真实"①。首先是感官知觉的不确定性，我们的感观会欺骗我们，这是每个人都曾经有过的经验，因此，在感官基础上的知识是不可靠的；其次，我们自身无法分辨是不是在梦中。我们在清醒时感觉到的世界和经验与在梦中感觉到的世界与经验没有差别，我们无法分辨梦中的现实与清醒的现实，或者说缺少区分二者的标准；最后，类似于数学的知识可靠吗？无论在现实中，还是在睡梦中，我们都认为二加三等于五，一个正方形有四条边。那么如此说来，数学知识是可靠的了。笛卡尔仍然对此持怀疑态度。笛卡尔提出这样的假定，如果存在一个全能的、邪恶的精灵，它把这样的数学思想植根于我们的思想之中，欺骗我们相信二加三等于五，而事实并非如此。从逻辑上我们无法排除这样的邪恶精灵的存在，因而数学知识也由此而变得不可靠了。从我们的感觉经验，到我们生活的世界，乃至数学知识，笛卡尔的怀疑是普遍的，但笛卡尔绝不是一个怀疑论者，恰恰相反，这种普遍怀疑的目的是寻找确定无疑的肯定性。笛卡尔认为其普遍怀疑的目的"只是要为自己寻求确信的理由，把浮土和沙子排除，以便找出岩石和黏土来"②。也就是说，普遍怀疑对笛卡尔来说是一种方法、一种手段，其目的则是排除偏见和谬误而获得真理。通过普遍怀疑，我们才可

---

① 北京大学哲学系外国哲学史教研室编译：《十六—十八世纪西欧各国哲学》，商务印书馆 1975 年版，第 147 页。

② 北京大学哲学系外国哲学史教研室编译：《十六—十八世纪西欧各国哲学》，商务印书馆 1975 年版，第 146 页。

能将"理性"作为衡量真伪的标准，为知识找到最确定无疑的根基。一定程度上，笛卡尔这种将理性作为衡量标准，普遍怀疑的态度是对那个时代经院哲学对思想禁锢的驳斥与反击。

"使我确知一件事物的真实性的，的确只有对于我所说的事物的清楚明白的知觉；……因此我觉得可以建立一条一般的规则，就是：凡是我们极清楚、极明白地设想到的东西都是真的。"① 将一切都怀疑之后，笛卡尔找到了毋庸置疑的点、著名的"我思故我在"。我们可以质疑思想的内容、对象，却绝不能质疑思考本身，一旦有怀疑，那么怀疑的主体"我思"就一定存在，否则怀疑本身就无法进行，当然笛卡尔的这一"我思"的主体是精神主体，和物质无关。即便存在那个全能的、邪恶的精灵，也不能否定我思的存在，因为如果这个邪恶的精灵要欺骗我们，必然要以我们存在为前提才可以进行欺骗。至此，"我思故我在"就成为确定无疑的，需要注意的是笛卡尔"我思故我在"用的是推理演绎的方法而不是因果的推论。这和笛卡尔十分重视方法的重要性是分不开的，笛卡尔将扫除经院哲学方法论、为新的自然科学发展提供新的方法论视为己任，笛卡尔也确实和弗朗西斯·培根一起开创了科学研究新的方法论转向。不同的是以培根为代表的经验派哲学家认为知识是通过经验归纳法获得的，但笛卡尔认为感官经验是靠不住的，经常欺骗我们，"我曾经多次观察到，塔远看是圆的，近看却是方的，竖在这些塔顶上的巨像在底下看确是像一些小雕像；像这样，在无数其他的场合中，我都发现外部感官的判断有错误"②。那么这种感官经验基础上总结归纳出的知识必然与笛卡尔所追求的确定无疑的知识截然相悖，笛卡尔无法认同。作为大陆唯理论的代表人物，笛卡尔认为感觉经验不能提供确定无疑的知识，那么这些知识只能来自理性本身，唯有理性演绎法才是获得确定可靠知识的途径。除了哲学家外，笛卡尔和莱布尼茨还有一个共同的身份：数学家。数学的逻辑严谨、指代明确等优点，使得他们认为数学是所有学

① 北京大学哲学系外国哲学史教研室编译：《十六—十八世纪西欧各国哲学》，商务印书馆1975年版，第167页。

② 北京大学哲学系外国哲学史教研室编译：《十六—十八世纪西欧各国哲学》，商务印书馆1975年版，第19页。

科的典范，其他学科都应该以数学的方法去建构，而哲学家的任务是找到这些方法论从而为科学提供坚实的基础。笛卡尔批评逻辑只能用来说明已知的事物，而不能用来求知，同时逻辑中又掺杂有害或多余的成分：古代的分析几何局限于考察各种图形，近代的代数是一种混乱、晦涩的科学。笛卡尔试图去寻求一种新的方法，包含上述方法的优点而不包含其缺点，笛卡尔称之为：普遍数学。记住这一设想，在后面论述莱布尼茨的方法论时，我们可以看到莱布尼茨在笛卡尔设想的这条路上走得多么远。笛卡尔试图将数学中最普遍的一些原则运用到其他学科之中，数学是这样建立起来的，从一些不言自明的公理或公设出发，通过推理得到一系列其他命题。这些公理和公设是十分简单又不容置疑的，而推理的过程符合思维的逻辑，这样得到的结论无论多么复杂都是可信的。笛卡尔在哲学上总结为："第一条是，绝不把任何我没有明确的认识其为真的东西当作真的加以接受，也就是说小心避免仓促的判断和偏见，只把那些十分清楚明白地呈现在我的心智之前，使我根本无法怀疑的东西放进我的判断之中。第二条是，把我所考察的每一个难题都尽可能的分成细小的部分，直到可以而且适于加以圆满解决的程度为止。第三条是，按照次序引导我的思想，以便从最简单、最容易认识的对象开始，一点一点逐步上升到对复杂的对象的认识，即便是那些彼此之间并没有自然的先后次序的对象，我也给他们设定一个次序。最后一条是，把一切情形尽量完全的列举出来，尽量普遍的加以审视，使我确信毫无遗漏。"①简单地说，对于笛卡尔这四条规则可以总结为：首先要有一个确定无疑的出发点，这是保证知识可信的必要性；其次将分析尽可能细化，以获得尽可能满意的结论；再次开始从简单的知识出发一步步逐渐推理出复杂知识；最后要获得真理推导过程不能半途而废，要彻底和全面。笛卡尔本人就是以"我思故我在"这一确定无疑的哲学基石作为出发点通过演绎推理的方式建立起自己的哲学大厦，尽管其推理演绎过程存在种种问题而备受争议。但毋庸置疑的是后世的唯理论者都是沿着这一思路，从确定无疑、不言自明的前提出发，按照演绎法建构各自的哲学体系。

---

①　北京大学哲学系外国哲学史教研室编译：《十六—十八世纪西欧各国哲学》，商务印书馆 1975 年版，第 144 页。

从亚里士多德开始，实体一直是西方哲学家关注的重点。笛卡尔认为实体"适用于每一个这样的事物，无论我们直接知觉到的是什么，都存在于作为主体的它之中；或者适用于一切这样的事物，无论我们知觉到的什么，都依靠它而存在。'我们认识到的什么'，指我们对具有真观念的事物的特性、性质或属性。从严格意义上讲，我们对实体本身所具有的唯一观念是，它是一个无论我们知觉到的什么……都存在于……其中的事物"①。据此，笛卡尔将实体归纳为精神和物质两种相对实体，同时他们又都属于更高层次的上帝这一绝对实体。作为笛卡尔的信徒和继承者，斯宾诺莎坚决反对这种二元论，坚持一元论，这一点和莱布尼茨并无二致。在斯宾诺莎那里，实体是其哲学体系的基石，"实体我理解为在自身内并通过自身而被认识的东西换言之形成自己的概念，可以无须借助于别的事物的概念"②。从表面看，斯宾诺莎对实体的理解似乎遵从了传统的概念，实体是第一位的、自我存在的，并不需借助于其他的概念来加以解释和说明，而是通过自身得到其各种规定。但以此作为出发点，斯宾诺莎却推理出一些不同的结论，得出了实体与以往不同的属性。第一，实体是自身存在的原因，不因他物存在而存在，自身就是最高的存在，是自我存在的原因，否则就和实体本身概念相冲突，"实体不能为任何别的东西所产生，所以它必定是自因，换言之它的本质必然包含存在或者存在属于它的本性"③。第二，实体必然是无限的，因为实体是不受任何的限制而存在，那么必然是无限的，如果它是有限的，必然要受到其他事物的限制，"凡是实体都必然是无限的"。第三，实体是唯一的，"不能有多数实体，只有唯一的实体"，因为实体是无限的，那么就意味着它必然蕴含着无限的属性和状态，因为如果还存在其他实体的话，那么另外实体的属性和状态必然也包括在无限的实体之中，就没有办法将两者区分开来。同时，如果存在多个实体，也会出现一个实体依赖于另一个实体出现的情况，那么这是和实体的定义相违背的。第四，实体是

---

① ［法］笛卡尔：《第一哲学沉思集》，庞景仁译，商务印书馆1986年版，第114页。

② 北京大学哲学系外国哲学史教研室编译：《十六—十八世纪西欧各国哲学》，商务印书馆1975年版，第243页。

③ 北京大学哲学系外国哲学史教研室编译：《十六—十八世纪西欧各国哲学》，商务印书馆1975年版，第247页。

永恒的，因为实体是独立存在的，那么它不可能有开端，也不可能有终点，否则实体就是被产生的东西，不能是自因。所以实体一定是永恒的。第五，实体是一个不可分割的整体，一切存在、一切认识都包含在实体之中，但同时实体又不受部分的限制。接下来在近代思想的背景下，推论出拥有这些共同属性的实体就是神。"神，我理解为绝对无限的存在，亦即具有无限'多'属性的实体，其中每一属性各表示永恒无限的本质""除了神以外，不能有任何实体，也不能设想任何实体。"① 但是斯宾诺莎的神绝不是传统宗教意义上的上帝，因为在斯宾诺莎那里神和自然是等同的。斯宾诺莎说："万物以自然的一般法则而存在，并且为之所决定。此自然的一般法则，不过是另外一个名称以名上帝的永存的天命而已，……所以，说万物遵从自然律而发生，和说万物被上帝的天命所规定是一件事。……因为自然的力量和上帝的力量是一回事。"② 斯宾诺莎将上帝与自然等同起来，上帝不再是犹太教或基督教那个具有人格意志可以干涉人间祸福的上帝，尽管他的哲学仍然披着神学的外衣，但是其唯物主义和无神论的倾向已经十分明显，这也是斯宾诺莎为什么前半生遭受驱逐出教门，后半生清贫凄苦的原因之一，斯宾诺莎生前和身后相当长的一段时间内都被欧洲人憎恨、诅咒，以至于莱辛（Lessing）说："人们提起斯宾诺莎好像是在提一条死狗。"可能正是由于这样的世俗风评，莱布尼茨晚年极力否认曾与斯宾诺莎相谈甚欢，尽管当年莱布尼茨为了见到斯宾诺莎大费周章。无论如何，莱布尼茨的实体概念都受到了斯宾诺莎的影响，比如斯宾诺莎实体的"自因"和"保存自我的努力即是事物自身的本质"思想。年轻的莱布尼茨认真阅读过斯宾诺莎的《知性改进论》、《伦理学》以及《斯宾诺莎遗著集》，莱布尼茨对笛卡尔思想不满意时，曾一度视斯宾诺莎的哲学为解决之道，尽管最后莱布尼茨也同样地抛弃和超越了斯宾诺莎。

斯宾诺莎与莱布尼茨都认同笛卡尔按照确定无疑的公理出发，以逻辑演绎的推理方式建构整个哲学大厦的理想并付诸实践，却得出了在一定意义上截然相反的结论。斯宾诺莎也认为哲学的目的是获得事物完整

① ［荷］斯宾诺莎：《伦理学》，贺麟译，商务印书馆1981年版，第14页。
② ［荷］斯宾诺莎：《神学政治论》，温锡增译，商务印书馆1963年版，第52页。

的知识，而要实现这一目标，必须依靠清晰明白的思维。17 世纪，非欧几何还没有被发现，欧式几何以其论证的确定可靠、清晰简明在各门学科中享有极高的赞誉，唯理论哲学家更是视其为科学的典范，试图以几何的形式重构其他学科，笛卡尔、莱布尼茨都做过这类尝试。斯宾诺莎也是如此，他认为："在研究和传授学问时，数学方法，及从界说、公社和公理推出结论的方法，是发现和传授真理的最好的和最可靠的方法。"①看看斯宾诺莎在其代表作《伦理学》中对几何方法的运用就能了解斯宾诺莎对此是多么推崇，首先斯宾诺莎找到一些他认为不言自明的定义和公理，其次按照几何学的方式证明一个个命题。命题之后还有由命题产生的必然结果，即推论。有的命题后还有解释，这些解释一般是进一步讨论。如果只看形式，那么斯宾诺莎的《伦理学》完全是一本几何学著作。尽管斯宾诺莎和笛卡尔一样也都认为通过感官获得的知识非常容易欺骗我们，使得我们非常容易出错，干扰我们掌握真理的能力。同时，斯宾诺莎也承认，怀疑在笛卡尔的哲学中起到了一定的启发作用，但是斯宾诺莎无法接受笛卡尔将怀疑作为思想的原点。对于斯宾诺莎来说，哲学家首先要考虑的并不是怀疑，对一个人身体的物质存在的怀疑也是不可能的，对任何事物的怀疑的克服应该通过知识的扩充来进行消解。斯宾诺莎对于几何学的方式的运用，可以通过他的整体性或非线性的知识论证观来进行解释。笛卡尔认为，存在着我们可以不依赖任何其他知识，而独立存在的知识，比如关于我们心灵的知识。斯宾诺莎对此持否定的态度，他认为这些关于我们心灵的知识，以及关于《伦理学》的界说和公理所解释的那些事物的知识和其他知识并无差别，其确定性都取决于它们在整个知识体系的位置。所以斯宾诺莎选用几何学的证明方法，是因为它最适合于展示知识体系的相互关联性，而且这也是斯宾诺莎哲学观点前后一致的论证②。

　　近代哲学家争论的焦点之一，是关于认识论的问题。从弗朗西斯·培根认为哲学的主要任务就是认识解释自然、笛卡尔的天赋观念开始，

---

　　①　［荷］斯宾诺莎：《笛卡尔哲学原理》，王荫庭、洪汉鼎译，商务印书馆 1980 年版，第35 页。

　　②　［美］斯坦贝格：《斯宾诺莎》，黄启祥译，中华书局 2002 年版，第 143 页。

之后的英国经验派哲学家霍布斯、贝克莱、休谟，大陆唯理派的斯宾诺莎、莱布尼茨都参与其中。而莱布尼茨的认识论主要是在与洛克的论战中发展建立起来的。洛克的《人类理智论》是其认识论的代表作，而莱布尼茨生前不仅若干次托人将自己的批判文章转交给洛克，更是系统地写作了《人类理智新论》对洛克的《人类理智论》进行了逐篇逐节甚至逐段的论战。尽管莱布尼茨与洛克在认识论的核心观点上是截然相反的，但在这一过程中，莱布尼茨却也不是完全不受洛克的影响，并且在一定程度上对经验论甚至唯物主义做了某种让步。洛克作为培根和霍布斯的继承者，将唯物主义经验论在自己的著作里进行了系统化论证。洛克首先批判了天赋观念的必要性，"人们单凭运用他们的自然能力，不必借助于任何天赋的印象，就能获得他们所拥有的全部知识；他们不必有任何这样一种原始的概念或原则，就可以得到可靠的知识。因为我相信任何人都会很容易承认，既然上帝已经赋予人以视觉和一种眼睛从外物接受颜色的观念的能力，如果还要认为颜色的观念在人心里是天赋的，那就是不妥当的了"①。其次，天赋观念论者经常将人类普遍认同作为论据，但是洛克认为即便有些理论是为全世界的人都接受认同的，也无法论证它们就是天赋的，二者之间并不存在因果关系。而且，洛克指出，根本不存在什么全人类普遍同意的原则。诸如同一律、矛盾律这种天赋原则，也并不为所有的人所同意，比如儿童和白痴就不认同这两个原则；不同的民族不同的地区对待道德原则也是不同的；等等，都可以证明根本不存在什么人类普遍接受的原则。最后，天赋观念论者可能会反驳，这些真实是潜在的存在于人们的观念中，只要运用理想就可以知晓这些原则。洛克反驳道，按照这样的观点，那么数学家的公理和由这些公理推导出来的定理之间就不会有什么差别了，他们全部都应该被同等地认为是天赋的，因为他们都是凭借理性而发现的。但是，天赋观念论者又认为并不是所有的知识都是天赋的，这就陷入了自相矛盾。在对天赋观念的批判基础上，洛克提出了一般观念的来源问题，洛克认为人的心灵中确实有着观念的存在，认识论的首要问题就是观念从何而来？洛克认为人的

---

① 北京大学哲学系外国哲学史教研室编译：《十六—十八世纪西欧各国哲学》，商务印书馆 1975 年版，第 361 页。

心灵就像一张白纸，是完全空白的，没有任何观念，没有任何记号。我们的观念"是从经验得来。我们全部知识就建立在禁言上面的；知识归根到底都是源于经验的"①。这就是洛克著名的"白板说"，他认为一切知识都来源于经验，那些所谓天赋观念无一例外都是来自经验。然后洛克又区分了经验的差别，"我们对于外界可感物的观察，或者对于我们自己知觉到、反省到的我们心灵的内部活动的观察，就是供给我们的理智以全部思维材料的东西。这两者乃是知识的源泉，从其中涌出我们所具有的或者能够自然地具有的全部观念"②。根据经验的不同来源，洛克将经验划分为外部经验和内部经验，即感觉和内省。感觉来自外部，是外界对人的感官的刺激，使我们的心灵产生了对于颜色、冷热、软硬、酸甜等观念，这是我们大部分知识的来源，是完全建立在感官的基础上的。知识的另一种来源是内省，是我们的心灵运用得到的观念进行反省获得的新的知识，这部分不能通过外部感觉得来。包括知觉、思维、怀疑、信仰、推理、认识、意愿等。尽管洛克认为一切只是都来自经验，但是他又把经验划分为感觉和内省，并将二者置于平等的地位，这就又陷入了"二元论"的泥沼，反映了其思想的不彻底性。莱布尼茨正是抓住了洛克这一理论上的缺陷，为天赋观念进行了辩护。既然内省是我们心灵内部的加工活动，不能来自外部，那就意味着必须承认有一些观念不是依靠感觉而来的，那么这些观念必定是天赋的。

与牛顿—克拉克的论战

还不得不提到莱布尼茨与牛顿关于微积分发明权的争论，并不因其是科学史上一件令人瞩目的公案，而是因为微积分的创立与莱布尼茨的科学思想息息相观。微积分思想，最早可以追溯到希腊时期阿基米德等人提出的计算面积和体积的方法。之后卡瓦列里、巴罗、沃利斯等人得

① 北京大学哲学系外国哲学史教研室编译：《十六—十八世纪西欧各国哲学》，商务印书馆 1975 年版，第 366 页。

② 北京大学哲学系外国哲学史教研室编译：《十六—十八世纪西欧各国哲学》，商务印书馆 1975 年版，第 366 页。

到了一系列求面积（积分）、求切线斜率（导数）的重要结果，但这些结果都是孤立的，不连贯的。只有莱布尼茨和牛顿将积分和微分真正沟通起来，明确地找到了两者内在的联系：微分和积分是互逆的两种运算。这也导致了 17 世纪末，在英国与欧洲大陆之间爆发的激烈且旷日持久的微积分发明权之争。

少年时代的莱布尼茨就显示出对数学的热情和天赋，旅居巴黎时结识的惠更斯等数学家更是让莱布尼茨当时的研究重点转移至数学方面。1676 年莱布尼茨独立发明微积分，这是当时最高的数学成就，并且对后来的现代物理学产生深远的影响。在微积分中，莱布尼茨还创立了若干我们今天仍在使用的微分、积分符号。这些符号的恰当使用使得莱氏微积分十分简便高效，在一定意义上，在发明微积分的运算方法之后，莱布尼茨就朝着自己的目标更前进了一步：创造一套严格的、符号化的语言，在其中通过对符号进行运算，思想中的一切谬误都可以被清楚地计算出来。这与牛顿发明微积分的路径是极为不同的，牛顿的微积分或流数学是着眼于解决实际问题的方法。而对莱布尼茨来说，这确是远大宏伟计划的一部分，数学仅仅是一个开端，还要延伸到物理学、逻辑学、哲学、宗教等等。正如莱布尼茨在信中所写："这门代数学（我们当然要好好利用它）仅仅是那个整体系统的一部分。这一部分的杰出之处在于，我们即使愿意也不会犯错，真理好像是在一台速写机器的帮助下被勾画出来的。但我真的乐意承认，无论学提供给我们的是什么，它们都是一门我通常称之为'组合的'或'独特的'更高级科学的成就，这门科学与人们在刚一听到这些词的时候脑子里所冒出的任何形象都不相同。……在这里我无法用几句话来描写它的性质，可我却有胆量说，对于完善人类的心灵来说人们实在难以想象出比它更有效的东西。"[1]

1672 年莱布尼茨以外交官的身份出使巴黎，在其后的四年里陆续进行微积分的研究工作。当时的巴黎是欧洲科学文化的中心，在那里，莱布尼茨结识了许多世界级的顶尖数学家，接触到了最新的科学理念和成果，学到不少关于无穷级数的知识。他研读了卡瓦列里、伽利略、托里拆利、帕斯卡、笛卡尔等人的数学著作，探究了与无穷级数有关的课题，

---

[1]　Leibniz, *Samtliche Schriften und Briefe* III, ed. by the Academy of Sciences of Berlin, p. 331.

例如切线问题及求积问题，力求以微分三角形为基础得到一个解，最晚在 1675 年莱布尼茨已经确定了微积分的基本符号和若干的运算法则，而微积分学中两部分发明的关键的最终步骤也是在同年 10 月做出的。1673 年莱布尼茨在研究帕斯卡的《关于四分之一圆周的正弦》例题时，受到其中一个图形的启发，产生了将对数列的研究与为了确定曲线的切线和积分而进行的几何分析联系起来的想法，在惠更斯的鼓励下，他继续微分三角形的研究，由此导出求无限小量的和、差的运算方法。正如莱布尼茨在大约 20 年后写给朋友的信中所解释的，"对数列中的差与和的思考擦亮了我的第一个思想火花，让我意识到差对于切线而和对于积分"。最重要的发现之一便在于认识到了切线问题与积分问题的对应关系。"寻找曲线的切线被还原为以下问题：求数列的差；而求图形的面积（也就是积分）则被还原为：求一个给定序列的和，或者给定一个序列而去求另一个序列，使得后者的差对应于以给定序列的各项。"① 尽管差不多要十年后其微积分的成果才正式发表于 1684 年 10 月的《学术记事》，在这篇微积分的著作《对有理量和无理量都适用的求极大值和极小值以及切线的新方法，一种值得注意的演算》中，莱布尼茨给出了对微分的定义：给定任意的 dx，dy 的定义是使得比 dy/dx 等于切线的斜率的数。这篇文章还叙述了函数求极大和极小量的求和、积、商、幂、根的微分法则（后来被称为"莱布尼茨法则"），列举和分析了关于切线和极大、极小、拐点等问题在光学和其他领域的应用实例。论文只有 6 页，却有着划时代的意义。两年后的 1686 年，莱布尼茨又在《学术记事》发表了自己的积分学著作，使用了积分符号"∫"，讨论了积分变换和求积转换为反切线等问题。微分符号"dx""dy"，积分符号"∫"都是莱布尼茨首创使用，其中的 d 源自拉丁语中"差"（Differentia）的第一个字母。积分符号"∫"是拉丁语"总和"（Summe）的第一个字母 s 的伸长。这些微积分基本符号的使用简洁，便于记忆，与牛顿的流数学符号形成鲜明对比，对后世微积分的发展产生了积极的意义，时至今日仍在使用。但是当时很少有人像莱布尼茨一样注意到了符号的重要性，应该说在这一点上，

---

① Leibniz, *Mathematische Schriften*, ed. by C. I. Gerhardt. Berlin and Halle：A. Asher and H. W. Schmidt, IV, p. 479.

莱布尼茨是很有前瞻性的。与物理学家出身的牛顿不同，作为哲学家的莱布尼茨十分崇尚形式的和谐，他重视对数学符号的选择，并且认为运用符号技巧是科学成功的关键之一。同时，这与莱布尼茨普遍字符的设想也有着莫大的关系，我们在后文会做进一步的探讨。1693 年，莱布尼茨在《学术记事》发表了微积分基本定理及其相关的证明，1714 年为了应对甚嚣尘上的微积分争论，莱布尼茨听从沃尔夫的建议草拟了一篇《微积分的历史和起源》，尽管并未发表。无论如何，有了莱布尼茨的微积分数学方法，不仅能够处理笛卡尔在其《几何学》中归为"几何的"那类曲线，还可以处理被笛卡尔称为"机械的"曲线。微积分可以对所有已知的曲线和变量进行数学处理，而且也将对现代物理学的发展产生巨大的影响。

在有据可查的历史中，莱布尼茨第一次最有可能获知牛顿关于流数学的发现是 1673 年 4 月，英国皇家协会秘书奥尔登堡的数学顾问科林斯（Collins）在一篇数学简报中漫不经心地提及：在剑桥工作的数学家牛顿建构了"为一切曲线图形求积分的一般方法"。但是需要注意的是科林斯在这篇泛泛的报告中对于数学研究得极少，只是略加浏览，可能是因为科林斯完全没有意识到微积分的重要性。1676 年，牛顿通过奥尔登堡与莱布尼茨通信，以字谜的方式谈及了微积分的问题，但没有提供任何的研究方法与证明方式。而莱布尼茨却在随后的回信中做了回答，并且通报了自己的研究成果。1867 年牛顿在《自然哲学的数学原理》记录了他们书信往来的过程："十年前在我和最杰出的几何学家 G. W. 莱布尼茨的通信中，我表明我已知道确定极大值和极小值的方法、做切线的方法以及类似的方法，但我在交换的信件中隐瞒了这方法……这位最卓越的人在回信中写道，他也发现了一种同样的方法，他还叙述了他的方法，他与我的方法几乎没有什么不同，除了他的措辞和符号之外。"① 牛顿的这段原文，即使到了 1713 年《自然哲学的数学原理》的第 2 版中也还保留着，但是到了 1726 年第 3 版《原理》中，这些提到莱布尼茨的文字由于一些原因被全部删除了。由此可见，牛顿承认莱布尼茨与他各自独立地

① ［英］沃尔夫：《十六、十七世纪科学、技术和哲学史》（上），周昌忠等译，商务印书馆 1985 年版，第 247 页。

发明了微积分，两位数学天才至此还没有任何的芥蒂。但是这场科学史上最著名的发明权争论还是爆发了，影响了未来一个多世纪欧洲大陆和英国的数学界乃至科学界的交流与发展。1692 年 2 月 15 日，与牛顿有过交往的瑞士数学家杜里耶（Douriez）暗示莱布尼茨的微积分方法取自牛顿，但却没有承认对于这位伟大的英国数学家的亏欠，而且根据他的观点，牛顿的方法比莱布尼茨的要远为先进。1699 年 4 月约翰·沃利斯（John Wallis）《数学全集》的第三卷出版，其中收录了莱布尼茨写给牛顿、奥尔登堡以及约翰·沃利斯本人的数学信件，也包括牛顿的书信。与此同时发表的是杜里耶《最速降线》论文，在其中杜里耶公然声称莱布尼茨剽窃了牛顿，并直接将德国数学家宣称为微积分的第二发明者。8 月，莱布尼茨写信给约翰·沃利斯表达了他的不满。约翰·沃利斯的回信则让莱布尼茨确信，杜里耶的攻击没有获得他的认可，也没有获得皇家协会的赞同。皇家协会的秘书斯隆（Sloan），在获知了莱布尼茨的抱怨后，还写信表示了道歉。牛顿关于流数学的正式论文要等到 1704 年在伦敦出版《光学》一书，在其附录中包含了两篇数学论文：《求曲边形面积》阐述流数法，《三阶曲线的计算》探讨了立方曲线的分类问题。牛顿另一篇重要的微积分著作《流数方法》直到 1736 年才被人译成英文发表。1705 年莱布尼茨匿名发表了一篇评论，试图解释与平息和牛顿关于微积分发明权的争论，但适得其反，某些词语的选择让牛顿大动肝火，认为莱布尼茨挑起了关于微积分发明权的挑衅。无论之前有多么友好，1711 年之后，莱布尼茨就被牛顿列为敌人之属了。

实际上，莱布尼茨与牛顿不仅关于微积分的发明权存有异议，在哲学方面也曾发生过论战。这场论战主要是通过莱布尼茨与牛顿哲学的代言人克拉克（Clark）之间进行的。1715 年莱布尼茨应雇主威尔士王后凯罗琳（Caroline）要求，撰写了一篇批评英格兰自然宗教的论文，莱布尼茨认为正是洛克和牛顿的哲学导致了英国自然宗教没落的状况，他写道："①很多人主张灵魂是物质的，其他人主张上帝自身是物质的。②洛克先生及其党羽至少并不确定灵魂是否是物质的或者自然地具有可腐朽的性质。③牛顿先生说空间是上帝用来觉知事物的器官……④……根据牛顿先生及其追随者的意见，上帝需要时不时地重新扭动他的钟表：不然其作用便会终止。他并不具有足够的先见来让它成为一种永恒的运动，根据他们的观点，事实上，上帝的这架机器如此不完美，以至于他被迫时不时地通过一种非同寻常的汇聚作用来清洁它，甚至修理它，就好像一位钟表匠对他的手工作品所做的那样，要知道，他越是被迫地去接触与修改它，他就越是一位蹩脚的手艺人。在我看来，同样的力与能量总是在它（即上帝的作品）之中持存……其他的设想对于上帝的智慧与能力来说将是一种非常卑微的估计。"① 莱布尼茨与克拉克的论战正式拉开序幕。

　　二者之间相互各有 5 篇书信论文往来，尽管牛顿没有直接参与这次通信，但却间接地参与进来，提供给克拉克若干的提议和想法。首先确定的是莱布尼茨与克拉克都是自然神学的坚定支持者，都反对天启神学，反对将自然还原为可独立于上帝的自足的运行机制。但是这样的共同点远远不足以消弭二者在时间、空间、力学以及神学方面的分歧。克拉克认为无论莱布尼茨本意是多么虔诚，事实却是莱布尼茨将上帝从宇宙中排除掉了，通过将上帝描述为一个娴熟的钟表匠，他将世界这家钟表制造得如此完美，以至于世界本身就可以无限期地运转下去而不需要上帝的参与，这样最终必将导致无神论的结果，这是无论如何不能接受的。因为在莱布尼茨的世界中，不再需要上帝的参与，那么距离将上帝看成无用的，进而彻底排除出去，只有一步之遥。"说一切事物无不在上帝的继续不断的统治和监察之下做成，这不是对他的技艺的贬低而是真正的颂扬。认为世界是一架大机器，无需上帝的插手而继续运转，就像一架时钟不用钟表匠的协助而继续在走一样，这样的概念是唯物主义和定命的概念，并且倾向于把天道和上帝的统治实际上排在世界之外。"② 克拉克认为牛顿的宇宙观将世界机器的正常运转需要上帝的持续参与才是重新确立了上帝对宇宙的绝对主导权。莱布尼茨当然不承认克拉克的这些指控，他认为既然基督教的传统中的上帝是全知全能全善的，那么这样的上帝绝不会是一个蹩脚的钟表匠，需要持续地干涉与指导他的机器作品。"牛顿先生和他那一派还有对上帝的作品的一种很好笑的意见。照他

---

① Leibniz, *Die Werke*, ed. by O. klopp, XI Hanover: klind worth, p. 23.

② ［德］莱布尼茨：《莱布尼茨与克拉克论战书信集》，陈修斋译，商务印书馆 1996 年版，第 5 页。

们的看法，上帝必须不时地给他的表重上发条，否则它就会不走了……
上帝的这架机器照他们看来甚至是这样不完善，以致他不得不时时用一
种非常规的协助来给它擦洗油泥，甚至来加以修理，就像一个钟表匠修
理他的钟表那样……"① 其次，被上帝神圣意志所创造的世界不需要上帝
的参与，并不意味着世界可以在没有上帝的情况下运转，恰恰相反，莱
布尼茨认为上帝是一切事物存在的终极原因，没有任何事物可以脱离上
帝而独立存在。可以看出以克拉克为代表的牛顿学派所主张的上帝是世
界存在的原因，更多是一种物理学层面的解释。而莱布尼茨所主张的上
帝是世界存在的原因更多是一种形而上学层面的解释，超越了物质层面，
而达到了本体论层面。这场论战更多的篇幅讨论了时空观，牛顿的绝对
时空观与莱布尼茨的相对时空观针锋相对。众所周知牛顿的绝对时空观
统治了后世两个多世纪，但是这场关于时空的讨论却深刻地影响了另一
位哲学大家，那就是康德，这部分内容我们会在后面的篇章详加探讨。

　　除了这些思想家外，实际上同时代很多思想家的观点都或多或少影
响着莱布尼茨科学观的建立与成熟。比如布鲁诺（Bruno）的单子论、伽
桑狄（Gassend）的原子论都在莱布尼茨的"单子论"中留下了影子；比
如弗朗西斯·培根所主张的实验科学的精神是身为自科学家的莱布尼茨
所认可的；比如莱布尼茨曾试图拜望霍布斯（Hobbes）却因后者的年迈
未能如愿，但是霍布斯的理论莱布尼茨是熟悉的；比如莱布尼茨生前发
表的唯一的长篇著作《神义论》目的就是与比埃尔·培尔（Pierre Bayle）
关于理性和信仰是否可以调和进行了论战，此外还有波义耳、马勒伯朗
士、罗马数学家格里马尔蒂等等都对莱布尼茨的思想产生过或大或小的
影响。

第三节　莱布尼茨科学成就的哲学意蕴

　　普鲁士腓特烈大帝对莱布尼茨钦佩不已，曾称赞他"本人就是一所

---

① ［德］莱布尼茨：《莱布尼茨与克拉克论战书信集》，陈修斋译，商务印书馆1996年版，
第1页。

科学院"，在七十年的人生历程中，莱布尼茨一直对科学怀有异乎寻常的兴趣，孜孜不倦地钻研各门学科的知识，并将之付诸实践，令人惊奇的是莱布尼茨几乎在几十个他所涉足的领域都取得了非凡的成就。正如近代很多科学大家有着深刻的哲学思考一样，莱布尼茨对自然科学研究的成果影响着他的哲学理论，同时其哲学思想又或多或少地影响着他对科学的研究。或者说，具体科学是其哲学的理论基础，而哲学则是其具体科学的概括提升。

一 数学、生物学与单子论

罗素的观点"数学，尤其是微积分，极大地影响了莱布尼茨的哲学，"是很中肯的。在西方思想史中，数学与哲学之间总是存在一种互动的密切联系。以至于数理逻辑的先驱德国数学家弗雷格（Frege）指出："一个好的数学家至少是半个哲学家，一个好的哲学家至少是半个数学家。"毋庸置疑莱布尼茨既是一个好的哲学家，又是一个好的数学家。在他那里，哲学思想为数学探索提供了基础，反过来数学研究又推动其哲学思想的建构。作为欧陆哲学家莱布尼茨继承了笛卡尔和斯宾诺莎一贯的理性主义原则，将唯理论传统应用于数学领域的研究，取得了微积分的成就。不同于牛顿的流数学起源于经验的物理学研究，莱布尼茨的微积分开始于抽象的几何学研究，通过分析的方法引入微分、积分的概念以及运算法则，这也决定了在数学的严密性与系统性方面莱布尼茨的微积分远远超过、优于牛顿的流数学。更为重要的是，莱布尼茨十分强调对于微积分理论所做出的哲学解释，所以他比牛顿更为大胆，牛顿正是因为没有看到流数学的现实意义才把手稿束之高阁若干年之久，而莱布尼茨即便对于作为微积分基础的无穷小的物理意义还不清楚，却仍相信诉诸理性直观会得出正确的结果。莱布尼茨把无穷小看作"理想的""虚构的"的概念，是"有根据的假设"。"老实说，我不十分相信，除了把无穷大和无穷小看作理想的东西，看作确有根据的假设而外，还有什么必要去考虑它们……"，甚至"我不相信确有无限大量和无限小量存在，它们只是虚构，但是对于缩短论证和在一般叙述中是有用的虚构"①。可以说，在莱布尼茨那里，无穷小这一微积分的基础概念只是一个哲学理念，假设的意义远远超过现实的意义。

对于莱布尼茨来说，微积分的研究是一种对真理的追求，只是这种真理的主项是无限复杂的，因此只有无限延长的分析才能表明谓项包含在主项之中。在莱布尼茨的实体论中，每个实体都是无限复杂的，每一实体都与其他个别的实体存在着某种关系，而且实体是封闭的，也就根本没有什么纯粹外在的关系；这样，每个关系都包含着一个关于每个相关项的谓项。由此莱布尼茨便可得出结论说，"每个单一的实体在其完满的概念中都包含了整个宇宙"。因此，对于我们来说，关于特殊实体的命题只有通过经验才可以发现；但是，对于能够把握无限的上帝来说，它们跟"等边三角形是三角形"一样是分析的。然而，我们却能够无限接近这种关于个别实体的完满知识。因此，在讲到圣彼得之否认耶稣基督时，莱布尼茨说道："这个问题能够由彼得的概念得到论证；但是，彼得的概念既然是完满的，从而也包含有无限，所以这个问题就永远不可能达到完满的论证。但是，我们能够越来越接近这一步，以致其间的差异比任何给定的差异都要小。"库图拉特（Kutulat）评论说，"这一完全数学的用语，是从无穷小方法借用过来的"②。在莱布尼茨哲学中，关于存在事物的命题，是能够先验地认知的，只要我能够完成无限的分析；但是，既然我们做不到这一步，"我们"就只能够经验地认知它们，尽管上帝能够由逻辑学把它们推演出来。

单子论作为莱布尼茨哲学思想的综合体现，对莱布尼茨微积分的影响是显著的。莱布尼茨"直接用 x 和 y 的无穷小增量（即微分）求出它们之间的关系，反映了莱布尼茨的哲学方向……哲学则着眼于物质的最终微粒；这些微粒，莱布尼茨称作单子"③。"哲学家莱布尼茨……则宁可

① J. M. Child, *The Early Mathematical Manuscripts of Leibniz*, La Salle Illinois: Open Court, 1920, p. 61.

② ［英］罗素：《对莱布尼茨哲学的批评性解释》，段德智、张传有、陈家琪译，商务印书馆 2012 年版，第 18 页。

③ ［美］克莱因：《古今数学思想》（第二册），北京大学数学系数学史翻译组译，上海科学技术出版社 1981 年版，第 16 页。

从微分——在他的哲学体系中起极大作用的单子在思维中的对应物中去寻找这个基础。"① 莱布尼茨微积分的基本定理是建立在无穷小的基础之上的，然后才发展成高阶微分。而无穷小的概念在莱布尼茨那里是分阶的，不难看出这根源于莱布尼茨单子论体系中单子是分层次的思想，我们在这里可以看出无穷小这一微积分概念对于莱布尼茨的哲学意义的重要性。在莱布尼茨的单子论中每个单子与任何其他单子都有所不同，这是莱布尼茨的名言"世界上没有两片树叶是完全一样的"的哲学内含之意。不同的单子在知觉的清晰程度方面是不一样的，知觉清晰程度的不同正是单子在性质上各部分不同的本质原因所在。所有的单子按照知觉清晰程度的不同由低到高大致可以分成四个层次：最低一级是仅仅具有"微知觉"的无机物和植物；然后是具有灵魂的动物；再高一层次的是拥有理性的人；最高层次是无所不知的上帝。单子由于内在诉求与欲望的推动处于一种不断变化的过程中，从一种知觉向更高一级的知觉过渡，从低一级的层次向高一级的层次发展。这样，宇宙便由单子构成了一个不同等级的连续发展的整体。这就是莱布尼茨的连续性原则，凭借这一原则，他从有限量推出了无穷小量之间的关系。而这种连续性原则植根于他的无限的本质的思想。莱布尼茨认为，"事物完善的程度以不显著的过渡形式上升"，世界到处都是由"事物的无限细微性"占支配地位，所以他明确提出"自然界从来不会飞跃"的理念。"在任何假定的向任何终点的过渡中，允许制定一个普遍的推论，使最后的终点也可以包括进去"②。在哲学思想促进微积分形成的同时，莱布尼茨形而上学方面的某些错误思想也影响到了其微积分学说，他过分地相信任何一个整体在原则上都绝对能够从任何部分出发得以重建，而没有意识到积分比微分的有限性，因为在一维下的微分，信息存在部分的丧失，导致整体并不能完全地重建起来。

在莱布尼茨生活的 17 世纪，恰逢显微镜的改进所带来的细胞、动物精子等生物学的重大发现：一切新生命的出现，原来是早已包含在卵中。

---

① ［美］波耶：《微积分概念史》，上海师范大学数学系翻译组译，上海人民出版社 1977 年版，第 6 页。

② ［英］斯科特：《数学史》，侯德润、张兰译，商务印书馆 1981 年版，第 216 页。

所有的后代均已经以隐藏的方式存在于现有的存在之中，繁衍并不是"创造"了一个单一生物的生命，只是将其"唤起"，使其具有一个可见的形状。"看不见的、已经存在的（生命）变成可见的形状"①，莱布尼茨在这里看到了自己单子论思想在现实世界的体现，"往昔中包含着现在，现在中包含着往昔；最遥远的彼处中包含着最邻近的此地"。单子的基本性质在被创造之初就是被预定的，不会发生改变，发展只是这些预存性质的逐一展开和演化，但万变不离其宗，预存的性质决定了未来的状态，每一个单子都"携带着过去"又"孕育着未来"，这是莱布尼茨和当时生物学家列文虎克（Antoni Leevenhoek）、斯万达姆（Jan Swammer-dam）都赞成的"预存论"。另一方面，单子不仅是不可分割的终极实体，同时也是植物、动物和人的灵魂的精神实体，它们是不朽的，永远活着。没有真正的诞生，也没有真正的死亡，"自然界中没有真正的否定，没有真正的死，没有真正的生。死只不过是肢体的分解、包裹、减少和缩小；生只不过是肢体的扩大和展开，只不过是业已存在着的东西从种子和幼芽的形态改变为另一种形态"，"不只是灵魂，也包括动物，是不会有产生，也不会毁灭的；它们只是展开、封闭、掩盖、暴露、变形。灵魂永远不会丢弃它们的整个形体，也不从一个形体过渡到另一个对它们是完全陌生的形体。因此，没有轮回，唯有变形"②。生只是从小到大的变化，只是从前太过细微，以至于无法被感知；死亡也是同样。"如果我们认识到诞生不过是已经形成的动物的增大和发展的话，则很容易相信，腐烂或死亡不过是动物的缩小和退化，但它不仅依然存在而且是有生命和有组织地存在着。"③ 所有单子俨然是一个有序的排列，在性质上尽管每一单子都与其相邻的单子存在差异，但这种差异却无限地微小。所有的单子紧密相连，形成一个无限连续的链条，在这样的过程中没有泾渭分明的界限。"自然界中没有任何绝对间断的东西；一切对立面，空间—时间和方式的一切界限都消失在宇宙的绝对的连贯性、宇宙

---

① 李文潮、波塞尔：《莱布尼茨与中国》，科学出版社 2002 年版，第 32 页。

② ［德］费尔巴哈：《对莱布尼茨哲学的叙述、分析和批判》，涂纪亮译，商务印书馆 1998 年版，第 83—85 页。

③ Leibniz, *Correspondce with Arnauld*, trans. by DR. George R. Montgomery, the open court publishing CO. 1918, p. 63.

的无限联系面前。点仿佛是无限小的线，静止不外是一种由于不断减弱而正在消失的运动，平衡不外是正在消失的不平衡。这条关于连贯性的规律在任何时候和任何地方都不会使自然界受到损害。自然界不作飞跃。自然物的全部秩序组成一条统一的锁链，在这条锁链中，各个不同的种类像许多环节那样紧密地相互连接着，以致无论感觉或者想象都不能确定一个种类结束而另一个种类开始的那一点。"① 正是在这一原理的笃信下，莱布尼茨才断言必然存在那种介乎于动、植物之间的生物，在与友人的通信中，莱布尼茨写到他深信这样的生物一定存在着，即使当时还没有这种生物存在的任何证据，但是随着时代的发展，随着科学进一步的前进，就很可能发现这样的生物。后世水螅虫的发现再次验证了莱布尼茨的前瞻性与正确性。

在一封写给友人的信中，莱布尼茨写道："我希望从命题的普遍性质中得出的论据会给你留下某些印象；而我又承认少数孩子也能欣赏这些抽象真理，或许除了你以外，没有人会如此容易地悟出这个真理。"从命题的普遍性质得出的论据出现在《形而上学序论》这部书中，一般认为这个逻辑论证构成了莱布尼茨形而上学体系的真正基础，但是奥康诺在其《批评的西方哲学史》提出，莱布尼茨把形而上学与科学和逻辑的论证看成相互加强的。这种观点是不无道理的，事实上莱布尼茨认为 17 世纪的那些科学发现，无论是他自己的发现还是其他人的发现都共同"证明"了他处于前定和谐之中的单子的巨大汇集场的假设。微积分本身就建立在将一个有限量等同于一个无限小量之无穷数总和的可能性和有用性上；而显微镜的不断改进使生物学家相信，不仅身体中微小的区别在较大的知觉中不可能发现，而且更多的微小区别尚待进一步揭示。

二 物理学与力的概念

在莱布尼茨生活的时代，物理学业已取得了以牛顿经典力学体系为代表的骄人成就，成为其他自然学科的典范。问题在于无论是关于天体的运行还是地球表面一颗小石子的滚动，所有关涉运动的定律背后隐藏

---

① ［德］费尔巴哈：《对莱布尼茨哲学的叙述、分析和批判》，涂纪亮译，商务印书馆 1998 年版，第 85 页。

着这样一个难题：运动是在什么"里"发生的，运动的媒介是什么？当时最主流观点包括：作为最小的不可分的物质原子是有广延的，原子通过虚空而运动，运动就是通过原子之间的互相接触而传递的；或者认为，物质原子是没有广延的，而这些无广延原子可以不用通过接触其他原子就将力传递出去，同时承认这些原子是在虚空中运动的；再或者就是类似于笛卡尔的假设，按照笛卡尔的观点，物质实体本质上是有广延的，物体是以某种方式在广延中形成的。但是莱布尼茨对上面这些所有的关于力与原子的解释都感到不满意，认为想法都不能成立，因为在这边想法中都包含着无一例外的荒谬之处，尽管这些荒谬之处是不同的。莱布尼茨在年轻的时候曾经一度对原子和虚空的概念很感兴趣，但是随着莱布尼茨本人科学研究的深入和形而上学观点的成熟，莱布尼茨认为原子和虚空这两个概念都涵盖着谬误，因为这只是在一定距离上活动的概念。① 如果对照莱布尼茨的单子论的观点，那么我们就能够看出莱布尼茨对种种运动的解释不赞成的根本原因是在于无论这些想法有哪些不同之处，但是它们都有共同的一个理论背景，那就是这些运动的实体都指向某一个实体对另一个实体的传递，而所有这些实体都是惰性的，就是莱布尼茨不能接受这些理论的根本原因所在。他认为实体在本质上是活动的，非广延的，不在任何的媒介之中，甚至不在空间之中，他们完全依赖自己本身的性质变化而发生变化，这些实体的变化尽管没有因果上的相互联系，但是它们相互之间有一种有秩序的方式发生关联。按照莱布尼茨的观点，我们外部世界的存在之所以是事实，是由于我们能够感性地知觉看到的和感受到的，外部世界性质是由数学体系发展而揭示的，数学体系的发展揭示了力、物质、空间、时间和运动的性质以及这些性质对于那种真实存在物的关系，这些真实存在物就是莱布尼茨的单子。身为一个科学家和技术发明者的莱布尼茨，认为单子是一种纯粹精神的存在。大部分取得自然科学成就的思想家，他的思想中都难免呈现出一种重视经验的倾向，如果与之相对比莱布尼茨不能不说是特殊的，除却宗教的影响之外，更重要的是，这一结论的理性推导逻辑，如果原子是

---

① ［美］奥康诺主编：《批评的西方哲学史》，洪汉鼎等译，东方出版社 2005 年版，第 417 页。

物质的，那么它就具有广延性，就一定可以继续地细分下去，这就意味着单子不可能是最小的颗粒，而如果一个单子是最小的颗粒就已经意味着它并不具有广延性，不可能再做进一步的分离了，那么这样的颗粒只能是精神的。

作为实体的单子本质上是活动的，是拥有"活力"的。在《关于笛卡尔和其他人在自然定律方面的显著错误的简短证明》一文中莱布尼茨认为，上帝在所有单子中储存的力的总量是恒常不变的。在这里，莱布尼茨将力或动能守恒和单子活动联系起来。我们知道，莱布尼茨在物理学方面最重要的贡献之一是对笛卡尔的动量守恒原理做出了修正。在笛卡尔那里，动量的数值是 mv，而莱布尼茨将"力"或"活力"（Vis ViVa）的量假设为等于 mv^2，在这个公式中莱布尼茨已经非常接近于现代的动能概念，或者说接近于 $1/2\ mv^2$，一个物体凭借其运动所具有的动能。而在这一过程中莱布尼茨的形而上学起到了十分关键的作用。单子的力的增加或知觉的加强，同另一单子的力的减少或知觉的削弱相对应。莱布尼茨把这条力的守恒定律称为宇宙间一条普遍的规律、普遍的物理学原理，为 19 世纪自然科学三大发现之一的"能量守恒与转化定律"的形成和完善起到了奠基性的作用。笛卡尔从上帝一开始就把物质、运动和静止一起创造出来这一哲学角度出发，提出了动量守恒原理，即宇宙间运动量的总和为一个常数，运动的量是不变的。莱布尼茨以他扎实的物理学功底和深刻的逻辑洞察力做了一个思想实验，运用归谬法，发现在落体运动中，笛卡尔的动量守恒与伽利略的落体定律二者存在明显的矛盾，以此证明笛卡尔的动量守恒原理及其动量定义存在不严密性，在逻辑上不能成立。他提出必须有一个和物体的质量乘以物体运动的速度的平方的积成正比的量，莱布尼茨把这个量称为"力"，它使静止的物体开始运动，是介乎动力和活动之间的某种东西。莱布尼茨赋予"力"相当广泛的含义：包括努力、意志、实际的活动以及隐德来希。换言之，这个力的概念既包含物理学的意义，又包含哲学的意义。因为对莱布尼茨而言，在物体范围内的力仅仅是派生的力，一定还应该存在原初的力，而原初的力必定存在于"包含了一种活动或隐德来希"，作为"活动力"的实体中。《动力学实例》一书表明，在莱布尼茨的术语中"活动力"就是指"内在于每一形体实体本身中"的原初的活动力，而派生的原初的力,"可以说是来自于在物体的碰撞中受到限制的原初的力,它是通过不同的方式被给予的"。接下来莱布尼茨的论述可能更加重要,"原初的力(它无非是第一性的隐德来希)与灵魂或实体形式是相互呼应的;但恰恰由此它才不属于不足以解释现象的一般的原因"。在这里值得我们注意的是,原初的力同时被归属于实体的形式,灵魂和形体实体;同时灵魂和现象的明确区分,因为后者被看作与原因和派生的力有关的。这与他提供给德·维尔德的关于实体的五个方面的特征相呼应,而且这对于被动的力同样也是有效的,在那里,与原初物质和次级物质的区分相对应,莱布尼茨区分了原初的和派生的力。在《动力学实例》第二部分,莱布尼茨总结了这些要点,他宣称:"从那里,我们也将有一天会对物体和灵魂的统一作出新的阐明。"这表明了,力的概念对于我们的问题来说可以是核心的概念。

"关于力或潜能,我并不意指能力或仅仅是功能,因为后者只是行动的接近可能性,它好像死的一样,在不受外部刺激的情况下,永远不会产生活动。我所意指的是,介乎动力和活动之间的某些东西,它们包括一种努力、一种实际的活动,一个隐德来希。力通过自身化为活动,只要没有东西加以阻碍的话。这就是为什么我把力当作实体的构成部分,因为它是活动的原则,而这正是实体的特性。"① 莱布尼茨认为运动本身不是实在的东西,并不是完整存在的,而是某种连续的东西。只有"力"才是实在的东西,它无时无刻不存在,是实体的构成部分,是实体的特性。作为精神实体的单子就具有力,知觉清晰的单子具有主动的力,知觉模糊的单子具有被动的力,力通过自身化为活动。这样莱布尼茨就把实体概念与努力、活动这些概念联结起来,在实体的概念之上增添了力的概念,而且是活动的力的概念,用动态的自然观取代了笛卡儿及斯宾诺莎的静态自然观,"通过神学而接近了物质和运动的不可分割的(并且是普遍的绝对的)联系的原则"②。

---

① 〔德〕莱布尼茨:《莱布尼茨自然哲学著作选》,祖庆年译,中国社会科学出版社1985年版,第3页。

② 《列宁全集》(第三十八卷),中共中央马克思恩格斯列宁斯大林著作编译局,人民出版社1959年版,第427页。

　　莱布尼茨还运用哲学的思维方式，从维护上帝的智慧和权力的立场出发，推断出自然界无真空这一科学预见。他受古希腊哲学家德谟克利特和伊壁鸠鲁（Epicurus）的启发，主张世界有越多物质越好，因为有越多的物质，上帝就有越多的机会去行使他的智慧和权力，物质的完满性相对于真空的完满性，就像存在相对于虚无，所以自然界必然没有真空。如果自然界有真空，就意味着一个明智而仁慈的造物主失去了在这个空间里安排存在物的机会，这违反充足理由律，是很荒谬的。在这一点上，他和牛顿针锋相对。牛顿认为物质是宇宙中最无足轻重的部分，除了物质外，还存在空洞的空间，物质仅仅充满空间很小的一部分。莱布尼茨则认为牛顿的主张只是纯粹的诡辩。对于莱布尼茨而言，力的和谐共存于是有了空间，如此，空间的存在必然依附于力的存在。不存在所谓那种空无一物的绝对空间，空间存在与否与事物直接相关，如果不存在任何事物，空间也就随之消失。力不依赖于空间，空间却依赖于力。没有纯粹空虚的空间在事物之间或在事物之外。现代物理学的发展验证了莱布尼茨的正确：真空不空，真空是以量子场形式存在着的物质运动的特殊形式。从他的形而上学出发，莱布尼茨甚至在一定程度上预测了相对论，他反对牛顿的绝对时空观，认为空间自身是一个抽象物，是非实在的。莱布尼茨认为如果没有物质也就不会存在空间，空间与物质是联系在一起的概念，空间本身并不具有绝对的实在性，空间和物质的关系与时间和运动的关系十分相似，显而易见二者存在着不同，但是二者却是互相联系、无法分割的。这一思想后来受到了马赫（Mauh）、爱因斯坦（Einstein）等人的重视，但是，在一定程度上，莱布尼茨甚至比爱因斯坦走得更远，不同于牛顿空间概念的匀质性，爱因斯坦的空间结构是复杂的，而莱布尼茨则认为空间根本就不是那种能够具有什么结构的东西，无论它是简单的，还是复杂的。因而，从哲学的意义上说，莱布尼茨是一个比爱因斯坦更为激进的相对主义者。

　　在光学方面，莱布尼茨将圆满性原则与微积分中的极求限方法进行了对比分析，以此推导出了折射定律，他还试图用极值原理去对一些光学的基本定律进行阐释。自然界遵循圆满性原则以最小值的付出获得最大值的收益，在一组可供选择的作用过程中总是选择最容易或最直接的作用过程，所以一束光线从一种介质进入另一种介质服从斯奈耳定律，也就是这一过程光线的"光程难度",即光程长度乘以介质的阻力总是一个极小值,这与莱布尼茨微积分的极值原理是一脉相承的。他把这一工作中的成功看作对这种形而上学原理的支持,也就是上帝以实现最大限度的"简单性"和"完美性"的方式统治整个宇宙。可以看到,莱布尼茨所有的物理学研究都有一个整体性目标,那就是将物理学改造成他心中理想的物理学系统,即类似于欧几里得几何学的物理学公理体系。他试图用目的论来支持着眼于质料因和作用因的机械论世界现。他本人的科学研究也论证了极值原理、守恒原理和连续性原理等基本的形而上学原理都适合于机械论和目的论观点的综合。例如,在极值原理的情况下,目的论的内涵就是自然过程以某些方式发生,是为了使某些量达到极小(或极大)值。这也是莱布尼茨极力想证明的完美的上帝以自然过程满足这些原理的方式创造宇宙这一最终目标。

三　逻辑学与形而上学

逻辑学作为探究思维形式和规律的学科,对莱布尼茨的哲学是至关重要的。因为在莱布尼茨那里,逻辑既是研究包括哲学在内的所有学科的一种方法,也是表达由此得来的一切知识的基本手段,莱布尼茨认为通过理智创造出的一切都可以通过完善的逻辑规则创造出来。甚至罗素认为莱布尼茨的哲学体系差不多完全源于他的逻辑学,比斯宾诺莎的哲学体系更加适宜于由定义和公理出发的几何学演绎。确实,在莱布尼茨看来大部分的传统哲学由于忽视逻辑的作用往往表述模糊,释义不清。他试图用逻辑的确定性对其进行改造,"哲学的功用,就是造成一些语词以求给人确切的概念并求其在一般命题中表达确定的真理"①。莱布尼茨肯定传统逻辑对属加种差定义法,从概念组合的角度对之进行了说明,并从中得出了构造新逻辑的出发点。所有概念在原则上都可以根据它们在一种单一分类等级中的位置来加以定义。后世的实用主义创始人、逻辑学家皮尔士(Peiru)十分赞赏莱布尼茨的逻辑学,认为科学意义上的形而上学应该成为一种探讨经验事实的实证科学,因而需要作为实证科

---

① ［德］莱布尼茨:《人类理智新论》,陈修斋译,商务印书馆 1982 年版,第 478 页。

学的逻辑学来加以控制①。

关于命题的普遍性质的抽象真理，可以概括为：每个命题都可以还原为一个其性质属于主词的命题；在每一个真实的命题中，主词都包含它的谓词。在考虑第一个真理时，我们必须先考察一个具有"真实的"或者"终极"形式的命题的概念。这个概念似乎从亚里士多德的时代以来，就几乎无人提出过异议。这些真实的命题就是描绘实际的事实，或者与事实一致，也就是命题意指描绘的事实。但是在日常语言中，显然很多陈述都不是在描绘事实，因此大部分的逻辑学家实际上都是反对将关系命题转化为主宾词的形式，而莱布尼茨在这方面却坚持这一还原的必要性。他说："L 和 M 两条线之间之比可以三种不同的方式来考虑：较长之 L 对较短之 M 之比；较短之 M 对较长之 L 之比；最后是从两者中抽象出来的，L 和 M 之比不考虑哪个是前项或哪个是后项，哪个是主词或哪个是宾词……在第一种方式中较长的 L 是主词，在第二种方式中较短的 M 是哲学家称为关系或比率的那个偶然性的主词；但是在第三种方式中哪一个是主词呢？不能说 L 和 M 二者共同为这样的一个偶然性的主词；倘若如此，我们就在两个组词中有一个偶然性，一条与一个主词相连，另一条与另一个主词相连，这是与偶然性的概念相矛盾的。因此我们必须承认，第三种方式中这种关系实际上脱离了主词，但是关系既不是实体，也不是偶性，那它一定是一种理想的事物，然而对它的思考是有用处的。"② 也就是说在这里，莱布尼茨把关系视作相关联的词语的性质，或者是把关系视作"唯一理想的实在"。莱布尼茨推论到，知识的状态本身是一种非关系的状态，或者说知识不是关于什么的知识，而是凭借清晰的思维，我们可以达到关于前定和谐的知识。当具有清晰的观念时，我们就具有知识，并且我们知道这些观念是与其他存在物的真实状态相关联的，因此我们具有知识，而且知道我们具有知识。莱布尼茨这种关于命题描绘事实，以及真命题是性质包含于主词之中的命题的学说，导

---

① C. 德·瓦、董立河：《为什么形而上学需要逻辑学，而数学则不需要》，《世界哲学》2005 年第 6 期。

② ［德］莱布尼茨：《莱布尼茨与克拉克论战书信集》，陈修斋译，商务印书馆 1996 年版，第 47 页。

致了这样一种信念，就命题本来的形式而言，它们显而易见是真实的，而错误的命题是显而易见荒谬的。唯有基于这样逻辑推导的观点，才使莱布尼茨相信可以发现一种普遍语言来进行判定真理的关键性所在。在给阿尔诺（Antoine Arnauld）的一封信里有一段最明确的申述莱布尼茨关于他的形而上学的基础："考察我对一切真命题所持的概念，我发现一切谓语，不管是必然的或是偶然的，不论是过去、现在或是未来的，全包含在主语的概念中，于是我更不多求。……这命题非常重要，值得完全确立，因为由此可知每一个灵魂自成一个世界，与神以外的其他一切事物隔绝独立；它不仅是永生的，还可说是无感觉的，但它在自己的实体中保留下它所遭的所有事情的痕迹。"这一思想后来演化为他创立新的符号逻辑体系的出发点，同时也是其哲学体系赖以建立的逻辑基石，罗素眼中莱布尼茨的哲学体系完全能够从一些非常简单的前提推演出来的原因就在于此，罗素正是以这种"基于命题分析"的哲学为样本最终构建起了自己的分析哲学。

1693 年莱布尼茨发表了一篇关于地球起源的文章，后来扩充为《原始地球》一书，对于地球中火成岩、沉积岩的形成原因莱布尼茨在书中给出了他的想法。对于在地壳中发现的各种生物化石，莱布尼茨将之解释为自然界本身发展所留下的印记，而不是什么偶然的神迹。考虑下莱布尼茨生活的时代，不难想象这样结论是多么的大逆不道和危险。莱布尼茨对于地球形成的原因阐述，尤其是其宇宙进化和地球演化的思想，极大地启发了后来的拉马克、赖尔等人，因而在相当意义上促进了 19 世纪地质学理论的发展。莱布尼茨与同时代很多思想家有着共同的志趣——热衷于炼金术，一大部分痴迷于此的原因是在于对化学的浓厚的兴趣，他相信通过炼金术一方面可以了解物质的结构，另一方面将贱金属炼成贵金属可以增加社会财富，改善人民生活。1677 年莱布尼茨完成《磷发现史》的写作，对磷元素的各种性质以及何如进行提取作了论述。他还提出了分离化学制品和使水脱盐的技术。在气象学方面，莱布尼茨曾亲自组织人力进行过大气压和天气状况的观察和记录研究。莱布尼茨强调统觉作用，据此他在 1696 年提出心理学方面的身心平行理论，该理论与笛卡尔的交互作用论、斯宾诺莎的一元论构成了近代心理学三大重要理论基础。莱布尼茨甚至还提出了"下意识"理论的一些初步构想。

这些思想对康德、赫尔巴特和弗洛伊德等人都产生了直接或间接的影响。作为阿尔特道夫大学的法学博士，莱布尼茨第一篇学术著作就是关于法学方面的，发表了《法学教学新法》《自然法要义》《当代民法要义》，在法学方面有一系列深刻的思想，并为后来德国形成统一的法律条文奠定了基础。莱布尼茨还是一个有着独特发明的工程师，他曾经设计建造了3个不同大小的、旨在进行四则运算的计算机器，使计算工具的发展史又进了一步，并为现代计算机的发展奠定了基础，被尊为"计算机之父"。1691年在给友人的信中，莱布尼茨提出了关于蒸汽机的基本思想。1700年他提出无液气压原理，设计了完全不需要液柱的气压机，这在气压机发展历史上留下了浓墨重彩的一笔，促进了气压机的发展进程。莱布尼茨在矿山工作期间，针对当时的实际问题，提出了利用风力抽水的计划，并设计了各种各样的风车、传动装置、抽水机等，其中包含了阿基米德螺杆、气压连杆、虹吸管等一系列的排水系统设备。莱布尼茨设计的旋转式抽水机是近代抽水机的前身，他还曾设想用水力推动某种装置代替矿井中的小火车头来运送矿石。莱布尼茨还曾系统地阐述了二进制计数法，与其制作的手摇计算器一起，二者为现代电子计算机的产生提供了雏形，奠定了夯实的基础。但对于莱布尼茨来说采用0和1两个数码作为记数符号，其意义不仅仅是简化了十进制数字的表示法与四则运算，重要的是其形而上学的意义。二进制中，所有数字都以0和1表达，这就像创世的活动一样，任何事物都可以从上帝和虚无中产生。"1足以从无中生有。"因此他说："假如数学或者哲学中存在任何一种可以激发宗教虔诚的力量，那么在数学中的发现就是这样的一种值得敬仰的现象。"借用二进制，莱布尼茨相信每一个异教徒均可理解基督教中那些令人费解的信条，理解上帝怎样从虚无中创造了万物。

由此可见，莱布尼茨几乎触及了现代科学的每一个分支，他的多才多艺在历史上很少有人能与之相比。数学、生物学、物理学和逻辑学、化学、气体学、航海学、地理学、地质学、动物学、植物学、解剖学、法学、语言学、历史和外交等诸多领域莱布尼茨都有所建树。纵观莱布尼茨所取得的诸多科学成就，不难发现这些研究成果的背后都与其形而上学原理紧密相连。这是因为他确信，一般的形而上学原理是必然真理，是放诸四海皆准的原理，因此他的科学理论与其形而上学原理之间是一种双向的互动关系。他不仅用基于科学理论上的类比论据支持其形而上学原理，也用形而上学原理来指导对科学定律的探索。他的形而上学结论极为重要，不仅表现在神学和道德理论上，而且体现在科学上。进一步说，莱布尼茨的基本观点产生于他的科学实验过程之中，而且是对伽利略、牛顿、开普勒、笛卡尔和惠更斯的新科学的全面检查结果。[①]

第四节　莱布尼茨的科学社会实践[②]

一　科学院的理想和实践

从 16 世纪哥白尼日心说革命开始，自然科学开始逐渐摆脱宗教神学的羁绊，不断获得新的成果。意大利天文学家、物理学家伽利略（Galileo）用天文望远镜观测到了太阳系、银河系的组成及各种天文现象，以确凿的观测数据证实了哥白尼的"日心说"，进而在观察实验的基础上初步建立起经典力学和实验物理学。德国天文学家开普勒（Kapler）对伽利略学说给以补充，对哥白尼学说加以发展。英国物理学家、数学家牛顿（Newton），在此基础上建立了经典力学的学科体系。近代数学也产生了一些最重要的数学分支和方法，如英国数学家耐普尔（Napier）创立了对数，法国哲学家、数学家笛卡尔创立了解析几何。此外，英国生理学家哈维（Harvey）发现了动物及人体的血液循环，英国物理学家胡克（Hooke）用自制的显微镜观察到了植物的细胞壁，提出细胞概念，荷兰生物学家列文虎克（Leeuwenhoek）用显微镜观察到精子、卵子和细胞创立了微生物学，等等。一时间，理论学科及以实验为基础的学科如雨后春笋般相继出现。科学的蓬勃发展推动了科学家之间的联合和学术组织的建立。从 1560 年起，科学较为发达的几个欧洲国家相继建立起科学院。1560 年在意大利那不勒斯成立了"自然奥秘科学院"，1603 年意大利科

---

① ［美］奥康诺主编：《批评的西方哲学史》，洪汉鼎等译，东方出版社 2005 年版，第 416 页。

② 本节部分内容发表于《湖北大学学报》（哲学社会科学版）2009 年第 1 期，《论莱布尼茨的科学院思想》。

学家建立了"罗马科学院",1662 年"英国皇家学会"建立,1666 年法国"皇家科学院"成立。莱布尼茨在实地考察了英国和法国科学院之后,决心在自己的祖国德国建立类似的科研机构,为科学的发展提供便利的条件。他设想建立一个人员精干,有充分经费并装备仪器的社团,其中每个成员都致力于就某个选定的问题做实验,然后详细记录实验结果并加以分析,再将实验报告与其他学者和国外的科学社团交流,以此不断地累积知识,并将之系统化从而造福人类。在 1695 到 1700 这五年时间里,莱布尼茨将大部分精力都投入到了建立科学院的理想和实践中。在他的四处游说和大力促成下,致力于广泛联合德国的科学家、促进学术交流发展的柏林科学院于 1700 年 7 月 11 日终于成立了,莱布尼茨出任首届会长。1710 年,柏林科学院在经历了步履维艰的十年后用拉丁文出版了第一卷《柏林科学院集刊》,收录了 58 篇论文(其中有 12 篇系莱布尼茨亲自撰写),其内容主要涉及数学和自然科学。当时,这是唯一能与英国皇家学院、法兰西科学院并驾齐驱的德国科学院,莱布尼茨更是柏林科学院当之无愧的奠基者。莱布尼茨宽广接纳的胸怀,决定了他不是一个目光狭隘的学者,在筹办柏林科学院的同时,莱布尼茨还把他的目光投向了欧洲和其他国家。他曾向波兰的国王、俄国的彼得大帝、奥地利的皇帝建议,在德累斯顿、圣彼得堡、维也纳建立一个类似的科学研究机构,并为之四处斡旋。据传,他还曾经通过传教士,建议中国清朝皇帝康熙在北京建立科学院。出于各种原因,德累斯顿和维也纳的科学院计划都没有实现,但在莱布尼茨的努力下,圣彼得堡科学院终于于 1724 年建立起来,这就是苏联科学院和俄国科学院的前身,至今在俄国科学院史上仍记有莱布尼茨的功劳。

实际上莱布尼茨生活的近代初期,欧洲也有很多的大学,但是这些历经了漫长中世纪的大学十分传统和保守,一般强调纯粹抽象的思维和文字上的学识,对新的科学发现和技术探索常常持一种冷漠的态度,专业结构遵循中世纪惯例的硬性规定也妨碍了对知识发展起实质性作用的新思想的出现,所以这一时期新的科学和哲学思想大部分是在大学之外成长起来的。莱布尼茨观察到问题的症结所在,试图用建立科学院的办法来冲破传统大学的限制。这与培根、威尔金斯等人建立科学团体的思想截然不同。培根的思想基本上是一种科学幻想,威尔金斯则是站在实业家的角度考虑问题的。莱布尼茨却是出于促进科学知识发展的目的，计划科学院起始于逻辑学和组合术，然后逐步添加其他领域的学科知识，包括数学、物理学（包括天文学和地理学）、机械制造（包括建筑学、军事学、船舶制造和各种制造厂等等）、化学（包括采矿学）、生物学（包括解剖学和农学），甚至还包括基督教的传播和振兴德语这两项长远计划。需要注意的是，莱布尼茨最早提出的科学院，不仅包括狭义上的自然科学，还包括工程学科和人文学科，促进文学的发展，这实际上是一项对科学院具有重大意义的改革。莱布尼茨认为对下一代的教育应注重客观现实，应当讲授数学、物理学、生物学、地理学和历史学等学科。尽管莱布尼茨留下的著作和书信大部分是由拉丁文写作的，但是他却认识到这种贵族才能掌握的文字对教育的阻碍，他期望用德文取代拉丁文作为教育的媒介。莱布尼茨认为如果可以采用德语，那么知识的传播速度就会大大加快，同时也有利于冲破陈腐观念（就像英国的培根和法国的笛卡尔使用各自国家文字的著作影响一样）。在莱布尼茨的时代科学研究还是一种私人的兴趣爱好，但是莱布尼茨却深刻意识到科学团体对于促进科研发展的重要意义，他设想如果由若干志同道合的研究者组成一个团体，将他们各自的研究方法、实验记录等进行信息共享，再进一步扩大团体的影响、与外国学者进行互通有无，通信合作，那么无疑会更快地促进诸如科学方面、技术方面、社会方面的发展，同时这些学者在专业书籍的出版方面享有一些优待。莱布尼茨在1670年左右写的两份备忘录中又记载了进一步的细节，把这个社团称为"德国技术和科学促进学院或学会"。在这两份备忘录中，莱布尼茨十分不满当时德国的科学研究状况，因为很多重要发明在莱布尼茨看来没有切实地应用于实际，没有用来增加社会福利。一些重要的发明被遗忘了，还有一些被传到国外后再作为新事物被重新引入德国。莱布尼茨设想如果他的学会可以建立起来，并且用来保护和发展这些发明，那么德国当时在科学技术方面的糟糕情况就可以得到改善。

　　莱布尼茨认为科学院的任务是积累、传播以及发展知识，从而实现以最好的方式管理每一事物的目标。他很重视理论知识的建立，"甚至盲目的理论都比盲目而没有理论指导的实践有用"，理论知识比单纯的实践更为重要的原因在于理论具有普遍性，而实践依赖于具体的情况，只适用于某一种特殊状况。但莱布尼茨并不因此贬低具体实践的意义，相反，他在历史上最早提出了理论与实践相联系的思想，在其科学院计划中将之称为理论和实践"欢愉地结合"。这就要求科学院作为科学发展的载体，不仅要进行理论知识的研究，还要注重技术发明以及检验社会科学的各种新方法。也就是说科学院的任务不仅包含纯粹的科学研究，而且还包括科学知识的应用，这样才可以尽其所能地应用于实际生活来促进国家的繁荣昌盛，造福于人类。尽管莱布尼茨的设想很少能在实践中得到实现（在柏林学院的杂志上，仅能找到一个机器的草图），但在当时的社会，他为科学研究以及对科学的理解都提供了一个新视角——技术的实用性。

尽管莱布尼茨一生从不进教堂，被人称为"什么也不信的人"，但他所有的科学发展的目标都在于调和理性和信仰的矛盾，因为他相信科学不仅仅打开了通向幸福之路，还打开了通向基督教信仰之路。遗憾的是，时至今日，大部分的科学院也没有囊括当时莱布尼茨在计划中所涉及的广泛的研究领域。

二 图书馆的建立和功能

像单子论一样，莱布尼茨对图书馆的设想也是建立在普遍主义之上的。不满于当时那种为特权服务的图书馆，他倡导为民众服务的具有普遍价值的图书馆。他建议建立图书馆以及展览馆和博物馆，向人们普及科学知识，并计划用这些场馆的收入为科学发展提供资金。1676 年底，莱布尼茨到汉诺威，就任汉诺威宫廷法律顾问兼图书馆馆长的新职。他对于图书馆工作并不陌生，早在 1670 年在美因茨时，他就十分关心整理公爵用的藏书，并用一个冬季的时间为博伊内堡男爵的大量藏书编制了一份目录，作为编制其他地方藏书目录的样板。（事实上当时牛津的博兰德图书馆已有了一部类似的目录。不过，莱布尼茨当时还不知道这件事。）1671 年，莱布尼茨结识了法国王室图书馆馆长卡尔卡雅（Kalkaya），并一直保持着业务联系。以莱布尼茨对图书的热爱和对于图书馆管理工作的初步经验，他担任图书馆长是再合适不过了。1676 年，莱布尼茨出任汉诺威宫廷图书馆馆长。1690 年，莱布尼茨在不伦瑞克——沃尔芬比特尔图书馆当馆长直至 1716 年逝世。莱布尼茨还有一项宏伟的计划，他要编一本类似书评的刊物，他把这个书评称为"图书馆中心"。他设想书评的主要内容是近期先摘登所有新近重要出版物的摘要，长远打算还包括已出版和尚未出版的著作以及正在进行研究的课题的主题索引。为此，他曾于 1668 年至 1669 年间两次申请落实这项计划的皇帝特许，但都由于当局怕实行莱布尼茨的计划会损害书籍零售贸易而未给予批准。尽管莱布尼茨这一宏伟计划落了空，他并没有灰心，后来一直沿着这一方向做着自己所能做的工作，并成为某些刊登书评文章的刊物的固定撰稿人。到 1700 年，他终于创办了自己的书评刊物——《每月文摘》，由他的秘书艾克哈特（Eckhart）具体负责编辑，总算了却了他年轻时建立图书馆中心的夙愿。

在担任图书馆馆长期间，莱布尼茨除了处理一般的日常行政事务外，对图书馆悉心经营，他或购置新书，或收购别人出让的二手藏书，通过各种手段扩大图书馆藏书量。在莱布尼茨的精心管理下，图书馆藏书日渐丰富，管理井井有条。沃尔芬比特尔图书馆更是一跃成为当时德国最好的图书馆，藏书 30 万卷，手稿 8000 份。这也是德国第一座巴洛克风格式的图书馆建筑。出于对图书馆工作的热情，莱布尼茨还曾向神圣罗马帝国皇帝利奥波德一世（Leopola Ⅰ）和俄国沙皇彼得一世（Peter Ⅰ）建议建立图书馆。莱布尼茨在巴黎期间曾广泛结交图书馆学家，如克里门特（N，Cement）、劳德（Naude）、朱利兹（Jeuits）和莫里茨（Maurists），并招聘志同道合的同人共同工作。梵蒂冈图书馆馆长卡桑奈（Casanet）称赞他是"当时最杰出的图书馆学专家"。现在人们还可以在汉诺威参观为了纪念莱布尼茨对图书馆事业的贡献而建立的"莱布尼茨屋"，这是当年他为图书馆工作时的居室，"二战"后在原址照原样修复而来。

莱布尼茨认为图书馆是用文字表述的人类全部思想结晶的宝库，凡是杰出人物的著作，不论时代与民族，只要其思想是有用的、有益的就应该加以收集。图书馆作为人类知识的宝库，其功能是巨大的，不仅保存了曾经创造的知识，使人类文明流传延续，还提供了向个人传播知识的途径。持有这种想法，莱布尼茨自然非常重视图书的科学管理。他认为判断图书馆价值的高低，不是藏书量，也不是有多少稀世版本，而是藏书的质量。对于如何判断书籍的质量这一问题，理性主义者莱布尼茨确信理智与沉思是不可或缺的手段，判断图书的价值，要通过理性，通过考察这些著作是否曾经对人类社会进步做出贡献。图书馆需要书籍，如同生物要不断补充能量一样，扩大藏书量的同时，图书馆还应当及时地连续地补充有学术价值的新版书籍。这也是图书馆的主要任务之一，即不断发现和收集新的有意义的图书，这样图书馆才能随时代的发展，补充新的血液，保持生命力。

三　"世界百科全书体系"的设想

科学研究范围的日益扩大，难度的不断增加，科学研究间相互配合就成为必然的要求。基于此，莱布尼茨的合作研究设想就与他的百科全书知识体系联系在一起了。他计划使用组合术构建"世界百科全书体系"（World encyclopedia system），将文摘资料在标引之后集中收入百科全书，用细致全面的综合性分类语言加以组织，这种主张类似于我国古代综合性类书的编纂。按照这一思想，人类有史以来记录的全部不同领域的知识都应当收编到一个单一的体系之中。与他的科学院设想类似，百科全书的内容不仅仅包括自然科学、文学、艺术等方面，还包括了亲身体验的实践知识。他认为，每门具体知识都是由最初的知识推导出来的。就法律这门学科来说，莱布尼茨就希望通过少数几个基本的法律概念来定义其他所有法律概念，从很少的一套原则中演绎出其他所有具体的法规，从而构成一个完整的法学体系。莱布尼茨在 1667 年发表的《法学教学新方法》中就已描绘过建立法学科学体系的蓝图。

为了实现"世界百科全书体系"的设想，莱布尼茨认为需要找到一种东西，能把已形成的知识、目前正在研究的课题和未来的成果集中起来。莱布尼茨将那些学识丰富的机构比喻成一个大商店，店中虽然物品丰富，但是十分混乱和无序。大量的现代知识遍布于全欧洲各地图书馆的藏书之中，要把这些知识集中起来，构成一个大百科全书式的科学体系，必须建立秩序。莱布尼茨的解决方法是编纂一本总的主题目录。这样的图书检索目录同时也是让读者快速准确地查询到所需的资料的保证。"二战"后发现了莱布尼茨在美因茨（1670 年）编制的分类目录，共四卷，9840 个标目，大类划分采用德国文献学家乔治·德劳德（Georg Draud）的分类法。15 个大类之下依字母顺序排列许多主题标目，同一著作有时用几个标目。不过这套莱布尼茨早期编制的目录参照零散，无著者索引。在之后的若干年，莱布尼茨不断思考图书检索目录这一问题，加以完善，后期为沃尔芬比特尔图书馆提出的三种不同的图书分类方法则完善了许多。我们现在可以在莱布尼茨的书信、回忆录和请愿书中发现不少这方面的论述，他提出了新的目录种类，编制分类目录，推荐主题目录索引，建立了的书名编目和按字母顺序编排的作者目录，要求编制全国性图书目录，来满足专业学者的科研需求。事实上，莱布尼茨关于建立百科全书的设想，深深影响了后来法国的"百科全书派"，狄德罗在他的《百科全书前景》一书中就曾数次强调他期望实现莱布尼茨的设想。

终其一生，莱布尼茨试图建立一种包含各门学科的知识体系。莱布尼茨所有与科学相关的研究与活动的最终结果都指向建立一个为每个人所用的百科全书体系，对一切知识进行整理和研究，充分地认识事物的本质属性，感叹造物主的伟大，从而对上帝更加虔诚和热爱。这似乎与中国《大学》中的八条目：格物—致知—正心—诚意—修身—齐家—治国—平天下，所强调的从知识到理想颇为相似。

在英法科学文化迅速发展的 17 和 18 世纪，德意志却处在"三十年战争"后悲惨的境地。甚至德国这个名称都使德国人感到羞辱，宫廷中的富贵阶级处处模仿着法国的温情主义说着法语，学者撰写论文使用着拉丁语，人们不知道德国到底在哪儿。此时四分五裂的德意志迫切需要一位思想家来启蒙。生于战火纷飞、长于文化衰落的莱布尼茨，其天赋和个人的秉性决定了他注定会成为德国启蒙运动的第一位代表。可以说，莱布尼茨是第一个影响超出欧洲的德国哲学家。恩格斯在论及 1648—1789 年的德国学术界时称莱布尼茨是那个时代光辉的代表。莱布尼茨涉猎极广的科学研究、建立科学院的理想、身体力行的社会实践，为知识传播而进行的奋斗，都为形成他的科学观奠定了坚实的基础。莱布尼茨的很多科学发现、预见，不仅与其形而上学原理紧密相连，而且还存在着一种互动、一致的关系。如果说这仅仅是碰巧的正确，怎么会出现如此多的"碰巧"，而又恰恰发生在莱布尼茨的身上呢？我们通过研究，找到的答案是：理性思维的力量。莱布尼茨的科学观是当时欧洲的一种乐观主义，代表了当时欧洲学者对理性的一种崇拜与信任。

第二章 普遍的科学：莱布尼茨科学观的表现

从莱布尼茨学术生涯之初起，他就立志要创造出"一种一般的方法，在这个方法中，所有推理的真实性都要简化为一种计算。同时这会成为一种普遍的语言或文字，但与那些迄今为止设想出来的全然不同：因为它里面的符号甚至词汇要指导推理"①。就一般形而上学而言，莱布尼茨认为亚里士多德的逻辑学已经为我们获取确切的知识指明了方向，他试图把亚里士多德的演绎逻辑用数的演算表达出来，进而用一种普遍文字和基于形式演算的逻辑推演技术去解决一切知识的发现和语言表述。在此我们可以看出莱布尼茨深受毕达哥拉斯主义的影响，认为"数量可以说是一个基本的形而上学的形式，算术是一种宇宙的静力学，在其中显示出事物的诸动力"②。莱布尼茨孜孜以求一种普遍方法，"使人们在任何领域中都能（至少在一定程度上）通过一种像算术与代数那样的演算来达到精确的推理"，这种方法将"使真理昭然若揭，颠扑不破，就像是建立在机械化的基础之上"。由此可见，有一条数理哲学的思想线索贯穿于他的学术活动的始终，他说："不管我如何忙碌或闲散，我总是坚定不移地持续在这方面反思……我终于发现了这种方法，为了建立这种文字，为了建立对所有观念都适用的特征数字，完全需要建立一种新的方法，

① ［美］贝尔：《数学精英》，徐源译，商务印书馆1991年版，第148页。
② ［德］莱布尼茨：《莱布尼茨自然哲学著作选》，祖庆年译，中国社会科学出版社1985年版，第66页。

去创立一种数学—哲学的研究过程……那就是，按照确实可靠的计算方法，掌握道德和形而上学的命题。"在他看来，这种明晰和确定，只有在算术中具备。"一旦人们对最大部分的概念建立起特征数字，那时人类将会拥有一种新工具，它提高智能的能力，远远胜于光学工具之加强于人眼。"反过来"整个代数不过是量的普遍科学的一个应用，是属于形而上学的或普遍文字的抽象学说的一个应用"。概而言之，莱布尼茨基于普遍主义的科学观表现为三个方面。其一是普遍科学，各门具体学科与其他学科不仅有内在的实际联系，而且存在形式上和方法上的普遍性。包括：科学就是可以用普遍字符确定并加以表达的系统化的知识；利用推理演算证明和推导科学；其原则和标准是逻辑上没有矛盾。其二是科学对技术的普遍渗透，二者存在互相促进的内在联系。其三是科学文化的普遍交流，科学的发展有赖于文化的普遍性。

第一节　科学的理想：普遍科学①

莱布尼茨所处时代，欧洲的数学、力学、天文学等学科都获得了长足的进步，新兴的资产阶级更是要求发展生产，复兴科学。此时科学逐渐进入哲学家的视野，成为新的反思对象。面对什么是科学知识，怎样获得科学知识，如何确立科学知识的标准和原则等一系列问题，莱布尼茨提出了自己的解决方案：建立一种普遍科学，它精确、简便，能够系统地表达、论证和促进自然科学、伦理学、形而上学直至人类的一切知识。在这里，中世纪神学及哲学家莱蒙·鲁勒（Raimundus Lulus）的记忆术变成了一门数学理论。莱布尼茨认为科学体系作为理性上帝的作品，同样具有理性的特征，因而具有可遵循、可被理解的规则。合理的方法是科学研究的有效必要手段，虽然古希腊亚里士多德和斯多葛派也发明了逻辑或类似的方法，然而不够简便，一些部分后人不再运用。我们知道亚里士多德主张对科学作分门别类的研究，面对这一问题，他的信徒——莱布尼茨这次却将他的方法抛诸脑后，转向了培根和笛卡尔。尽

---

① 本节部分内容发表于《自然辩证法研究》2011 年第 1 期。

管是一位唯理论哲学家，莱布尼茨还是看到了培根经验主义归纳法中的积极成分，将之在自己的方法中进一步发展。但对莱布尼茨普遍科学影响更大的还是笛卡尔的普遍数学设想，尽管他不满意笛卡尔所提出的科学方法，认为笛卡尔并没有找到真正的科学发展方法，普通的人也不能借助笛卡尔的那些方法进行研究。其实笛卡尔对莱布尼茨的影响处处可见，无论这种影响是以继承的形式还是以批判的形式展现，欧洲人在一定意义上都是笛卡尔主义者，恐怕莱布尼茨就是最好的例证。莱布尼茨一生都在试图实现所有科学知识的数学化，建立普遍科学，这一设想显然受到了笛卡尔普遍数学的影响。莱布尼茨普遍科学的计划就是"要通过计算来发现和创造真理；那完全不等同于数学，却能使真理像数学和几何那样不容置疑"。实际上创立一种普遍科学的思想，是莱布尼茨哲学体系的一种内在需求，是他力图创立的以数学和形而上学为核心的自然哲学体系的一种技术体现。在莱布尼茨的哲学体系中，宇宙是建立在一个完整而和谐的秩序之上，并以此为其基本的出发点，尽管这一秩序对于莱布尼茨而言是上帝创造的。同时，莱布尼茨笃信这个宇宙秩序是能够被彻底了解认识的，存在于各门具体的知识之间的本质上的联系就是通向这个整体秩序的自然途径。莱布尼茨认为，世界是一个整体，"各门科学的整体可以看作一个海洋，它到处延伸而没有终止和分界，尽管人们想象其中的各个部分，并按自己的方便给它们以名称"①。科学上各门具体学科之分类，比如物理、化学、生物等等，是人为了认识自然界而加诸自然界的，也就是说自然本身的科学知识是连续的、统一的、一体的，但是由于我们认识的局限性，不得不将自然的统一科学进行人为的划分，尽管我们在这一科学分类的基础上，获得了一些对自然的认识，取得了一定科学方面的进步，但这与自然本来的面貌、科学本来的样子相距甚远。因此，莱布尼茨将寻求这一反映事物更深层的一致性的表达方式作为自己的追求目标之一。

---

① ［德］莱布尼茨：《莱布尼茨自然哲学著作选》，祖庆年译，中国社会科学出版社 1985 年版，第 39 页。

一　科学划界问题

表2.1　　　　　　　　　　科学含义的历史比较

Table2. 1　　　　　The historical compare of the concept of science

	古希腊时期	近代之初 （莱布尼茨，德国传统）	现代意义（英美传统）
科学词源	scientia	wissenschaft	science
科学概念	泛指一切知识，作为人的基本存在方式和习得理想人性的基本方式	可以系统化表达的知识，既包括自然科学也包括人文科学、社会科学等，是一种广义的科学	运用范畴、定理、定律等思维形式反映现实世界各种现象的本质的规律的知识体系，更多指自然科学
科学特点	对自由的追求	普遍性、统一性	可重复性、合逻辑性、实用性
科学与哲学的关系	科学与哲学合二为一	哲学属于广义的科学（如黑格尔所说的哲学科学）	科学与哲学分门别户

　　尽管无法给"科学"下一个严密的定义，但一般来说，现代普遍认为科学包含事实与规律两个方面，是建立在实践基础上，经过严密逻辑论证的，关于客观世界各种事物的本质及运动规律的知识体系。这种现代意义上的科学内涵是在18世纪后逐渐形成的。而在近代之初"科学"一词的含义则并非如此，在莱布尼茨那里，科学指所有可以系统表达并带有极大确定性的知识，与这种科学相对应的是那种缺少确定性的模糊的理念或者与实践相关却不涉及知识理论的技艺。在其同时代的人中，这是一种对科学非常普遍的看法。莱布尼茨认为自然所有的一切都是一个无法分割的整体，每一存在物都与其他存在物相关联。尽管出于理解的目的，有时我们不得不将其中某种特殊的情况或存在物孤立出来，但是还应该联系整个系统，尽可能在综合的背景下进行研究。也就是说，如果将整体分割成凋零的个体，就会失去本来的面貌，因此只能将侧重点集中于整体的某一个方面。

对确定性的憧憬使 17 世纪的学者总是对数学刮目相看,因为数学表现出的那种明晰确定的模式让他们看到了科学的楷模。确实,数学对那个年代自然科学的发展功不可没,"量在近代思想家的心目中有着极高的地位,被看作绝对实在,甚至被看作自然界的唯一认识原则"①。作为宇宙静力学的一种,数学显示出事物的种种动力。所以数学自然拥有了超乎其他科学的优越的地位,成了一切科学的基础、本质。只有包含了类似于数学的那种确定、系统的性质,才能被看作真正的科学。身为数学家的莱布尼茨十分了解和欣赏数学中确证的表达与论证方式,问题在于,各门学科有着完全不同的研究领域、理论基础、表达术语、思考模式等,如何才能体现和表达这种确定性与系统性呢? 莱布尼茨想到了传说中的"巴别塔"②,他想用符号将所有的科学在统一的规则下加以表达,"发现好的标志符号是人类心灵最大的帮助之一"③。针对传统的自然语言模糊不定,含有歧义,并非表达思想的理想工具。而历史表明惊人的科学发现往往借助于一种新的语言的数、字或符号而来临④。莱布尼茨就是一个好的例证:他与牛顿几乎同时发明了微积分,但是历史证明牛顿所使用的那些烦琐、令人费解的微积分符号严重地阻碍了英国数学乃至其他学科的发展;而莱布尼茨在微积分中精心构造的那些简明易懂、方便实用的符号不仅使欧洲大陆在之后一百多年的数学发展远远领先于英国,并且时至今日我们在微积分中仍大多使用这些符号。这样看来采用符号表达科学就显得十分必要和有效:符号不会产生歧义,不易引起误解;在进行推理时,将符号看作机械式的工具,只要遵守规则就可以了,不必考虑它们原来所代表的内涵,从而能够准确、简便、迅速地进行推理演算。这就是莱布尼茨的普遍字符,也就是科学的系统化,因为表面看起来各不相同的学科知识如果可以用统一的原则加以表述,它们就体现出了作为一个完整系统的秩序性的普遍存在。数学在这里仍然占据统率的

---

① 〔德〕费尔巴哈:《对莱布尼茨哲学的叙述、分析和批判》,涂纪亮译,商务印书馆 1985 年版,第 38 页。

② 《圣经》创世记记载,人类开始都使用同一种语言,后来试图建造巴别塔与上帝一争高低。上帝在震怒下打乱了人类的语言,人类无法进行沟通,巴别塔的建造工作就此告终。

③ 〔德〕莱布尼茨:《人类理智新论》,陈修斋译,商务印书馆 1982 年版,第 478 页。

④ 陈乐民:《莱布尼茨读本》,江苏教育出版社 2006 年版,第 87 页。

位置，我们可以将之看作一种统一和相互连接一切知识的符号；同时，数学和逻辑作为宇宙这一有机整体以及人类心智世界的基本原则可以实现将一切科学知识系统化。

普遍字符"能这样地形成和排列符号，使得它们能够表达思想。一个表达式是一些符号的组合，这些符号能表现被表示的事物。如果被表示的那个事物的概念是由一些事物的概念组成的，那么那个事物的表达也是由这些事物的符号组成的"①。为了使普遍字符确定无误地表述知识，首先要选择数量有限的字符表示最简单的原初概念。莱布尼茨认为所有的科学知识都是从少数几个基本的概念、公理演化而来的，这一思想也被后来的罗素所绝对化，认为莱氏所有"好的"哲学都是从五个基本前提演绎得来。原初概念是普遍字符的出发点，这些概念必须意义明确且不用解释，重要的是不会再被分解，在对原初概念分类的基础上，选择一定的符号加以表示，最好是编号。这些符号就是普遍字符，作为原初概念的抽象与提升，其特殊属性在于根本性和不可分析性，除拥有原初概念的那些性质外，通过规定普遍字符的演变规则与运算规则进行精确的推论，其他领域的科学知识都可以通过普遍字符得以系统地表达。而反过来，在这样表述结果中，科学的秩序性、系统性鲜明地展现在我们面前。尽管莱布尼茨也设想借助于简单的图像，比如用一个点表示一，用多个点表示其他数字，用线条表示物与物之间的关系等，但其普遍字符的选择最终还是落脚于数字，可能是因为他相信"数是一种基本的形而上学形式"，数字之中隐藏了最深的奥秘，那就是一切的事物和知识皆可以被指定为确定的特征数字。早在1666年《论组合术》中，年轻的莱布尼茨就表达了"事物犹如数字"这一思想。他认为组合术是"一门科学，它关心的是事物的一般形式或公式的一般形式，即是关于一般特性的科学，或关于相似和不相似的科学，根据由a，b，c的结合产生的各种公式，无论它们代表的是数量还是其他什么东西。结果，代数学（关心的是用于数量的公式）从属于结合的艺术，遵循它的规则。然而，这些规则却是非常普遍的，不仅可以用于代数学，而且可以用于密码学，用

---

① Leibniz, *Der Briefwechsel des Gottfried Wilhelm Leibniz in der Königlichen Öffentlichen Bibliothek zu Hannover*, hrsg. Von Ed. Bodemann, Hannover, 1895, p. 80.

于各种各样的游戏中，用于几何学本身……以及所有相似的东西中"①。莱布尼茨还假定一些特殊的特征数字是已知的，还有一些特有的一般性质是可以被观察到的。一旦找出或发明与事物本身相对应的特征数字，就可以判断一个命题在实质上确定与否，由于数字意义明确，因而没有任何困难，也没有陷入谬误的危险。莱布尼茨认为，由简单成分构成复杂观念的方法，可以作为理解整个科学领域的关键。因此，莱布尼茨的组合术不仅适用于算术，而且适用于形而上学、物理学，甚至像法院判决这样的实际问题。"成分很简单——在几何学图形中就是一个三角形、圆形等等，在法院判决中就是一个承诺、一次宣判等等。案件就是在所有领域中无限变化的各种内容的成型。"②

二 科学的发展模式

世界中存在着各种各样的事物，其不同的属性使得一事物得以区别于另一事物。怎样才能获得关于某一事物的完全知识，用莱布尼茨的话来说就是——"既能包含发现新命题的技术，又能包含对这些命题的批判的考察的技术"，即发现和判断科学知识，这是我们真正理解世界的基础。莱布尼茨想通过包括数学计算和逻辑推导在内的推理演算来发现新的科学知识并对其加以证明，"通过由它组成的联系和词的分析，其他一切都能被发现和判断"③。发现的目标指向找寻未知的科学知识，从原初概念或少数科学公理出发运用推理演算进行组合，近似于综合法。判断的目标则指向将模糊不清的或理解不彻底的思想予以澄清，将之分解到原初概念或科学公理，近似于分析法。在莱布尼茨看来，所有真正的命题都可以通过综合法从简单的概念中产生，而简单的概念从分析法得来。这意味着，综合法和分析法不仅不是对立的，而是成为建构和见识普遍科学的必要方法。

---

① *Die philosophischen Schriften von Gottlieb Wilhelm Leibniz*, ed. by C. I. Gerhardt，Ⅶ，Berlin 1875 – 1890, p. 17.

② *Die philosophischen Schriften von Gottlieb Wilhelm Leibniz*, ed. by C. I. Gerhardt，Ⅶ，Berlin 1875 – 1890, p. 82.

③ ［德］莱布尼茨:《莱布尼茨自然哲学著作选》，祖庆年译，中国社会科学出版社 1985 年版，第 3 页。

　　莱布尼茨确信如此有秩序、和谐的知识，必然是造物主的手笔，当然就会存在一个关于科学知识的储存库。那么，发现内含于可能存在中的普遍字符后，通过类似于数学的推理演算，一切的概念、命题、知识都会从这个储存库里派生出来，不但可以确证所有已经发现的知识，将来的可能的知识都会被推导出来。这是莱布尼茨对柏拉图绝对理念在科学中的运用，这一思想极大影响了后世的德韶尔（Dessauer）的技术哲学。1714 年 1 月 10 日莱布尼茨在致德雷蒙（N. Rémond）的信中写道："所有理性真理皆可归结为一种演算。……当我们的资料尚不足以确证命题的真理性时，它还能使我们估计其可信度，并告诉我们达到确证还需要些什么。对于我们经常多半会犯错误的生活问题和实际考虑来讲，这类估计显得极为重要。"① 推理演算是一种形式化的方法，以计算方式处理普遍字符记录的科学知识，通过逻辑推理来发现科学知识的未来可能性。举例来说，如果我们用质数"2"和"3"分别表示"动物"和"理性"这两个概念，那么"$2 \times 3 = 6$"就表示"人是有理性的动物"。在这里，"动物"和"理性"所对应的普遍字符"2"和"3"的乘积就表示了"人"这一复合概念，实际上，这种复合概念的表达式本身也已经体现了推理演算的结构。普遍科学作为形式系统，正是由于形式推理自动体现在复合字符的结构之中的性质，成为发现和证明科学真理的工具。由于科学知识被系统地由普遍字符表述为一个整体，按照统一规则，我们就可能推知超出现有知识的新的发现。用我们今天的话说，这是一种获得和确证新的科学知识的方法、手段、路径等。尽管这种方法不等同于数学，但由于思维推理运算的方式类似于数学，所以结论就同样确证和明晰，错误变得显而易见，失去了生存的空间。"使所有的推理错误都只成为计算的错误，这样当争论发生的时候，两位哲学家和两位计算家一样，用不着辩论，只要拿起手中的笔，坐在计算器面前，面对面地说，让我们来计算吧。"②

---

　　① Leibniz, *Die philosophischen Schriften von Leibniz*, hrsg. , Von C. I. Gerhardt Ⅲ , Hildesheim, 1978, p. 605.

　　② ［德］莱布尼茨：《莱布尼茨自然哲学著作选》，祖庆年译，中国社会科学出版社 1985 年版，第 22 页。

世界能否被彻底认识一直困扰着人类,如爱因斯坦(Einstein)所说"宇宙最不可理解的是,它竟然是可以理解的",实际上我们使用一种精简的方式解读世界,比如,用很少的理论假设来解释万事万物,就像可以计算多个对象的一种计算机程序。我们将若干复杂的事物定义为最简单的理论。这样看起来,我们似乎可以将所有的复杂性概括成有限的理论,但是"自然只用最长的丝线来编织它的图案,所以它每一小片的织物都展示了整个织锦的构造"①。自然是一个统一的和谐的整体,自然中的每一存在物都遵循着相同的规则,反过来,每一最小的存在物也是自然的有机成分,反映着整个世界。用莱布尼茨的话说,每一单子都表象着整个宇宙,宇宙是完全的,所以单子的数目无限。因此,尽管莱布尼茨也同样梦想有一天彻底地认识世界,获取关于宇宙的所有知识,但他还是与现代科学保持了一致,倾向于认为由于不确定性因素的存在,自然的复杂性无穷无尽,所以我们不可能以完全确定的方式解释宇宙。对于普遍科学莱布尼茨给予了莫大的期望,并设计利用组合术以及各种运算产生无穷无尽的表达方式来解决知识在数量上是无限的这一问题,但同时莱布尼茨明确地指出人类的字母表是不可能完备的,而是无限接近上帝心中的无穷的概念的一个过程,"我们必须持续进行综合,直到我们能把它变换成分析"②,这并非自相矛盾,恰恰说明了莱布尼茨认为科学知识处在一个无穷尽的动态发展中,普遍科学是一个开放的系统。哥德尔不完全性定理表明了这一点:当任何一种公理体系足够复杂时,其中一定会有一些应用该公理系统中任何定理都无法证明的命题。

三　科学的标准

莱布尼茨的普遍科学作为理论统一体相当于逻辑实证主义"统一科学"设想,不同之处在于,莱布尼茨这一设想立足于理性主义传统。对于理性主义者来说,理性是远远优于感性的,无论其客体是哲学还是科

---

①　G. J. Chaitin, *On the intelligibility of the universe and the notions of simplicity, complexity and irreducibility*, German Philosophy Association, 2002, p. 36.

②　[德]莱布尼茨:《莱布尼茨自然哲学著作选》,祖庆年译,中国社会科学出版社1985年版,第27页。

学，一切具有普遍系统性的科学知识都不能从感觉经验得来而只能起源于理性，而理性正是检验科学知识的准绳。尽管莱布尼茨认为感觉经验也有值得借鉴的地方，但是只有借助理性才能将科学所蕴含的必然真理阐明，"只有理性才能建立可靠的规律，最后在必然后果的力量中找出确定的联系"①。因为在"理性的灵魂或精神"中，"比在单子或单纯的灵魂中有着更多的东西。它不仅是创造物的宇宙的一面镜子，而且也是上帝的一个形象。精神不仅有一个对上帝的作品的知觉，它甚至能够产生与这些作品类似的某些东西，虽然是在小规模上"②。对于莱布尼茨而言，只有理性才是可靠的，运用作为认识和判断能力的理性来识别作为普遍的真理的科学知识，这是莱布尼茨推崇推理演绎方法的原因所在。这很容易联想到大陆理性主义的奠基者笛卡尔所说的，"借助于理性的作用，我们才能认识事物，而不必担心任何谬误"③。

理性的原则具体表现在科学的标准上，就是某一命题在逻辑上不存在任何矛盾，即将一个概念或知识不断地分解直至通过事物自身就能理解的原初概念，无须其他前提。比如一个概念的数值可以被组成它的质数除尽的话，这个概念便不含有矛盾。在莱布尼茨的身上，有着所有科学家都拥有的可贵品质，即对于其他的一切事物的怀疑态度，"最好一开始就能设想我们自身位于反面"④。当然，莱布尼茨的这种怀疑有着深深的时代烙印，那就是上帝是不容置疑的。这种怀疑的态度不仅仅针对其他存在的事物，而且也针对人类的思维。在分析具体命题的每个步骤中，必须不含偏见地保持不间断的链条，也就是没有矛盾的规则，就像 A 等于 B，B 等于 C，C 等于 D，所以 A 等于 D 一样，不能将前提没有的任何东西加诸结论。这样，一切学科的复杂的真理经过一步步不容置疑的推理，或者得到不可能被怀疑的简单自明的原初概念或公理，或者找到可

①　［英］罗素：《西方哲学史》（下卷），马元德译，商务印书馆 1976 年版，第 5 页。

②　北京大学哲学系外国哲学史教研室编译：《十六—十八世纪西欧各国哲学》，商务印书馆 1975 年版，第 498 页。

③　Descartes, *Philosophical Writing*, Selected and Translated by Norman Kemp Smith, 1911, p7.

④　［德］莱布尼茨：《莱布尼茨自然哲学著作选》，祖庆年译，中国社会科学出版社 1985 年版，第 43 页。

能被怀疑的命题，以此我们就可以判断哪些是可靠的知识，哪些是真正的科学。

但是，很显然大多人的工作都不尽如莱布尼茨之意，他批评同样十分推崇公理演绎方法的笛卡尔没有用几何学方法思考形而上学；指责斯宾诺莎在《伦理学》一书中仅用几何学来论证实体的性质、身心关系等体系结构，却缺乏数学家的明晰；他还想为牛顿力学建立更原初的概念或基础的公理，证明欧几里得的几何公理。这些努力都想通过人为的方法确立科学知识的标准，在一个公理化体系中安排所有的真命题。普遍科学不仅是将各门科学用原初概念和普遍字符加以表达，它同时更是一种科学方法，组合、算术、代数、分析、传统逻辑和密码翻译都不过是该系统中极为特殊的演算。在这个形式系统中，最重要的原则是：给出一个谓项，找出其所属的主项；给出一个主项，找出其所属的所有谓项。"我越来越相信普遍科学的实用性和真实性，并且我发现只有少数人懂得科学的范围……这种特性是由能够很好地表示我们的思维关系的固有的符号和语言组成。这种符号与我们已经想象出来的那些符号差异甚大，因为人们已经忘记了在这种书写方式中，符号的原则应该用来进行几何和数学的发明和判断。使用这种写法将会大有收获，在其他书写方式中只有一种，对我来说是重要的，就是对这些符号的使用。"[1] 哥德尔的思想无疑是莱布尼茨最准确的诠释：建立人类思想的字母表，就是寻找模糊或直观概念的精确"解"[2]。清晰的概念是客观存在的，并且在一切可能的世界中皆为真。

第二节　科学对技术的普遍渗透[3]

一　科学与技术的结合

尽管在中文的语境中，"科学"与"技术"通常在一起使用，甚至还

---

① Martin Davis, *The Universal Computer*：*The Road from Leibniz to Turing*, New York：W. W. Norton & Company, 2000, p. 7.

② Hao Wang, *Reflections on Kurt Gödel*, MIT Press, 1987, p. 36.

③ 本节部分内容发表于《科学技术哲学研究》2012 年第 1 期。

有所谓"科技"这样的缩略词，仿佛科学与技术从来就是紧密联系、不可分割的一体。但在西方文化的背景中，致力于理论探索的"科学"与着眼于现实工艺的"技术"两个范畴在相当长的历史时间段内是相隔甚远、互不相干的领域，甚至"科学"一词直到19世纪才从自然哲学的大家庭中彻底独立开来，在英语和法语的世界获得广泛的使用。科学和技术的融合则出现得还要更晚些，尽管二者结合的趋势可以追溯到莱布尼茨所生活的那个时代。

近代科学的先驱们不再单纯地满足于为好奇心而进行知识的探索，他们希望理论性的科学与实用的技术之间存在更为密切的关系。如果新的科学知识非常实用，必将赋予人类以力量，使人类得以成为自然界真正的主人，这种信念在资本主义逐渐壮大的17和18世纪大大激发了人们对科学探索的热情。培根对获得成果的实验的爱好不少于对提供启示的实验的爱好；伽利略做了建筑材料强度的实验；早期的科学院全都致力于实用的发明；巴黎科学院发表了二十卷关于实用技术的集子。但似乎没有人像莱布尼茨那样，看到科学与技术相互促进的内在联系，并将整个人类世界都理解成具有预见性的技术图景。在莱布尼茨身上所表现出来的是近代那种普遍以人为主体的人与自然的关系的思考哲学模式，他们对人类所特有的技术性活动充满了认可或肯定，表现出明显的乐观主义倾向。

莱布尼茨本人拥有多种技术发明，仔细研究可以发现，这些发明和设想的技术与以前的手工技术不同之处在于：它们不再是一个个孤立的产品，而是存在系统的技术，这些单一的技术是一个非常复杂体系的组成部分；它们多以自动化为目标，具有自我调节的功能；并且这些技术带有明显的与科学互补的特征，它们不再是传统意义上的手工发明制造，而是建立在一定的数学、力学、化学、水动力学等的理论基础之上的。这很明显地体现出莱布尼茨所主张的科学与技术结合的观点并为之做出的实践。不得不承认，在那个科学迅速崛起，技术仍不发达的年代，将技术提升到科学的高度是很有远见的。热衷于技术发明的莱布尼茨强调系统的普遍性，他认为科学技术的发展最重要的是要用于实践，这才是发明的目的。而在应用的过程中，就要有一定的方法，建立一定的秩序。在这个秩序中，每样东西都有着自己的位置。在一篇手稿中，他曾就此问题提出过两种新方法："一种是用来检验知识得正确性；另一种是通过新发明，不断扩充知识。"前一种大约相当于传统中的证明方法，而后一种就相当于系统性的发明。为此，在 1666 年，莱布尼茨讨论了组合术与发明术二者的关系问题，他曾提出一个设想：即每台机器都是由一定数量的本身不变的基本部件组成，假如能找到一系列把这些基本部件组合在一起的规则，那么人们就可以制造出所有的机器。莱布尼茨把发明看作组合，就是从这层意义上出发的。

"正如事实上在医学上人们就是把它们结合在一起的，不仅从前在古代人那里是如此（那时医学家也同时是外科医生和药剂师），而且今天，尤其在那些化学家那里也是如此。"① 莱布尼茨十分崇尚理论与实践的结合，"如果所有这些专业和技术乃至手艺的原则，是在哲学家或某种其他能够这样的学科的学者那里实践地被教授，这些学者就将真正成为人类的导师。但文化和青年教育的现状，以及因此政治的现状方面许多事情都得改变。而当我考虑到从一二个世纪以来人们在知识上已取得了多么大的进步，而且在自己更为幸福方面多么容易发展到无比的更远时，我满怀信心地预料，在一个更太平的时期，在上帝为了人类的善可能降生的某一位君主的统治下，人们将会达到很大的改进"②。人作为"有缺陷的动物"，是需要技术来进行自我完善的，这样技术对维持人的生命便有了至关重要的作用。技术一方面是不可缺少的生活组成部分，另一方面它还给予了新的模式，按照这种模式，就产生了一种对世界的看法，可以把世界想成具有自己的因果过程、组织的自身调节和目的的。同样，在技术创造过程中人也追寻目的，那就是实践上的有用性，即莱布尼茨终生追求的以保证最大的幸福为目的。只是我们不是像动物那样依靠直觉，而是以自己规定的目的为根据，并且在对新的手段的理性选择和发现中行动，这一切都是建立在人的理性基础之上的。

二　技术活动的产物

莱布尼茨哲学的重要思想之一是将技术的产物比喻成"机器"。在当

---

① ［德］莱布尼茨：《人类理智新论》，陈修斋译，商务印书馆 1982 年版，第 642 页。

② Hans Poser, *Nihil sine ratione*, Hannover, 2002, p. 42.

时的欧洲，机器这一比喻十分普遍，笛卡尔就将人的身体看作由零件运转构成的机器。莱布尼茨则在哲学层面阐释了机器的比喻，机器作为技术活动的产物，在他那里包含两层含义：首先是上帝的创造物，其范围广泛，涵盖整个宇宙以及所有的有生命的东西，比如人；其次是人的创造物，包括人工机器或人工创造物。通过机器的比喻莱布尼茨将技术与上帝完美地结合在了一起：一切有生命的生物都是上帝的技术活动的产物，宇宙则成为具有因果过程和自我调节的完美机器。

莱布尼茨将整个宇宙都比喻成上帝创造的机器，而由于每个单子都反映着整个宇宙，所以宇宙中的每个生物也是一个机器。不过上帝创造的机器是有机的，在这里莱布尼茨无非是说，生物是一架天然的自动机，是一种神创造出来的机器，它无限地优越于一切人工的机器，因为"不仅在程度上，而且在实质上部不同于人工的机器，因为人工的机器就其每个部分而言并不是机器，而天然的机器在其虽细微的部分直至无限都仍然是机器"①。这样天然的机器由于直至无限都是机器，因此机器的每个部分本身也是某种机器。换言之，每个体系本身又是体系的体系，每个部分虽然细微的但是具有轮廓分明的、特殊的、独立的生命，每个肢体本身又是一个由许多肢体组成的肉体，因此有机体包含有无限众多的、具有灵魂的肉体。"物质的每个部分都可以设想成一座充满植物的花园，一个充满着鱼的池塘。可是植物的每个枝丫，动物的每个肢体，它们的每一滴体液，也是一个这样的花园或这样的池塘。虽然花园中植物与植物之间的泥土和空气、池塘中鱼与鱼之间的水并不是植物也不是鱼，然而却包含着植物和鱼"②，只是因为太过细微的原因，不易被我们觉察罢了。如此一来，宇宙中便没有任何荒芜不毛、死气沉沉的所在，根本没有混沌和混乱。这有点像远处池塘中所显示的情况：人们在远处可以看见池中的鱼的一种混乱的运动和骚动，而分辨不清鱼本身。上帝的机器作为有机体是可以无限分割的，每分割到较小的部分仍然是机器，而这

---

① ［德］莱布尼茨：《神义论》，朱雁冰译，生活·读书·新知三联书店 2007 年版，第 449 页。

② ［德］莱布尼茨：《神义论》，朱雁冰译，生活·读书·新知三联书店 2007 年版，第 495 页。

些机器和单子一样，由于出自鬼斧神工的上帝之手因而是前定和谐的，表现出完美和谐的状态，"空间中的一切都被充塞着，一切物质都处于相互联系之中。"

同样作为上帝的创造物，人由于理性的存在而区别于其他。人不仅可以认识上帝创造的世界，而且可以在实际中模仿上帝的行动，这就是人的技术性的创造活动，在这一过程中人成为自己世界的"小上帝"。虽然莱布尼茨强调人是一个不完全的产品制造者，是一个不完美的工匠，但由此人却获得了进行技术创造的合法权利。问题是人的思维与上帝思维的差别，所以人的技术活动不是发明，而是发现，是在上帝的观念之中的发现。人工创造物"在事物的可能性中有其原型的，……样式的组合，并不完全是随意的或武断的，……可以发明一些好的和可行的机器，它们在我们来说除了发明者的观念之外并无其他原型，而发明者的观念本身是有事物的可能性或上帝的神圣观念作为原型的，而这些机器是某种实体性的事物。……一个观念，不论它是一个样式的观念或是一个实体性事物的观念，可以随着人们对形成总体观念的那些部分观念理解得好坏而是完全的或不完全的；而这在它使人完全认识对象的可能性时就是一个完满观念的一种标志"①。就像在柏拉图的"理念"中找寻一样，莱布尼茨的技术创造是在上帝的可能世界中发现现实存在，或者用波普的话来说，就是使潜在的未具体化的世界三对象具体化。

把上帝的技艺与人的技艺进行对比，莱布尼茨断言上帝所发明的机器"超过我们所发明的人造机器"，因为"自然机器的发明者超过我们一样"，他所创造的"每个生物的有机形体乃是一种神圣的机器，或一个自然的自动机，无限地优越于一切人造的自动机。因为一架由人的技艺制造出来的机器，它的每一个部分并不是一架机器，例如一个黄铜轮子的齿有一些部分或片段，这些部分或片段对我们说来，已不再是人造的东西，并没有表现出它是一架机器，像铜轮子那样有特定的用途。可是自然的机器亦即活的形体则不然，它们的无穷小的部分也还是机器。就是这一点造成了自然与技艺之间的区别，亦即神的技艺与我们的技艺之间

---

① ［德］莱布尼茨:《人类理智新论》，陈修斋译，商务印书馆 1982 年版，第 642 页。

的区别"①。即上帝发明的机器或者说自然的机器每一部分都是有机构成的,可以分解至无穷,而无论多么细小的部分都可以表象整个宇宙。人工机器则仅是一种机械的构成,仅是一些支离破碎的片段,不具有有机性。机械性构成远远落后于有机的机器结构,对于莱布尼茨来说出现这样的结果是正常的:上帝作为有机机器的创造者,本身拥有最高最完美的理性,人的理性远不能相提并论。然而更为重要的是,人类在这一模仿过程中意识到了理性的重要性。随着知识的增加和认识的扩大,人们获得了行动上理性的指导,才有可能同样地按照最佳原理选择最佳方案,决定自己的行动。

第三节　科学发展与文化交流的普遍性

正如莱布尼茨所表述的观点,"所有单子的实体都是同一宇宙的不同表达,而不同表达的共同的普遍原因就是神,但是,这些表达的完成并不相同,在完善化的过程中,各种表现是不同的,正如从不同的角度得到的同一个城市不同的景象或图画"②。每一个单子都有独特的视角,这就意味着不同的存在,多样性的存在;而每一个单子都是针对着同一事物,这就意味着相似的可能性存在,普遍的存在。这与莱布尼茨所追求的多样性的秩序是一致的。从每个单子有限的视角可以获得关于整体的某些真理,如果变换视角,则可以得到关于整体的更多的知识。也就是说,我们每个人的心灵都从不同的角度表达着宇宙,而对宇宙不同的观点是因为我们每个人在宇宙中的位置不同。如此,通过不同意见的交换,并且理解他们的观点,就像在文化交流中一样,我们就可能获得更大的进步。在世界文化的高度上,莱布尼茨认为科学的发展依赖于文化交流的普遍性,主张互相尊重与学习,客观地对待不同文化,进行平等交往

---

① [德]莱布尼茨:《神义论》,朱雁冰译,生活·读书·新知三联书店 2007 年版,第494—495 页。

② Leibniz, *Philosophical Essays*, trans. by Roger Ariew and Daniel Garber, Indianapolis: Hackett, 1989, p. 33.

和交换，取长补短，共同进步。正如季羡林先生所说"文化交流是推动人类社会前进的主要动力之一"①。在文化交流过程中，"关键是一个'交'字，一边倒，向一边流，不能称之为'交流'"，这与莱布尼茨的想法是一致的。

一 科学发展依赖普遍交流

在培根哲学中，关于经济与政治领域的知识的积累和交流是十分重要的组成成分。莱布尼茨赞同这种观点，并将之扩展到了所有的科学知识领域，认为知识的普遍交流是科学发展的重要途径之一。这与莱布尼茨长期从事科学研究与社会活动是分不开的，实践的知识首先来自感官，有赖于观察和经验，这需要充足的智力市场，也就是人，而在一定国家一定地区从事科学活动的人总是有限的；其次，人们通过经验而得来的知识是可以互相学习和积累的，这也是人类知识得以传承的原因所在；最后，由于不同的文化背景、个人的兴趣爱好等方面的影响，不同地区、民族间所获得的知识会各有所长，因此在不同地区开展科学的普遍交流就成为促进科学发展的必要手段之一。科学的发展是一个没有终点的进程，存在着不断完善或者新的分支形成的情况。莱布尼茨由此产生了建立普遍的"世界文化"的思想②，即来自不同民族、国家的学者应该共同合作、平等交流，从而取得更大的成就，由此得来的科学成果不是归属于哪个具体的人或者国家，而是归属于全人类。他为之四处奔走的科学院、图书馆的建立的原因正在于此，即为科学家提供学术知识交流的条件。

异质文化间交流所存在的问题是求同与存异平衡上的两难境地。如果彼此没有共同性与共通性，那么就没有接纳其他思想的基本点。反之，如果彼此没有相异之处，就没有什么值得互相借鉴与学习的地方。因此，唯有和而不同的文化间的比较与交流才是有意义的。事实上每一个文化都是一个相对比较复杂的糅合体，一方面都有自己的历史，另一方面又有不同的学派与代言人。这种多面结构决定不同文化之间的某些重合，

---

① 季羡林主编：《东学西渐丛书》，河北人民出版社 1999 年版，第 1 页。
② 朱谦之：《中国哲学对于欧洲的影响》，福建人民出版社 1985 年版，第 213—241 页。

从而为对话交流提供了可能；同时它也决定了在理解一个文化时应该避免以偏概全，因为每一个讨论总是针对某一历史时期，甚或某一学派以及某一人物或现象的讨论；而为了达到这一点，则必须要求对整体有足够而深入的了解。难处在于求同与存异之间似乎是对立的。但是在莱布尼茨那里这并不是问题，因为他认为"完美"即意味着"最大限度的丰富多样，同时又是最大限度的秩序"①。秩序与多样不仅不是对立的，而且是最可能完美的世界的两方面，并且这两方面都要发展到各自的极致，在文化中便是吸收引进其他文化中独有的或先进的成分。在这样的思想指导下，莱布尼茨才会在那个欧洲中心主义至上的年代，关注中国、古埃及和古印度的文化，认为当时在华传教士们的最重要任务就是"大力促进相隔万里之遥的两大世界的交流，即学术交流与互相启发的工作"，原因就在于他确信不同民族之间的科学知识交流与互补，会带来科学的发展，而科学的发展又会促进不同民族的福祉与上帝的荣耀。"我不属于那些眼睛里只有自己的祖国，只有某个具体民族的人，我关心的是整个人类的命运与福祉……我的兴趣与着眼点始终是人类的整体的进步。"②莱布尼茨的这一思想来自"使人类更加完美"的信念，旨在在科学、宗教、政治诸领域中找出一条可以为人类的普遍进步服务的道路，同时将人类所有的知识综合成一个整体，构成整体文化。值得欣赏的是莱布尼茨并不因此抹杀不同民族不同的文化，不同民族的社会进步程度不同，在科学文化方面可能会各有千秋。对莱布尼茨来说，文化的他者有其不可替代的价值，世界文化的统一不是一方压倒另一方，而是多样性的和谐共存。

实际上莱布尼茨生活的 17 和 18 世纪，伴随着地理大发现随之而来的正是欧洲发现了包括中国在内的诸多"非欧"文化与社会形态，由此引发了不少"文化"冲突，著名的针对中国风俗的"礼仪之争"便是比较明显的一个例子。对于现代人来说，对于异质文化的尊重似乎是理所当然的，但对于莱布尼茨所生活的 17 和 18 世纪，这种思想就算不是惊世骇俗的，也是带有"革命"性质的，因为这样的想法对于他的同时代人来

---

① 李文潮、波塞尔：《莱布尼茨与中国》，科学出版社 2002 年版，第 241 页。

② ［德］莱布尼茨：《中国近事》，李文潮编译，大象出版社 2005 年版，第 2 页。

说太过进步与超前，这也注定了其难以得到认同的悲哀命运。交流的前提是对他者的尊重与宽容，这种平等的态度是建立在理性思维基础上的，不是那种哪怕付出代价也要使其他不同文化适应于自己的世界的狭隘的方式，而是首先将自身的思维相对化，进而不带任何偏见地看待、理解其他陌生的文化。理性的一个重要内涵即思维是按照一定的思维规律而进行的精神活动，这是保证人与人、文化与文化之间能够沟通对话的先决条件，同时假设了每种文化皆有合乎理性的思想，以此为基础而提出的宽容则不仅是对对方的尊重，更是对自己的观点以及自身的怀疑。对于文化的平等交流，这是非常重要的。但是这意味着非基督徒占据理性的平台的一席之位，承认不信仰基督教的民族与基督教民族一样，同样拥有那个包括了一切的"理性"的一部分，而这种观念对于莱布尼茨生活的那个年代来说，几乎是大逆不道的。能够从将所有人结为一体的理性出发，承认另一个与自己完全不同的文化亦有自己的独立性、独立权，莱布尼茨是第一人。在这样的意义上，可以认为莱布尼茨对于民族之间的互相理解与尊重，促进全球范围内科学的发展，做出了哲学上及政治上的贡献。正如汉斯·波塞尔（Hans Poser）所说莱布尼茨"不仅早出欧洲几百年，亦早出中国数个世纪，提倡通过知识的交流促进科学的增长，改善人类的生活条件，同时又保证不同文化的个性，保持文化的多元与多样性，在多极中求和谐。莱布尼茨的这一思想是值得我们重视的，在《中国近事》发表300周年的今天，没有什么事情比在理性与多元中求和谐更重要"①。而莱布尼茨可能正是第一个在欧洲为塑造未来多元世界文化为而努力奋斗的人。当代哲学思想随着文化与社会的发展，极大地丰富起来。对世界上不同的文化与宗教之间的差异我们有了更多的经验。对不同的传统我们既有理论上的理解又有政治实践上的交往，从而能够进一步反省他们的区别与差异。旦尼勒夫斯基（N. Danilersky）、斯朋格勒（O. Spengler）及汤因比（A. Toynbee）均在其著作中企图理解文化的多元性，向我们说明了最好将历史看成一个复杂的而非单向的过程。②

---

① 李文潮、波塞尔:《莱布尼茨与中国》，科学出版社2002年版，第12页。

② ［美］方岚生:《互照:莱布尼茨与中国》，曾小五译，北京大学出版社2013年版，第257页。

二 东西方文化的互补

16 世纪中叶，耶稣会传教士陆续来到中国，他们中有数学家、天文学家，也有建筑师、工程师、火炮射击制造专家等等，这是因为他们在传教的摸索中发现了科学技术对于中国的吸引力，"除了上帝，传教士业赖以生存的只有数学"。一方面，他们试图利用自然科学打开中国人的眼界，传播基督教；另一方面，他们也将中国的丝绸、陶瓷以及许多古籍经典带回欧洲。至此，新一轮的中西文化交流拉开了序幕。"17 世纪欧洲文化方面最伟大的发现是认识了中国，发现了一种与西方旗鼓相当的文化，一个高度发达而又陌生的帝国。美洲的发现曾给欧洲带来巨大财富。中国的发现同样将给欧洲带来财富，不过却与金银不同，这种财富可以传到世界各地同样发挥作用，而在自己的发源地却不会随着外传而日益减少。这一财富的特点决定了：从一开始对中国的发现便是对文化的发现。"①

虽然莱布尼茨从未离开欧洲，但他却是最了解中国的欧洲人之一。莱布尼茨自己也是这样认为的，乃至于 1697 年莱布尼茨写信给苏菲·夏洛特（Sophie Charlotte）王后："因此，我将用这些词语在我的门前立一个标志：中国事务询问局（bureau of address for China）。因为大家都知道，一个人想要了解一些新闻只有询问我，如果你想了解伟大的哲学家孔子，或是关于离大洪水时代相当近并从而成为诺亚的第一批后裔的远古时期的中国帝王，或是他们的成仙术（如同那个国家的炼金术），或是一些更确定的事情，你就来问我。"② 客观地讲，尽管莱布尼茨对儒家思想的理解不免有有失偏颇之处，但仍远远高于其同时代的人，甚至于一些来华的传教士。美国著名汉学家大卫·孟德卫（David Monteway）则认为莱布尼茨很可能是读过或是熟悉每一部关于中国的重要著作。③ 孟德卫这一观点是可信的，因为在莱布尼茨留下的信件中可以找到那个时代欧洲关于中国的所有书籍的信息。

---

① 李文潮、波塞尔：《莱布尼茨与中国》，科学出版社 2002 年版，第 1 页。

② Leibniz, *Samtliche Schriften und Briefe*, Deutsche Akademie der Wissenschaften, p. 869.

③ Mungello, *Die Quellen fur das Chinabild Leibnizens Studia leibniziana*, 1982, pp. 233 – 243.

　　莱布尼茨在发现中国写道："我思考了自然科学，目前在这一名义下我所指的是所有有形事物的实验观察中，仍有不能用几何原理或是机械力学进行解释的东西。因此，这些根本就不能用理智和先验的方法得到，而只有通过传统和经验。并且，毫无疑问，在这一点上，中国人超过我们很多，因为他们积累的经验更多，他们的传统很少被破坏且比我们的更加优秀。"[1] 对中国这样一种完全不同的文化，莱布尼茨欣喜地看到了自己所提倡的文化交流的可能性，因而莱布尼茨一生中始终对中国充满兴趣和抱有好感。令莱布尼茨感到遗憾的是，当时欧洲与中国仅有贸易方面的往来，而科学技术的交流尚不曾大规模展开过。他认为，既然全人类最伟大的文化汇集在欧亚这块大陆的两端，这两端就应当架起一座连接的桥梁，共同点燃人类智慧的火花。为加速东西方科学文化的交流，莱布尼茨提出了许多具体的设想和建议。首先，当他了解到中国古代拥有卷帙浩繁的典籍时，他认为很值得为这个民族所拥有的书籍编写一本简短介绍各书特点的目录册。可以编纂一部词典，按欧洲词典的编写方法撰写出有关的词条，并配上插图。当他听说中国已有一部类似于他的设想的、被中国人命名为《大辞海》的词典时，他觉得可以拓宽《大辞海》词条的内容，以满足欧洲人了解中国、学习中国科学、技术和文化的需要。为了增加对中国的感性知识，莱布尼茨建议传教士除了为欧洲带回记载着中国一系列知识的书籍外，也不要忘记带回一些中国的植物及其种子，工具仪器的设计图纸、模型，以及一切能运回去的东西。莱布尼茨甚至主张以传教士交换中国的文化和人才，建议把那些既擅长讲授汉语，又善于传授各种技能的人也一块儿带回欧洲。这样，欧洲人既能通晓汉语，从中国的书籍中汲取有用的知化又能学到中国人的实际技能。莱布尼茨迫切想在狩猎、畜牧、园林建筑方面充实、完善欧洲人的知识和能力，弥补他们的不足。莱布尼茨从致力于研究中国问题起，就始终强调，不仅要把欧洲先进的科技、文化传入中国，而且重要的是把中国的科技、文化传向西方。他曾多次在同闵明我（在华传教士）和白晋的通信、接触中阐明这一主张，在 1689 年与闵明我的通信中提出了 30

---

　　[1]　Leibniz, *Leibniz Korrespondiert mit China*, ed. by Rita Widmaier, Frankfurt：V. Klostermann, 1990，pp. 62 – 63.

个关于中国的问题，涉及生产过程、原材料、自然资源等，几乎全部是关于科学技术的问题。因为他相信像中国这样的文明古国，在科学和技术方面一定有领先欧洲的地方，而按照莱布尼茨通过知识交流可以得到科学发展的设想，他殷切希望传教士将中国的科学文化带回欧洲，"在距离遥远的民族之间进行起一个新的知识的交换"，"您（指闵明我）把我们在数学上的发现介绍了中国人，而我却希望您能够从那儿带一点可以丰富欧洲科学的知识回来。这方面主要是他们对自然的认识（以及自然事物的特性与作用）"①。由于传教士们来到中国是传授基督教信仰，而不是为了学习中国文化，学习不过是传授信仰这个主要目的的副产品，但是传教士们是用他们的科学知识来获取中国的接纳态度的，所以他们教授的就不仅仅是欧洲的宗教，还有欧洲的科学，莱布尼茨认为这种单向的欧洲对中国知识的输出是不公平的，他批评了当时与之通信的传教士闵明我，并不断向其他传教士强调要把知识从中国带回欧洲，莱布尼茨认为这是他们对欧洲的责任，这种不平衡使得莱布尼茨对传教士的努力一直很担心，中国人将会得到欧洲人所知道的东西，而欧洲人将会忽略应该从中国学来的东西，那么这样的一种结果就会使得两种文化不再互补，中国人将在各领域超过欧洲人，那时中国很可能会切断在知识领域的交流，而将欧洲抛到身后。

像很多哲学家一样，莱布尼茨终身寻求必然真理的存在。而对莱布尼茨来说，必然真理的建立是不能离开经验知识的积累的。莱布尼茨在对中国了解之后，认为欧洲与中国在科学技术方面各有短长，而双方各自擅长的部分恰巧就是必然真理的应用和经验知识的积累，如果双方可以进行有效的沟通、相互学习，自然可以带来知识的增长。"在很多方面，他们与欧洲各有千秋，在几乎是对等的竞争中，二者各有所长……在满足日常生活所需的实用技术及以实验的方式与自然打交道的能力上，我们不相上下；假如要进行互补对比的话，各自都能通过相互交流而获得有益的知识。但在思维的深邃和理论学科方面，我们则明显更胜一筹……如果说我们在手工技能上与他们不相上下，在理论科学方面超过

---

① 李文潮、波塞尔：《莱布尼茨与中国》，科学出版社 2002 年版，第 6 页。

他们的话,那么,在实践哲学方面,我不得不汗颜地承认他们远胜于我们。"① 也就是说,莱布尼茨认为在诸如数学、逻辑学等那些抽象思维分析的纯粹精神性的学科中,欧洲优于中国,他认为当时中国没有真正的严格意义上的科学知识;在与自然打交道的实践活动以及技术方面欧洲与中国不分伯仲;而在需要长期积累的实践哲学方面中国优于欧洲,其中重要的部分是儒家传统所宣扬的"敬老携幼""孝敬父母"等伦理、政治和教育领域。值得注意的是,莱布尼茨从没有向中国学习必然真理的念头,在与传教士的通信中,莱布尼茨从未询问过几何学是否发展了一些欧洲人不了解的知识,或者是按照欧洲的标准可以称之为科学的、系统的知识。唯一的例外,可能只有中医。尽管莱布尼茨认为欧洲在理论方面是强于中国的,但是他仍期待中国有很多欧洲人缺乏的发明,因为在莱布尼茨看来,发明不仅仅依赖于对理论的应用,还依赖于偶然的机遇。想想那个时代,数以千计的发明创造正是来源于此。由于我们的经验不同,由于我们处于的位置不同,莱布尼茨认为任何不同的文化都可能是知识的丰富源泉。"昔日有谁会相信,地球上还有这样一个民族存在着,它比我们这个自以为在各方面都有教养的民族过着更具有道德的公民生活呢?""如果推举一位智者来评判哪个民族最杰出,而不是评判哪个女神最美貌,那么他将会把金苹果判给中国人"。② 因为中国数千年来民族兴旺繁荣,所以古老的传统得以传承,而欧洲由于长期的民族迁徙,这部分传统已经遗失在历史中了。莱布尼茨的继任者沃尔夫对中国实践哲学进行了进一步可知论与渐进论的解释,对康德的伦理学产生了重要影响③。

在擅长科学的欧洲与注重实用中国之间,莱布尼茨看到的正是自己所提倡的理论联系实际的现实可能性。"他们以观察见长,而我们以思考领先;正宜两好合一,互相取长补短,用一盏灯点燃另一盏灯",欧洲与中国在科学、技术以及哲学方面的交流与互补将会给双方带来令人赞叹的结果。"人类最伟大的文明与最高雅的文化今天终于汇集在了我们大陆

---

① [德]莱布尼茨:《中国近事》,李文潮编译,大象出版社2005年版,第2页。
② [德]莱布尼茨:《中国近事》,李文潮编译,大象出版社2005年版,第6页。
③ 佐勒:《古中之今》,张书友译,《世界哲学》2010年第5期。

的两端，即欧洲和位于地球另一端的——如同'东方欧洲'的中国，我认为这是命运之神独一无二的决定。也许天已注定如此安排，其目的就是当这两个文明程度最高和相隔最远的民族携起手来的时候，也会把他们两者之间的所有民族都带入一种更合乎理性的生活。"① 这是莱布尼茨科学技术全球化视野的体现之一，在保持自身的特点与个性的前提下，东西方的知识交流势必会促进理性的增长、科学技术的进步，从而带来惠及人民的福利，这也是莱布尼茨科学交流的最终目标指向，实现全人类的幸福。"不仅为着上帝的荣耀，为着福音的传播，更有利于人类的幸福，有利于我们欧洲与中国各自科学与技艺的成长，这就像文明之光的交换，能在极短时间内让我们掌握他们奋斗几千年才掌握的技能，也让他们学会我们的技艺，丰富双方的文化宝库。这都是超出人们想象的光辉伟业。"② 莱布尼茨力促彼得大帝建立科学院，深层次的原因就在于俄国正是东西方文化交流的理想位置。

　　莱布尼茨对文化交流的价值和它的可行性同样充满信心，因为在莱布尼茨那里，不同的文化实际上是一种同性质的物质，欧洲人可以把欧洲的文化传递给中国人，中国人可以把中国的文化传递给欧洲人，这样欧洲与中国彼此就拥有双倍数量的文化知识。莱布尼茨认识到，在目前的知识交流中存在一些实际的问题，他在给沃尔夫的信中向传教士们提出他所提议的通用字符，对传教工作的价值："这种普遍类型的新哲学演算，独立于任何一种语言，对产生自然宗教最重要最抽象的真理将有奇妙的帮助。在此，展示出来的东西像是一个异体移植物，即便是对最不相同的民族也是有利的，譬如其语言的不同，就好像我们的语言和中国人的语言之间不同一样。"③ 但是正如莱布尼茨所担心的，中国和欧洲之间的知识交流并没有持续很长时间，只不过与他的设想相反的是，不管是欧洲还是中国，他们都没有从交流中学习到很多东西，二者都学到了一些东西或许中国学到得更多，但是莱布尼茨所期望的并没有成为现实，

　　① ［德］莱布尼茨：《中国近事》，李文潮编译，大象出版社 2005 年版，第 1 页。

　　② ［德］莱布尼茨：《中国近事》，李文潮编译，大象出版社 2005 年版，序。

　　③ Leibniz, *Leibniz Korrespondiert mit China*, ed. by Rita Widmaier, Frankfurt：V. Klostermann，1990. p. 57.

"通过一种灌输的方式，我们甚至可以立刻给予他们我们的知识，同时对我们来说，我们也可以立刻从他们那里学到一种对世界的新的阐释说明——如果没有他们，我们不管过多少个世纪也无从得知"①。对于交流之易行的过分自信，可能是莱布尼茨在中国问题上最大的错误之一。②

可以说从二十岁起直到生命的最后一刻，在长达 50 年的人生生涯中，无论从事的是政治任务还是学术研究，莱布尼茨始终关注着中国，关注着欧洲与中国的文化交流。他的《中国近事》的出版，使欧洲开始关注和重视东方的异质文化。在莱布尼茨身上表现出这样一种精神：尽一切可能，理解一个不同文化的自身价值及不同之处，在政治以及日常行动中坚持以理性为准绳，宽容地对待其他文化与思维。③"为了照亮我们这个时代的历史"，我们至少应有莱布尼茨这样的胸怀和信念。

三 普遍字符与中国文字

对于科学文化交流而言，不同民族之间想要沟通势必要通过语言文字这一桥梁才有交流的可能性，这是莱布尼茨关注语言文字的原因之一，不同民族通过语言文字的中介才可能获得知识的交流和科学的进步。更重要的原因在于，对于莱布尼茨而言，不同的语言文字有助于我们建立符号以扩大我们对必然真理的追求。莱布尼茨认为文字名称对于事物的认识非常有用，事物的性质往往反映在事物的名称之中，比如不同国家对于植物的不同名称就是很好的例证，同时事物的名称对于我们心灵对多样性认识的完善有着直接的益处。作为我们先天观念和宇宙万物表述的交叉点，语言和符号同时表达了宇宙万物和我们心灵的结构。如此，语言文字的学习既可以使我们认识到存在的事物，扩大和明晰我们对事物的表达，也可以使我们认识我们的心灵，扩大和明晰我们对先天观念的表达。不同的语言文字可能有相同之处、相异之处，但是无论如何它们的多样性都有助于完善我们先天观念的多样性。这与莱布尼茨毕生所

---

① Leibniz, *Leibniz Korrespondiert mit China*, ed. by Rita Widmaier, Frankfurt: V. Klostermann, 1990. p. 64.

② ［美］方岚生：《互照：莱布尼茨与中国》，曾小五译，北京大学出版社 2013 年版，第 141 页。

③ 李文潮、波塞尔：《莱布尼茨与中国》，科学出版社 2002 年版，第 203 页。

追求的多样性的统一恰好是一致的，追求普遍性、拥有世界胸怀的莱布尼茨关注过若干不同民族的文字，包括鞑靼、暹罗、朝鲜、日本、俄罗斯等等，还比较过同是象形文字的中国文字与埃及文字的差别。在其中莱布尼茨格外关注的是中国文化与文字，因为他一度将普遍字符的创造寄希望于中国这一古老的文字。

早在 1666 年，二十岁的莱布尼茨发表《论组合术》时就表达了建立普遍文字的观点，也是在这时莱布尼茨开始关注中国。中国文字开始引起了莱布尼茨的关注，只不过这时的莱布尼茨认为中国的文字不是由字母组成的，无法实现其普遍字符的设想。之后数年中，莱布尼茨在不同的文章里数次提到中国文字，其态度逐渐发生变化。改变莱布尼茨对中文看法的契机来自其与当时的一位汉学家安德烈·米勒（Andreas Muller，1630—1694）的通信交往，安德烈·米勒本身语言天赋极高，精通亚美尼亚语、古撒玛利亚语、科普特语、俄语，还可以用土耳其语、波斯语和叙利亚语写作。① 米勒在对汉字研究之后宣称发现了"中文之钥"，通过这把钥匙，中文就可以易于学习和理解，同时这意味着中文有着固定的创造规则。这引发了莱布尼茨的兴趣，因为如果在中文这门古老的文字中存在着这样的一种规则或结构，那么对通用字符的创造必定是大有裨益的。在与米勒的通信中，莱布尼茨提问了若干关于中文结构或中文之匙的问题：那些字符是指语词还是事物？它们是否可以简化为一个字母表？无形的事物是通过一个有形的或是看得见的事物表达吗？这种语言是人造的还是在历史中慢慢形成的？它是否可以清晰明了地表达事物的本质？它是否可以理论化、系统化？这些指代自然事物的符号是直接指向事物还是指向不同事物的差别？② 遗憾的是，米勒对于莱布尼茨的来信基本未加回答，不知出于何种原因米勒在去世前将自己的研究付之一炬，他是否真的发现了"中文之钥"也众说纷纭未有定论。但是至此莱布尼茨相信了中文钥匙的存在并增强了创造普遍字符的信心。

在稍后的《人类理智新论》一书中，莱布尼茨谈到中国的语言文字，

---

① 张西平：《欧洲早期汉学史》，中华书局 2009 年版，第 613 页。

② Leibniz, *Samtliche Schriften und Briefe*, Deutsche Akademie der Wissenschaften. I, pp. 491 – 492.

"可是有一些民族,就如中国人,他们利用声调和重音来变化他们的语词,他们所有的语词数量很少。……这是高尔(Goyle)先生的想法,他是一位著名的数学家和大语言家,他认为中国人的语言是人造的,也就是说是由一位高明的人一下子发明出来,以便建立许多不同民族之间的一种语言上的沟通,这些民族都居住在我们称为中国的那个伟大的国家中,虽然这种语言可能现在由于长期地使用已经改变了"①。洛克认为我们的知识要么是关于一般的真理的,要么是关于特殊的真理,而关于一般真理的知识是最重要的,这些一般真理必须用语词来设想和表现,否则我们自己和他人都不能很好地理解。莱布尼茨则说:"我认为还有其他标志能产生同样的这种效果,我们从中国文字就能看到这一点,而且我们还可以引进一种很通俗并且比中国文字更好的普遍文字,如果我们用一些小小的图形来代替字,它们用轮廓线条来表现那些可见的事物,并且对那些不可见的事物也用伴随着它们的可见的事物来表现,再加上某些其他的符号,以便使人懂得那些语形变化和质词所代表的意思的话。这首先就可以有助于和相隔很远的民族容易地沟通,但如果我们在我们自己人之间也引进这种文字而不放弃通常的写法的话,这一种书写方式也会有很大的用处,可以丰富想象,并可以给人一些不像我们现在所有的思想那样无声的和口头上的思想。"②

　　莱布尼茨生活的时代,欧洲盛行过一段找寻"原初语言"的风潮,与其他人观念不同的是,莱布尼茨相信符号不应该随意地与观念联系在一起,字符应该与它们所指向的事物之间有一种天然的意向关系,所以这些字符不可能被随意地创造出来。对于莱布尼茨来说,字符不仅应该包含着对指向事物的联系,字符与字符之间也应该包含一种天然的联系,是一个可以进行推理演算的系统。所以字符无法被一个一个地单独创造,而应该是作为一个体系出现。莱布尼茨自己在创造这些字符时所遇到的困难和失败使得他试图向外去寻求解决之道。而中文正是十分难得的一种古老和保存非常完整的语言,使莱布尼茨有理由去相信与其他一些时代较近的语言比较,中文这种古老的语言保留了更多的原初成分。在对

①　[德]莱布尼茨:《人类理智新论》,陈修斋译,商务印书馆1982年版,第291页。
②　[德]莱布尼茨:《人类理智新论》,陈修斋译,商务印书馆1982年版,第460—461页。

中文有了一些了解后，莱布尼茨欣喜地发现中国的文字在某些方面符合其对普遍字符的设想。首先，中文是表意的，中文汉字"或许是更哲学化的，并且似乎基于更多的智慧考量，比如给予数字秩序和关系，因此它有脱离的特性，这种特性与某种实体不存在任何相似处"①。其次，中文具备实际的用途，可以使我们很好地思考，为我们提供更好的通向那些我们拥有却没有感知到的先天观念，"它为推理提供了一个阿里阿德涅的线团，也就是说，构成一些演算的一种明显的方式，以便无论在判断行为还是创造行为上引导它自己"②。这于莱布尼茨对普遍字符所设想的似乎是相当一致的，他设想普遍字符应该有一整套表征不同观念的基本元素，同时允许这些元素进行演算，并在原则上把语义功能和句法功能结合成一个符号系统。所以，我们就可以理解莱布尼茨对中文在创造普遍字符上给予其帮助的期许了，在一封给传教士的信中他写道："我认为，如果一个人足够博学，他或许有一天适应这些汉字不只是像普通字符那样去表述，而是演算并且帮助想象和沉思。"③

中文汉字与普遍字符这些不谋而合之处自然而然地引起了莱布尼茨为汉字寻找一份普遍的字母表的想法，实际上中文的汉字似乎真可能简化成一个只有几百个简单概念的字母表，它们形象的性质将使它们容易被记住，并且可以在与任何一种特殊的口语分离的情况下被理解。④ 问题在于怎样用这些字符进行演算，米勒的"中文之钥"曾经让莱布尼茨对于使用中文进行演算寄予了莫大的希望。遗憾的是，尽管中文确实存在着一种固定的结构和一定的系统，但绝不是莱布尼茨所设想的那样是一个简单并可以推理演算的系统。中文汉字的数量实在是太多了，并且即便某些汉字的构成元素或发音有着一定的规律，但是这些构成元素或发音与汉字意义之间的指向是相当模糊的，更不用说还存在着大量的特殊

① Leibniz, *Leibniz Korrespondiert mit China*, ed. by Rita Widmaier, Frankfuru：V. Klostermann, 1990, p. 188.

② Leibniz, *Leibniz Korrespondiert mit China*, ed. by Rita Widmaier, Frankfuru：V. Klostermann, 1990, p. 184.

③ G. W. Leibniz, *Leibniz Korrespondiert mit China*, ed. by Rita Widmaier, Frankfuru：V. Klostermann, 1990, p. 88.

④ ［美］方岚生：《互照：莱布尼茨与中国》，曾小五译，北京大学出版社 2013 年版，第 164 页。

的情况，构成元素或发音与汉字意义之间完全没有固定的指向。但是这样的事实并没有造成莱布尼茨对中文期望的很大挫败，原因在于一方面莱布尼茨对中文的了解没有那么深刻，他相信在上古时期的中文是存在着这种钥匙的，便于我们理解和掌握中文并进行演算，只是随着时间的流逝这把钥匙被后人弄丢了。另一方面给予莱布尼茨对中文很大期望的原因在于，莱布尼茨和白晋已经做出了一些类似于易经、八卦的东西，发现它们作为二进制演算的"真正的意义"，八卦和二进制算术之间的关联，极大地增强了莱布尼茨看待中文对普遍字符创立的信心。莱布尼茨认为中文汉字是由伏羲发明的，伏羲通过给每一个基本汉字分配数量创造了汉字。伏羲同时也是易经、八卦的发明者，如果易经符号可以与汉字相联系，那么对于普遍字符的创立也就更进了一步。尽管莱布尼茨的普遍字符并没有得到来自中文汉字实际上的帮助，但是在这一过程中，无疑加深了莱布尼茨对中国的了解，以至于"就其重要性而言，莱布尼茨对中国哲学及宗教的论述完全可以与他的《神义论》、《形而上学论》、《单子论》及《人类理智新论》相提并论"①。

---

① 李文潮、波塞尔:《莱布尼茨与中国》，科学出版社2002年版，第50页。

第三章　虔诚的崇拜：莱布尼茨论科学何以可能

　　"何以可能"的问题实际上是对怀疑论做出的回答。近代思想家对于科学何以可能存在的终极原因，大部分的回答是：信仰与理性的一致。提及信仰与理性的关系，人们脑海里往往想到的是二者的格格不入与针锋相对。实际上，对科学发展起阻碍作用的传统基督教信仰经历了宗教改革成为突显理性的新教后，不仅没有妨碍科学的进步，甚至在某种意义上极大地促进了新科学的诞生和发展。莱布尼茨就是很好的例证之一，在他看来，理性上帝所创造的充满和谐、秩序的世界正是科学得以存在的深层原因所在。

第一节　传统基督教的自然神学转向

一　新教改革的理性突显

　　中世纪的欧洲是基督教旧教即天主教统治的年代，由于政教合一，天主教不仅掌控着人的宗教信仰，还支配着意识形态、政治权利、法律等社会的方方面面，"教会教条同时就是政治信条，圣经词句在各个法庭都具有法律效力"①。天主教神学认为上帝是独立存在的，是宇宙万物的

---

　① 中共中央马克思恩格斯列宁斯大林著作编译局：《马克思恩格斯文集》（第二卷），人民出版社 2009 年版，第 400 页。

终极原因，是超验的。其主导思想是赞美上帝的善性，他无所不能，远在人之上。人在上帝面前十分渺小，只有笃信上帝，通过上帝的力量人才能获得拯救。人是生而有罪的，通过实行宗教的礼仪和法规如忏悔、苦修、善行等等才能获得上帝的救赎;人如果有过错也要接受上帝的惩罚。天主教教会以救赎理论作为统治和控制的工具，信徒们以救赎理论来规范自己的思想和行为。这时的信仰是高于一切的，基督教教义是其他一切思想的出发点，研究认识论最终是为解释《圣经》、证明教义而服务的。科学被深深地禁锢在神学之中，归属于"神学的科目"，上帝受到尊崇，科学作为教会恭顺的侍婢、附庸而存在，其意义只在于论证上帝的存在。正如奥古斯丁（Augustine）所说"从圣经以外获得的任何知识，如果它是有害的，理应加以排斥;如果它是有益的，那它是会包含在圣经里的"。此时理性的光芒被深深淹没在信仰之中，此时的基督教会确实是中世纪科学道路上最大的障碍，因为教会蔑视现世和众生，而且傲慢地自信拥有无所不包的天启真理，所以轻视乃至敌视一切企图凭借独立的理性之光来探索自然的人。尽管中世纪的哲学和神学并不是完全摒弃理性，有时教会也会利用科学或理性来反驳不信仰基督教的异端人士，经院哲学家托马斯·阿奎（Thomas Aquinas）那也将理性提升至相当的高度，试图用理性证明上帝的存在。但问题在于，当理性必须以一个预先接受的权威观念作为出发点，然后再来论证事实应该怎样或只能怎样时，这种理性不论多么努力和精细，都失去了理性本身的意义。若非如此，像罗吉尔·培根（Roger Bauon）和达·芬奇（Da Vinci）那样具有独立精神的人本来可以让科学更早地进步。[1]

16 世纪初，在马丁·路德（Martin Luther）的领导下，首先在德国发生大规模的宗教改革运动，自此"德国开始了一个新时代"[2]，随后宗教改革迅速席卷整个欧洲大陆，在新教波及的地方，"人们向良知呼吁，而不再诉诸教父和亚里士多德，诉诸权威;鼓舞着、激励着人们的，是内

---

[1]　[英]沃尔夫:《十六、十七世纪科学、技术和哲学史》（上），周昌忠等译，商务印书馆 1985 年版，第 13 页。

[2]　[德]《海涅选集》，张玉书等译，人民文学出版社 1983 年版，第 233 页。

在的、自己的精神，而不再是功德"①。各地新教教会纷纷摆脱罗马教皇的控制而独立，作为欧洲封建势力最强大支柱的天主教受到了沉重的打击。新教把对上帝的理性信仰看作人的灵魂获救的唯一准则，每个人都获得了解释《圣经》的权利，信仰是自主的，是建立在直接阅读《圣经》并对其作理性的思考和判断的基础上的。人的获救不再依靠作为人与上帝中介的僧侣，而是依靠以个人的理性对《圣经》的理解为基础的内心信仰。

新教的改革大大削弱了教会的势力，使得大多数人的精神获得了极大的自由，此时人的理性的作用被大大提升，成为一种至高无上的权利。"自从路德说出了人们必须用圣经本身或用理性的论据来反驳他的教义这句话以后，人类的理性才被授予解释圣经的权利，而且它，这理性，在一切宗教的争论中才被认为是最高的裁判者。这样一来，德国产生了所谓精神自由或有如人们所说的思想自由，思想变成了一种权利，而理性的权能变得合法化了。"② 传统基督教转向了以理性为依据的自然神学，自然神学的概念可以简单归结为两点：（1）每个人，只要他愿意仔细地观察一下自然界以及自然界的运动，均可依赖自己的天性，在某种程度上认识上帝的存在，因为"上帝的智慧"同样表现在世界的运转与自然规律中；（2）在宇宙万物中不但有其"作用因"，亦有其"目的因"，所有一切都是按照一定的计划互相连在一起的。实际上，理性是自然神学的最重要特征，自然神学的种种命题需要通过理性去论证。这样看来，自然神学是一种理性神学，其基石是相信人是上帝创造的，因此人的理解中含有上帝理性的成分，如同儿子继承了父亲的基因，或者从作品中可以看出艺术家的水平一样。正是由于这种人所独有的理性而非其他优势，人才拥有了与上帝相似的对地球及所有生物的统治权，由此"人立于自然之外并且行使一种对自然统治权的思想就成了统治西方文明伦理意识的学说的一个突出特征"③。

---

① ［德］黑格尔：《哲学史讲演录》（第四卷），贺麟、王太庆等译，商务印书馆 1960 年新1 版，第 4 页。

② ［德］海涅：《论德国宗教和哲学的历史》，海安译，商务印书馆 1974 年版，第 42 页。

③ ［加］莱易斯：《自然的控制》，岳长龄、李建华译，重庆出版社 1993 年版，第 28 页。

二 人文主义与科学革命

对自然的热忱为同一时期的人文主义进一步发展和巩固，中世纪欧洲的思想被牢牢控制在基督教义的范围内，但随着资本主义经济的发展，新生的资产阶级在思想上客观需要摆脱传统宗教的桎梏，人文主义应运而生。人文主义最初发源于欧洲南部的意大利，特别是佛罗伦萨共和国，在14世纪后半叶出现了以弗兰齐斯科·彼特拉克（Francesco Petrarca）、乔万尼·薄伽丘（Giovanni Boccaccio）为首的第一批人文主义者。15世纪人文主义思潮在意大利势力逐渐壮大，16世纪传遍德意志、法国、英国及西欧各地。人文主义者认为希腊、罗马的古典文化是一切世俗文化的精华，对古典文化进行了不遗余力的学习和研究，并称新文化为古典文化之复兴。与中世纪基督教神学对人性的压抑不同，人文主义肯定和颂扬人和人性，突显对人和人性的研究，其要求更多的自由，提倡对教义重新进行审视，把新的价值观注入科学。人文主义不仅重新塑造了人的形象，甚至将人的主体地位提升至等同于神的高度。同时，人文主义也刺激了人们对物质生活的迷恋和对世俗欲望的追求，使人们相信如果可以揭示和掌握自然的内在属性和规律，就可以通过掌控自然从而达到人的自我完善。这也使得人文主义将推进人类进步、社会发展的动力落脚于人的理性，理性的地位也再一次被重视与提升。但必须承认人文主义者大多仍是正统的天主教徒，他们给予神学以极大的关注，至少在形式上并不否认罗马天主教会的至高地位。很多人文主义者与传统势力无论是教会一方，还是宫廷贵族都有着各种政治的、经济的联系与交往。事实上，文艺复兴时期的很多艺术大师颇有新意的创作活动如果没有当时教廷的庇护是进行不下去的。被誉为"文艺复兴之父"的弗兰齐斯科·彼特拉克深受阿维尼翁教皇的宠信，享受教会产业的收入。享有盛誉的米开朗琪罗（Michelangelo）、拉斐尔（Raffaello）的很多艺术作品是直接为宗教教廷创作的。著名人文主义者洛伦佐·瓦拉（Lorenzo Valla）在教皇尼古拉五世（Nicholas V）的宫廷供职。对马丁·路德影响颇深的荷兰人文主义思想家德西德里乌斯·伊拉斯谟同时也是位神学家，他深受英王亨利八世（Henry Ⅷ）、德皇查理五世（Charles V）、法王弗朗西斯一世（Francis I）的喜爱，和教皇列奥十世（Leo X）交往密切。他甚至公开声明："任何时候我都不与《圣经》和教会的神圣权威相抗衡，我愿使我的理智在所有的事上都服从这个权威。"当时的罗马教廷对人文主义思潮也是持一种庇护的态度，他们并不认为精神文化的世俗化会给教会带来任何实质性危害。相反，人文主义者崇尚奢华、追求享乐反倒正适合穷奢极欲的教廷统治者的胃口。一时间教皇和神职人员成为推崇古典文化、收藏古董的狂热爱好者；梵蒂冈成为人文主义活跃的中心；教皇尼古拉五世、西克斯特斯四世（Sixtus Ⅳ）、列奥十世等等都是人文主义运动经济上的赞助者。在宗教改革早期，人文主义者也对当时教廷统治有诸多不满，曾赞成对教廷的攻击，热情地支持宗教改革，希望可以看到在教会内部进行温和的改革。但是，当宗教改革深入到否定教廷及教皇最高权威之合法性时，当路德公然树起反叛罗马教廷的大旗并与之决裂时，绝大多数人文主义者便纷纷与宗教改革分道扬镳，站在罗马教廷的立场上，对宗教改革进行责难。而同样重视理性的宗教改革则向正统的罗马天主教会宣战，把新教思想转变成历史的现实的运动。因此真正说来，对罗马天主教会构成直接威胁、与历史进步有密切关系的是宗教改革，而不是人文主义。正是这种情况，使得封建统治者和罗马教廷可以嬉戏于人文主义的嬉笑怒骂之中，却对宗教改革惊恐异常，不能容忍①，尽管二者在一定意义上来说总的目标和精神是一致的。

对天主教会的正统统治构成强大威胁的另一力量来自与宗教改革相呼应的著名的哥白尼"日心说"，这场科学革命在观念上导致了对正统神学宇宙观的深深怀疑，从此科学正式开始了对教会传统和教义权威的理性质疑。17世纪初伽利略公然违抗罗马教廷禁令，支持哥白尼的日心学说。随后牛顿力学所描绘的"机械宇宙观"更是促成了理性主义的盛行，创造宇宙的上帝在第一次推动后便不再直接干预世界，宇宙万物依据自然定律自我控制与运行，上帝成为对机器运转漠不关心的旁观者而已。爱因斯坦说："宇宙宗教感情是科学研究的最强有力、最高尚的动机。只有那些做了巨大努力，尤其是表现出热忱献身——要是没有这种热忱就不能在理论科学的开辟性工作中取得成就的人，才会理解这样一种感情

---

① 　徐端康：《欧洲近代经验论和唯理论哲学发展史》，武汉大学出版社2007年版，第34页。

的力量,唯有这种力量,才能做出那种确实是远离直接现实生活的工作。"① 实际上,这一时期的众多科学家,如哥白尼、伽利略、开普勒、波义耳、牛顿等其实并不是我们想象中的那种反叛基督教的战士,相反,正是由于虔诚的宗教信仰,由于自然神学所主张的理性与信仰的一致性,才激发了他们研究自然、发展科学的热情,希望通过科学研究更好地认识上帝。开普勒出于宗教神秘主义,试图找寻上帝之路出发,发现了行星的路径。伽利略明确区分,宗教的职责是教导去天国的路,而天文学的职责是发现天空中的道路。甚至牛顿也是如此,尽管众所周知,牛顿是无比虔诚的基督徒,但是他仍然极为谨慎地把神学教义甚至哲学排除在自然科学之外。莱布尼茨更是如此,他迫切地期望以自己的科学实践来证明这一点。教会对于那些不触及教义的科学研究也持有比较宽容甚至支持的态度,只是这些虔诚的基督徒在神的名义下最终将神排除出去的这一结局是他们始料未及的。纵观基督神学与科学的历史,我们会发现,二者是一种复杂的、难以用简单的陈述加以概括的关系。我们可能会想到科学诞生之初,其理论对基督教义的挑战,随之而来的是中世纪基督教对一些科学家残酷的迫害;或者认为科学关涉人的认识,而宗教则关涉人的信仰,二者是没有互相作用关系的。但是,为什么近代科学仅仅产生于基督教统治的欧洲、产生于黑暗的中世纪结束之时,而没有在世界其他文明中有所突破?因为中世纪后期基督教所宣扬的、为人们普遍认可的坚定的理性信念,正是科学诞生伊始必不可少的重要因素之一。

第二节 科学存在理由:理性化的上帝

对于莱布尼茨来说,理性来自天赋,来自人的创造者——上帝。莱布尼茨把上帝定义为思想家、建筑家、逻辑学家、数学家、几何学家甚至机械工程师,当然不管是什么,他都是最好的,这不是关键。关键问题是,这样一来,上帝便成了一个"不可救药"的理性主义者了。理性

---

① 丁长青:《科技哲学经典导读》,河海大学出版社 2001 年版,第 123 页。

主义者擅长"计算",但正是由于这一点,他同样可以被"计算",成了一个"透明体"。这正是自然神学的精髓,即理性化的上帝观念,上帝被设想为一个理性存在者,他的智慧就在于对于数学、力学原理的最精确的把握。这种观念是与近代科学家、思想家所建立的以数学和力学为基础的,机械论的世界图景分不开的,自然界成为可以根据最简单的几条数学和力学原理来加以精确地描述和计算的对象。因为这些规律是理性安排的结果,上帝作为一个理性主义者,在他计算时亦必须按照一定的数学程序,他在思维上亦必须遵守思维逻辑。结果是上帝的所思、所想、所为肯定是正确的,是值得我们信任的,是能够被科学所揭示的。科学何以可能是西方近代哲学得以生发的思想导火线,也是近代哲学家苦苦探索的焦点意识。在莱布尼茨那里,作为上帝创造物的科学与造物主一样遵循着秩序、理性,差别只是在于程度上的不同。这样,科学研究通过作为认识上帝的中介和手段,获得了合法的权利和地位。对科学之爱等同于对上帝之爱,探索自然规律的终极目标指向了对上帝的真正认识。

一 理性的全知全能全善

在那个年代,神学作为一种时代精神和社会氛围,它和人文几乎是同义的。人们普遍认为没有宗教信仰就是不道德的,科学和神学紧密联系在一起。而对于莱布尼茨来说,强调怀疑的科学与崇尚信仰的神学并不矛盾,因为在他那里二者都同样遵循着理性的原则。在此基础上,莱布尼茨出于自身哲学体系的需要,改造了传统意义上宗教神学那个超自然的、任意干涉世间祸福的人格化的上帝概念。在莱布尼茨的理论中,上帝仍然是全知全能全善的,但他却是从理性的角度对这些上帝的特性加以阐述的,并且还有一个最大的奇迹来排除其他的一切奇迹,即认为:上帝只给自然界以适合其本性的东西——自然规律,上帝创造了世界和预先规定了世界的和谐后就不再过问世界,而是让其按力学规律活动了;它乃"作为立法者"[1] 而存在的理性上帝,可以看出通过这一论断莱布尼茨在本质上排除了上帝对一切自然过程的干预的一面。

---

[1] 北京大学哲学系外国哲学史教研室编译:《西方哲学原著选读》(上卷),商务印书馆1981年版,第483页。

首先,上帝是全知的。全知由上帝的智慧决定,由于上帝的知或智慧的完美性,所以他包括了"一切观念和一切真理,这就是说,既有一切联系着的东西,也有一切不联系着的东西,即一切可以作为理智之对象的东西,他同样也涉及现实的东西和可能的东西"①。全知是上帝的一种本性,上帝不仅知道所有现实的事物、数字、图形,以及道德、逻辑、形而上学、数学的规律与法则,即整个现实世界变化发展的全部细节;上帝也知晓那些不为我们所知的所有可能事物的实在本质的观念或所有可能性。这种全知无法为我们所度量,但对于上帝来说全知是第一位的,"没有知识,他就不能决定任何东西,因此上帝的选择是以他的知识为前提的,是受理智制约的"。莱布尼茨不同意笛卡尔所认为的上帝的意志是完全自由的观点,"如果真理和事物的本性依赖上帝的选择,我就不明白知识甚至意志怎么能被归属于他。因为意志无疑是以某种理智为前提的,因为任何人除非根据某种善,否则就不能意欲。但是理智又以某种能被理解的东西为前提,那就是说,以某种本性为前提。如果所有的本性都是意志的结果,那理智也是意志的结果。这样,意志怎么会以理智为前提呢?"②他认为上帝的意志不能独立于智慧的规则而行事,上帝的理智乃是永恒真理的所在地,或永恒真理所依赖的理念的所在地,而永恒真理并不是任意的。

其次,上帝是全能的。"全能既包括上帝不依附其他一切之独立性,也包括一切对他本身的依附性"③。上帝的独立性表现在其本身的存在和行动两方面:作为"自身自在之在者",上帝的存在是永恒的和必然的。莱布尼茨认为上帝是第一位的存在,是原初的单子,他不依附其他任何缘由;在行动中,上帝在本性上和道德上都是独立的。"没有上帝,不仅没有什么东西是存在的,而且也没有什么东西是可能的。上帝不仅是存在的源泉,而且是本质的源泉,是实在事物的源泉,也同样是可能性中

---

① [德] 莱布尼茨:《莱布尼茨自然哲学著作选》,祖庆年译,中国社会科学出版社1985年版,第174页。

② [德] 莱布尼茨:《人类理智新论》,陈修斋译,商务印书馆1982年版,第36页。

③ [德] 莱布尼茨:《神义论》,朱雁冰译,生活·读书·新知三联书店2007年版,第449页。

的实在事物的源泉。"① 世界的事物依赖上帝的全能而存在，这包括逻辑上所有可能的事物，上帝则将其中的一部分通过创造转变为现实存在，成为可以为我们所知的事物。全能为上帝"提供了真正实施他所拟订的伟大计划的手段"，现实存在的世界正是由于此，才从可能的存在成为现实的存在。对于人类或者说对于其他所有单子，上帝的全能表现在其创造的过程中，被创造之物无时无刻不是以之为基础的。也就是说，创造不是一段时间，不是某个已经消失的事件，而是一个连续的过程。但是这样一来尽管上帝创造了构成世界的所有单子，"在世界之上"，但同时，上帝本身也是单子"在世界之中"，只不过是最高的、终极的单子。在本性上，所有的单子是相同的。莱布尼茨在颂扬上帝的万能的同时，将人和人的理性活动的地位提升到了前所未有的高度。

最后，上帝是全善的。上帝作为原初单子，是一切事物的最终原因所在。他是绝对完善的，莱布尼茨将完善定义为："严格意义下的最高量的积极实在性，它排除有限制的事物所具有的限度或限制。在没有限制的地方，就是在上帝之中，完善性是绝对无限的。"② 可以看出，莱布尼茨认为完善是事物本身内含着的实在的量。对于上帝来说，完善既指道德意义上的"善"，也指形而上学意义上的知识和能力。而对于上帝的创造物来说，"上帝持续不断地赋予创造物一切在他身上为实在者、善者和完美者的东西并持续不断地在他身上创造着这些东西"。尽管世界由于本身的局限性而存在不完美和缺陷，"这一局限性从创造物的存在之处便以必然的方式通过限制着它的完整理由维护着它"，但"宇宙本身越来越发展，一切都趋向于某一个终点，因为一切都来自一个创造者，他的智慧是完满的，我们同样相信那个和宇宙一样万古长存的精神是自然地越来越好，而它们的完满性不断增加。尽管经常是难以察觉地进行的，有时还要向后迂回"③。莱布尼茨坚信世界趋向越来越大的完善，现实的完善

---

① ［德］莱布尼茨：《莱布尼茨自然哲学著作选》，祖庆年译，中国社会科学出版社 1985 年版，第 67 页。

② ［德］莱布尼茨：《神义论》，朱雁冰译，生活·读书·新知三联书店 2007 年版，第 449 页。

③ ［德］莱布尼茨：《莱布尼茨自然哲学著作选》，祖庆年译，中国社会科学出版社 1985 年版，第 127 页。

性将变成不完善性,并不断地被新的完善性所代替。实际上,被创造物的完善性是"继续不断越来越得到更大的完善性"。在这里,莱布尼茨再次强调了上帝与被创造物本质上的同一,上帝的完善性是绝对的、没有任何限制的,而创造物的完善性则是相对的、有限制的,二者只不过是程度上的差别。

理性化的全知、全能、全善的上帝是莱布尼茨整个形而上学体系的前提和预设,作为整个世界的和谐秩序、一切自然法则的制定者,"这位创造者——由于他从一开始便根据一种秩序创造一切——预先在万物中规定了未来的秩序和操作技术。在事物的内部绝对不混乱,在其构造来自上帝的物质中,有机体无处不在"①。所以展现在我们面前是一个有秩序的、和谐的世界。传统的基督教也强调上帝全知、全能、全善的三大特征,不同的是莱布尼茨将这些理念全部理性化:全知意味着上帝知晓所有逻辑上可能的世界;全能意味着逻辑上可能的事情,上帝可以使其成为现实;全善则迫使上帝根据最佳原理选择最好的可能使其成为现实。即上帝的理性表现在使最佳者存在,"智慧使它为上帝所认识,上帝的善使上帝选择它,上帝的权力使上帝产生它"②。莱布尼茨不赞成神学家所主张的上帝的意志决定着现实世界的一切,可以任意妄为,也不同意马勒伯朗士(Malebranche)等人所主张的上帝总是降下奇迹的观点。"形而上学与几何学之永久真理,'善'的原理,'正义'的原理,以及'完全'的原理,都是由于上帝的理性而来的。"他认为上帝的自由必须依循理性的原则,就是说,上帝的自由是理性判断下的自由,不是任意而为的,在理性和规则面前上帝也无能为力。"虽然上帝在进行选择时不致出差错,因而始终会选择最适当者,但这并不违背他的自由,而且使他的自由更加完美。"③

莱布尼茨认为上帝作为造物主,自身必然拥有最高的完美性。人作

---

① [德]莱布尼茨:《神义论》,朱雁冰译,生活·读书·新知三联书店2007年版,第21页。

② 北京大学哲学系外国哲学史教研室编译:《十六—十八世纪西欧各国哲学》,商务印书馆1975年版,第492页。

③ [德]莱布尼茨:《神义论》,朱雁冰译,生活·读书·新知三联书店2007年版,第451页。

为上帝依自身而创造的理性存在者，则有能力认识、接近上帝，那就是人类探求真理的科学活动。正像世界趋近于更大的完善一样，科学探索是一个不断接近上帝心中的全部知识的历程。在这样的历程中，人类逐渐拨开万千世界表面的迷雾，看到其背后真正的普遍规律和普适原则。尽管人类永远无法获得上帝心中所有的完美科学知识，或者用我们现在的话说，科学探索是一个开放的过程，现代科学以事实证明知识正是以几何级数量增加的。对莱布尼茨来说更为重要的是，人类在这一过程中认识了真正的理性的上帝，并有可能加以模仿。因为随着科学知识的增加和认识的扩大，人们获得了行动上理性的指导，才有可能同样地按照最佳原理选择最佳方案，决定自己的行动。而需要注意的是人的知识总是有限的，因此根据有限知识作出的每一个决定总会含有某些无法预测到的危险和自己也不愿看到的因素。即科学只能在逻辑可能的领域中活动，在逻辑之外的范围必然会受到其他因素的制约，道德伦理意义上的"善"要求人在行动之前、做出决定之前根据自己的知识程度选择道德意义上的最佳可能。这里所说的"善"或者"最佳圆满原理"的标准并不是"对人类有利"，并不是"人类中心主义"①，在 17 世纪的欧洲思想界，莱布尼茨可能是唯一一个认为动物也有灵魂的人。

二　被束缚的上帝

笛卡尔将上帝的自由意志绝对化，他认为上帝的意志不受任何限制，"2 + 2 = 4"之所以正确，只是因为这是由上帝的自由意志决定的。如果上帝决定让"2 + 2 = 5"，那它也一样是正确的，即使我们的数学将会因此变得面目全非。这一观点为莱布尼茨所极力反对，在他所描绘的充满秩序与和谐的世界图景中，万能的上帝作为终极单子、世界的顶点，是这个世界存在的基础，同时上帝更是全知全能全善的，因此上帝的行动必须符合这些自我定义。上帝也可以通过奇迹使他的创造物——人摆脱为他们所规定法则，并在他们身上唤起他们的天性所达不到的东西。莱布尼茨一方面以更高的理由限制上帝这位立法者，另一方面却又让上帝使人得到其天性所不可能达到的东西的能力。这就是说，不论是上帝还

---

① ［德］莱布尼茨：《中国近事》，李文潮编译，大象出版社 2005 年版，第 156 页。

是人都受制于一个更高的秩序。同时,莱布尼茨认为诸如慈善、正义、智慧这些美好的品质上帝与人都可以拥有,从本质上讲并无差别,尽管在程度上不同:上帝无限完美地拥有这些品质;人也可以拥有这些,但不同的是,人类拥有的这些品质是有限的。所以,哲学的结论与启示真理、理性与信仰是不可能发生矛盾的。他由此出发阐明信仰与理性的一致和反驳培尔(Bayle)对此所提出的异议。因此,莱布尼茨的上帝事实上是被束缚的上帝,其一他被道德必然性所束缚,其二他被理性所束缚。

莱布尼茨认为上帝的意志"是必然发生的并始终针对最好者",如此看来,道德必然性便会成为一种几何学上的或者形而上学的和完全绝对的必然性了,上帝的意志不再有选择,事物的偶然性似乎也被取消了,但是"他所拒绝的恶或者较小的善本身却可能依旧存在,……这种并不取消对立者之可能性的必然性只是从类比意义上使用这一称谓;它将成为现实,但并非藉助事物的单纯本质,而是由于外在于和超越于事物的东西,即由于上帝意志"①。"虽然上帝不会不选择最美好的东西,可是他毕竟不是被迫做这样的选择,在上帝所选择的对象中没有任何必然性;因为,另外一系列事物也是同样可能的。正是由于这个缘故,选择是自由的——并不依赖于必然性,因为选择实现于许多种可能性之间,意志仅仅被对象中占优势地位的善所规定。"莱布尼茨不赞同的是那种绝对的自由,实际上他并不反对上帝的意志是自由的。"诚然,上帝不能不这样做,因为不可能比这做得更好。可是,这是一种假设的、道德的必然性,这种必然性与上帝的自由并不是对立的,毋宁说,它是他的选择的结果。绝不能把与理性相对立的东西,加诸智慧的存在物","上帝身上存在着的是一种不仅摆脱了强迫而且也不受必然性制约的自由。我这里指的是形而上的必然性;因为智者被迫选择最好者,这是一种道德上的必然性"②。可以认为,莱布尼茨的上帝不受形而上必然性的束缚,但受道德必然性的束缚,"上帝始终是受到寓于善者意图之中的理由的推动而做出

①　[德] 莱布尼茨:《神义论》,朱雁冰译,生活·读书·新知三联书店 2007 年版,第 445 页。

②　[德] 莱布尼茨:《神义论》,朱雁冰译,生活·读书·新知三联书店 2007 年版,第 297 页。

决定的"。但这并不妨碍上帝的自由，这是上帝的本质使然，上帝"在选择那最好的时，并不以此而较少自由；相反地，不受妨碍去做那最好的事情，这是最完全的自由"①。因为莱布尼茨将自由解释成："在道德上为智慧所强迫，为对善的顾忌所制约，这就叫做自由，这就叫做绝未在形而上意义上受到强迫。"②"正因为上帝不会不选择最美好的东西，所以他在自己的行动中总是被规定的。存在物愈加完善，它在趋向善方面愈加被规定，同时它也愈加自由。""上帝自身的理性和智慧是他的裁判者，永恒真理和智慧的对象。"

那么，"人们也许会问：好，上帝就不能改变世界上的任何事情吗？就定义而言。上帝的确是不能改变任何事物，因为这样便有损于他的智慧。上帝预见了这个世界中所有事物的存在，并且决定了它们的存在。上帝既不能犯错，也不能纠正自己，他不能做出任何不完美的决定，也不能以偏概全地考虑这个世界上事物的存在。""上帝只下过一次命令，但他永世服从，因为他应服从他为自己规定的律法。……上帝始终都在命令着，他也始终被服从着"。上帝一旦赋予自然界以适合其本性的东西——自然规律，他不仅不再改变它们，而是让其按力学规律活动，他乃"作为立法者的上帝"而存在。同时，上帝也为这些由他自己所制订的计划、秩序、法则所制约。因为上帝"总是怀着意愿遵从他的本质倾向，其他一切事物总是遵从他的意志。既然这种意志始终是同一个意志，人们就不可以说，他不服从他以前曾怀有的意志"③。

上帝被束缚的原因还在于其自身的最高理性，对于我们来说如何理解理性，每个人都会有不同的看法。但在莱布尼茨那里，理性更多地指逻辑，即他所创造的事物本质的制约。"他必须将人创造成一种禀受有理性的生命，他必须给圆以圆的形体，"④ 这表明，"虽然上帝的每一种完美

　　① ［德］莱布尼茨：《莱布尼茨与克拉克论战书信集》，陈修斋译，武汉大学出版社 1983年版，第 64 页。

　　② ［德］莱布尼茨：《神义论》，朱雁冰译，生活·读书·新知三联书店 2007 年版，第 302页。

　　③ ［德］莱布尼茨：《神义论》，朱雁冰译，生活·读书·新知三联书店 2007 年版，第 445页。

　　④ ［德］莱布尼茨：《神义论》，朱雁冰译，生活·读书·新知三联书店 2007 年版，第 263页。

品格是无限的，但它只能在与对象相适应并与事物的本质相符合的情况下运作"①。运用理性便是使用逻辑法则进行推理，通过这种方式，人们可以得到那些与永恒真理不产生矛盾、彼此之间又互不排斥的陈述。如果是反过来检验一个现有的理论是否合乎理性，那就必须借助矛盾原则和充足理由原则，莱布尼茨将这两条原则称为"真理的符号"。在《单子论》中莱布尼茨写道:"我们的推理是建立在两个大原则上，(1) 矛盾原则，凭着这个原则，我们判定包含矛盾者为假，与假相对立或相矛盾者为真。(2) 充足理由原则，凭着这个原则，我们认为:任何一件事如果是真实的或实在的，任何一个陈述如果是真的，就必须有一个为什么这样而不那样的充足理由，虽然这些理由常常总是不能为我们所知道。"②这两个原则适用于一切，包括至高无上的上帝。

矛盾原则是对命题的分析方法，它要求两个互相矛盾的命题不可能同时为真，其中一个为真，另一个为假。对于同一命题来说，它要求其不能自相矛盾或者蕴含相互否定的因素。当一个命题的反面是自相矛盾时，我们就说这个命题是真的，即矛盾原则的反面必然为假。这实际上相当于今天的"重言式"是要求命题的同义反复性，矛盾原则适用于观念世界的纯形式的科学如逻辑学、数学等。矛盾原则是理性主义者所普遍遵循的原则，被莱布尼茨以前的理性主义哲学家视为最高思想法则，"甲不能既是甲又是非甲"，在笛卡尔和斯宾诺莎的哲学中可以清楚地看到这一点。到了莱布尼茨，他认为矛盾原则的适用范围是有限的，对某些命题可以根据矛盾原则做出判断。但对于其他另一些命题，矛盾原则无计可施。这并不是说莱布尼茨否认矛盾原则的正确性或不可用性，他只是将其看作一条独立的原则，适用于某一类命题。还需要另外一条原则加以补充，这就是充足理由原则。

充足理由律是我们在经验领域中判定真理的标准，但是对于在莱布尼茨而言，充足理由律不仅具有逻辑上的意义，即每一判断必须有根据

---

① [德] 莱布尼茨:《神义论》，朱雁冰译，生活·读书·新知三联书店 2007 年版，第 186 页。

② [德] 莱布尼茨:《神义论》，朱雁冰译，生活·读书·新知三联书店 2007 年版，第 487 页。

和理由来证明它的真理；更重要的是充足理由律具有形而上学的意义，即一切事物必须有充足存在的理由。充足理由律既包含逻辑的根据也包含实在的根据，我们的物理学、伦理学、形而上学和神学，都必须建立在充足理由律上。"如果不承认充足理由律，上帝存在的证明和许多哲学理论就要破产。"宇宙是一个理性的体系，其中一切事物都有充足理由。似乎提到单子的思想家都倾心于充足理由原则，无论是古希腊的德谟克利特，还是近代的布鲁诺，充足理由最早就是在德莫克利特那里得到表述的："没有一种事物的产生是无缘无故的，一切事物的产生都是有一定根据的，都是必然的。"① 但莱布尼茨是将充足理由原则提升至和矛盾原则一样高度的第一人，充足理由原则不是矛盾原则的简单补充，而是莱布尼茨哲学体系的根本原则，和矛盾原则的地位一样，在莱布尼茨那里二者是同等重要的。充足理由原则要求"任何事物的产生都不可能没有原因或者至少不会没有一个确定的理由。这是指某种能够用来先验地进行解释的东西，它说明为什么某物存在着而不是不存在，为什么某物恰恰如此存在而不是以完全另一种方式存在"②。与矛盾原则存在于有限存在物本身之中不同，充足理由原则存在于偶然的存在，也就是原因存在于其本身之外。因为每个事物的存在都必定有其原因，"原因"就意味着充足理由。充足理由原则适用于现实世界，它的反面是可能的为真的。

三 理性真理与事实真理

与矛盾原则和充足理由原则相对应，莱布尼茨把真理也分为两种："理性真理与事实真理。理性真理是必然的，其对立面是不可能成立的；事实真理是偶然的，其对立面是可以成立的。如果一个真理是必然的，人们便可能通过分析而找到它的理由，即通过将它解析为更为简单的理

---

① ［德］黑格尔：《哲学史演讲录》（第一卷），贺麟、王太庆等译，商务印书馆1959年版，第95页。

② ［德］莱布尼茨：《神义论》，朱雁冰译，生活·读书·新知三联书店2007年版，第135页。

念和真理,最终达到原初性的基本真理。"① 早年曾是一个莱布尼茨主义者的康德给这两类命题分别冠以"分析"和"综合"的用语,由此在这两个用语下,这一区别在当今哲学里仍保有极大的重要性。

理性真理以矛盾原则为基础,是分析的,"若一真理是必然的,则其原因是可由分析而得,即可以将其分解为更简单的观念和真理,直至那些原始的观念和真理"②。理性真理可以不断分解至一些基本原理,或者说可以用等同命题或用可还原为等同命题的命题来加以表达。理性真理"是天赋的并且是靠内在的东西来证明的"③,其证明在自身,"以矛盾和本质本身的可能性或不可能性的本原为依据",它的反命题包含着一种内在的矛盾。理性真理是必然的,是通过理性和先验得来的,这种绝对必然性要靠上帝来保证。"然而不能像有些人那样想象,以为理性真理既是依赖上帝的,所以是任意的,是依赖上帝的意志的。"④ 作为上帝的理智的内在对象,它依赖的是上帝的理智,"而与上帝的自由意志或创造活动无关",举凡涉及逻辑的领域,上帝也别无选择。这是一种逻辑的、形而上的或者几何学的必然性,在一切可能世界中为真。莱布尼茨进一步指出,对理性真理不必参照对象,不依赖于感觉经验。"对于一个普遍的真理,不论我们能有关于它的多少特殊经验,如果不是靠理性认识了它的必然性,靠归纳是永远也不会得到对它的确实保证的。"⑤

事实真理以充足理由原则为基础,是综合的,莱布尼茨认为即使谓语真的是在主语之中,我们最终也无法完成这种证明,因为每个语词的最后结果都在无限地延续着。与理性真理不同,事实真理的反命题不导致矛盾,在逻辑上是可能为真的。因此,其理由最终必须在偶然事物的序列之外,在世界之外,也就是在上帝身上去寻找。实际上,事实真理正是上帝按照自己的判断为自然所规定的法则,或者其依附于这些法则。

---

① 〔德〕莱布尼茨:《神义论》,朱雁冰译,生活·读书·新知三联书店 2007 年版,第 487页。

② 〔英〕肯尼编:《牛津西方哲学史》,韩东晖译,中国人民大学出版社 2006 年版,第 143页。

③ 〔德〕莱布尼茨:《人类理智新论》,陈修斋译,商务印书馆 1982 年版,第 48 页。

④ 〔德〕莱布尼茨:《神义论》,朱雁冰译,生活·读书·新知三联书店 2007 年版,第 46页。

⑤ 〔德〕莱布尼茨:《人类理智新论》,陈修斋译,商务印书馆 1982 年版,第 49 页。

事实真理是偶然的，"也有一种确定无误性，但没有一种绝对必然性"①。
按其本性来说事实真理是"靠经验来建立的"，是与对象相符合的判断，
是关于事物存在的知识，所以在证明过程中就必须遵循充足理由律。莱
布尼茨强调，"在感觉对象方面的真正标准，是现象间的联系，也就是在
不同的地点和时间，在不同的人的经验中所发生者之间的联系，而人们
本身，这些人对于另一些人来说，在这方面也就是很重要的现象。而现
象间的联系，它保证着关于在我们之外的感性事物的事实真理，是通过
理性的真理得到证实的"②。正是因为事实真理源自人的感觉经验，所以
它是偶然的，因为感觉经验虽然对我们认识世界十分必要，但是只能提
供一些特殊的或个别的真理，不足以提供全部的知识，不足以建立这个
真理的普遍适应性。因为即使确定了无数只天鹅是白色的，只要没有找
到所有的天鹅就无法保证下一只也是白色的。但是对偶然真理的承认，
对事物的感觉经验的知识提升为真理无疑是为理性主义者——莱布尼茨
所独有的。在这里，我们可以看到，他试图调和唯理论和经验论的明显
意图。因为一般来说，经验论在原则上都是承认感觉经验知识的真理
性的。

　　莱布尼茨认为，理性真理与事实真理的区别在于它们对对象表象的
清楚明晰程度的不同，是通过对造成它们被选择为真理的适度性的权衡
确定的。但是这种真理的区分仅仅是针对人类而言，对上帝来说，无论
是理性真理还是事实真理都是分析的。对于事实命题的分析是无限的，
只有在上帝那里才是完全可能的。因此，对人而言事实真理可称作有限
综合的，却是无限分析的。"在这种情形中，只有上帝才能一劳永逸地把
握无限，才能理解一物在他物之中，才能先验地理解真理的全部理性。
而在创造物的情形中，这是由经验后天地提供的。"③ 人类无法找出事实
真理最后的充足理由；只有上帝能够找到最后的充足理由，上帝本身就
是它最后的充足理由。

----

　　① ［德］莱布尼茨：《莱布尼茨与克拉克论战书信集》，陈修斋译，武汉大学出版社 1983
年版，第65页。

　　② ［德］莱布尼茨：《人类理智新论》，陈修斋译，商务印书馆 1982 年版，第 429 页。

　　③ ［德］莱布尼茨：《人类理智新论》，陈修斋译，商务印书馆 1982 年版，第 36 页。

第三节 科学存在保证：上帝之爱

一 可能世界中最好的世界

可能世界中最好的世界是莱布尼茨全知、全能、全善的上帝的推论，莱布尼茨的可能世界的概念是指，"世界是可能的事物组合，现实世界就是由所有存在的可能事物所形成的组合（一个最丰富的组合）。可能事物有不同的组合，有的组合比别的组合更加完美。因此，有许多的可能世界，每一由可能事物所形成的组合就是一个可能世界"①。可能的事物存在于上帝的理智之中，这些可能事物通过组合形成了若干逻辑上的可能世界，"我们的整个世界可以成为不同的样子，时间、空间与物质可以具有完全不同的运动和形状"②。莱布尼茨认为在上帝的观念之中存在着无数个可能世界，它们各不相同。在无数的可能世界中，存在着无数条法则，其中一些适宜于这一个可能世界，其他的适宜于另一个可能世界，任何一个世界中的每一个可能的个体在其运动中都包含有属于它的世界的法则。但是"并不是一切可能的事物在宇宙中（尽管宇宙是如此之大）都是可共存的，并且不仅对于同时一起存在的事物来说是如此，而且对于事物的整个序列来说也是如此。这就是说，我相信必然有一些事物是从未存在过并且将来也永远不会存在的，因为它们是和上帝所选择的这一创造物的序列不相容的。……并不是每一个形式或种都属于每一个序列"③。世界本质上就是一些可共存事物的集合，即每一个可能世界依据自身的原则排除了那些不可共存的事物。"每一可能世界都有理由要求按照它所包含的完善性而获得存在"④，所有的可能世界由于各自不同的完

---

① Leibniz, *Die philosophischen Schriften* Ⅲ, herausgegeben von C. J. Gerhardt. Berlin, 1875, p. 90.

② Gerhardt ed, *Die Philosophischen Schriften von G. W. Leibniz*, Ⅳ, p. 593. 转引自周礼全《模态逻辑导论》，上海人民出版社 1986 年版，第 397 页。

③ ［德］莱布尼茨：《人类理智新论》，陈修斋译，商务印书馆 1982 年版，第 334 页。

④ 北京大学哲学系外国哲学史教研室编译：《十六—十八世纪西欧各国哲学》，商务印书馆 1975 年版，第 492 页。

满性而获得了实在性，都有一种趋向现实存在的倾向，它们也确实有存在的可能性，但这些可能世界之间也是不可共存的、互相矛盾的，并非所有可能世界都能成为现实存在的世界。这就决定了只能有一个世界成为真实的存在。问题是，上帝怎样从无数个可能世界中选择了我们的现存世界？是否像传统基督教神学家所认为的那样，上帝可以选择这一个，也可以选择那一个，一切依赖于上帝的意志。

显然莱布尼茨不同意这种看法，他认为既然在上帝的观念中有无穷个可能世界，而只能有一个世界存在，就一定存在上帝进行这一选择的充足理由，"需要一个充足理由这条原则是主动者和被动者所共同的。它们的主动行动和它们的被动行动一样需要一个充足理由"①。使上帝选择这一个世界而不选择另一个的理由，"只能在存在于这些世界所包含的适宜性或完满性的程度中"②。"上帝以这个宇宙能具有最大完善性而做一切事情"，即上帝遵循完善性原则，"在无穷的可能中选取了他认为最合适的可能"。对于莱布尼茨来说，上帝这样的选择是自由的，"上帝从不犹豫地去选择最好者，但他并非被迫为之，在上帝选择的对象方面不存在必然性，因为事物的另一种结果也同样是可能的，正是由于这个缘故，选择才是自由的，是不受必然性制约的，因为它是在许多可能性之间进行的，因为意志完全是由对象之占优势的善确定下来的"③。意志之本性者是自由，自由在于意志行为之自发性与考虑性，更确切地说，他排除了取消思考的那种必然性。所以，上帝按照道德或者从根本上说，按照他的本性，自由地选择这个可能是最好的世界。

实际上，莱布尼茨是在调和上帝选择的自由与必然性之间的矛盾。作为世界的唯一选择者，上帝本身就是世界的充足理由，上帝的理性决定了他并不是任意而为的，他的自由选择是受限制和被规定的，"上帝是自由地做选择的，虽然他是被决定了要选择最好的"。上帝必须服从逻辑

---

①　[德] 莱布尼茨：《莱布尼茨与克拉克论战书信集》，陈修斋译，武汉大学出版社 1983年版，第 66 页。

②　北京大学哲学系外国哲学史教研室编译：《十六—十八世纪西欧各国哲学》，商务印书馆 1975 年版，第 492 页。

③　[德] 莱布尼茨：《神义论》，朱雁冰译，生活·读书·新知三联书店 2007 年版，第 135页。

规律,"有无限个可能世界,上帝必须在其中选择最好的,因为不根据最高的理由行动,他不会做任何事情"①。上帝的理性迫使他根据最佳原理在所有可能世界中选择了最好的世界使其成为现实。莱布尼茨认为,上帝所选择的现存的世界与逻辑上一切可能世界相比一定是最好的世界,否则,上帝便违背他至高的智慧、完善和能力。上帝这种以理性为前提的选择,只能在那些存在于他理智中的可能世界进行选择,如果这不是一切可能世界中最好的世界,那么上帝就根本不会去创造了。

选择之后的问题是,上帝进行创造的充足理由何在?因为按照充足理由律,上帝选择创造我们这个现实世界必定要有一个"充足理由",莱布尼茨将之解释为上帝追求最完美事物的意志。在莱布尼茨那里,现实的事物比可能的事物具有更大的完善性,可能性变为现实性就是朝着更完善的方向发展的过程,这里体现的正是上帝的自由意志和自由本性。这个可能世界中最好的世界就是我们现实的世界,"所谓'现实世界'我意指所有存在物的整个系列和整个集合体,以免人们可能说有几个世界在不同时间、不同地点存在。因为整个集合体必须一起被看作是一个世界"。莱布尼茨认为,最好的世界就是所有可能的集合体中包含着最大量的复合物的集合体。上面提到,世界是一些可共存的事物的集合体,其中那个存在着最多的多样性和最大秩序的世界,就是所有的可能世界中最好的、最完满的世界。同时,由于它包含了最多的事物和秩序,生成了最大量的实在性,所以现实的世界在形而上学方面也是最好的,甚至"从道德上说来,世界也是最完善的,因为真正的道德的完善是精神自身的自然的完善。因此,世界不仅是最巧妙的机器,而且也是最好的国家,这是就它是精神所组成来说的,通过它,赋予精神以最大可能幸福或快乐,其中存在着它们的自然的完满性"②。上帝选择这一世界将其创造成为现实存在的世界,在这个世界中,上帝预先规定了每一事物的独立存在和彼此适应。这样,上帝在创造了现实世界之后,就没有必要也不会

---

① 〔德〕莱布尼茨:《神义论》,朱雁冰译,生活·读书·新知三联书店2007年版,第182页。

② 〔德〕莱布尼茨:《莱布尼茨自然哲学著作选》,祖庆年译,中国社会科学出版社1985年版,第121页。

干扰世界的秩序与和谐。就像一个完美的经济学家，上帝利用最少的投入获得了最大的产出，"上帝的方式的简单性，这特别显示在他所使用的手段方面，而其多样性、富裕性、丰富性则表现在目的和结果方面"①。

如果我们的世界是可能世界中最好的世界，那么如何解释充满在现实世界罪恶的问题，很明显不是所有都是值得肯定的，但所有都是可能的，如果没有来自上帝的确定无疑的意愿的话。为了理解上帝创造的世界中罪恶的所在，对上帝操作模式的总体理解是非常需要的。对于这种可能的诘难，莱布尼茨回答是，世界只有一个上帝，其他所有事物与上帝相比都是不圆满的。"上帝既然没有再造一个上帝，他就不可能把全部的圆满给予他的创造物。"② 上帝通过道德必然性也就是最好原则行动，这种道德必然性限制了他，然而在想象中能够选择这个意义上他又是自由的：这是形而上学必然性，与道德必然性之间的显著差别。与道德必然性对应的是可以主观想象的，但不是充分可靠的，它是"没有必然性的主观意愿"。"形而上学必然性……确认没有选择性，仅代表一种可能的客体……而道德必然性约束着最智慧者选择其中最好的。"莱布尼茨在《形而上学论》中写道："导致抛弃可选择行为过程的（原因）不是它的不可能性，而是它的不完美性。"③ 在道德领域内，道德必然性在一个人不会选择更次级的这个意义上是绝对的，而且也是正确的；只是不能选择最好的可能性对于自由也是必然的。上帝和人类很相似，但是上帝是完全自由的，因为他总是选择真正最好的，而人类只是选择表面上最好的。上帝选择的宇宙在总体上是最好的；但是由于同时的所有可能的共存体不是可能性本身，上帝将制造出最好的能共存而且是可能的宇宙。由此得出，当整体尽可能完美的时候，每一个体部分就其本身而言也可能会更好，如果不考虑它与整体系统的关系的话。宇宙，一旦确定下来，就有一个假设的必然性：其他部分仍然是可设想的，但是对于实际

---

① ［德］莱布尼茨：《神义论》，朱雁冰译，生活·读书·新知三联书店 2007 年版，第 241 页。

② Leibniz, Patrick Riley edited, *Political Writings*. London：Cambridge University Press，1972，p. 8.

③ Leibniz, *Discourse on Metaphysics and Related Writings* (ed. and tr. by R. N. D. Martin & Stuart Brown), Manchester and New York：Manchester University Press，1988，p. 478.

上所选择的而言，其中的每一件事都是确定的，是一种道德必然性。莱布尼茨解释永恒真理和所有的本质（所有可能的不自相矛盾的存在者）都在上帝的洞察理解中，而不在上帝的意志和权力中。"上帝的意志能够形成在他的理解范围内的理念吗？"不能，莱布尼茨说：这将陷入一种无限的理性还原，也将"混淆理智和意志"，"在每一种智力存在物中，意志的行为天然地居于理智行为之后……永恒真理在神圣的理智中……但这不能得出有些事物在上帝之先，只是说神圣理智的行为在神圣意志行为之先"。因此，所有"事物的本质与上帝共生"。上帝从所有可能的世界中选择最好的世界的道德自由也是非常必要的；如果这不能保证的话——如果本质等同于存在——那么这个世界将以一种盲目的必然性而存在，这是被斯宾诺莎赞成而被莱布尼茨坚决反对的。"如果我们希望绝对地破坏那种纯粹的可能性，"他在给阿多诺（Adorno）的一封信中论述道，"我们将破坏偶然和自由，因为除了上帝所创造的事物外一切都是不可能的。上帝所创造的任何东西都是必然的"。"正是这个破坏和退化得到一些更大的结果，使我们以某种方式从损失本身得到益处。可是有人会提出异议，认为假使果真如此，世界早该成为天堂了，对此存一个及时的回答。尽管许多实体早已获得了大的完满性，但由于连续体的无限可分性，在事物的深渊中，总是留下一些沉睡着的部分，它们有待于唤醒，并变成更大和更好，总之，向一个更加完满的状态前进。因此永远达不到进步的终点。"① 即莱布尼茨认为，尽管现实的世界是所有可能世界中最好的世界，但并没有达到最高的完善，而是处于向着更加完美世界发展的状态中。在《致波居叶的信》中他写道："虽然宇宙经常是同等地完满的，宇宙的每一个短暂的状态和其他的状态是同等地完满的，但它绝不会是最高的完满，因为它经常变化并得到新的完满性，不过要失去旧的完满性。"② 上帝的权力仅仅把本质的一部分转化为存在；但是最好的不是由权力所决定的。现在，上帝不必创造整个宇宙：永恒真理没

---

① ［德］莱布尼茨：《莱布尼茨自然哲学著作选》，祖庆年译，中国社会科学出版社 1985年版，第125页。

② ［德］莱布尼茨：《神义论》，朱雁冰译，生活·读书·新知三联书店 2007年版，第186页。

有一个仅仅是现世的实在，本质能够保持那种状态。但是如果上帝确实创造了一个世界，他也受到永恒真理和可能性的限制：圆周的本质是圆的，它不会有一个方形的存在；三角形的内角和是 180 度，这是上帝理智的功能，不是他的意志所为。上帝也不会创造特定的可能性实体的本质。"上帝能够创造物质、人类和圆周，或者只是给它们虚无，但在没有给出它们的本质性质时他就不能创造它们。他必然要使人成为理性动物，把圆的形状赋予圆周。"在这一点上，莱布尼茨部分地与笛卡尔信徒保持一致，他甚至根据全能的上帝意志建立起了真理本身的特征。他所论战的笛卡尔主义的观点被他的通信者和论敌鲍修爱（bossuet）加以很好地阐发，他宣称如果上帝选择最好的，也"不是因为事物中有一个在某种程度上先与他的意志并引导他的最好，毋宁说他意愿的事才成为最好的。因为他的意志是所有善和存在于自然中的所有最好的原因"。

二　宇宙的普遍和谐

普遍和谐是莱布尼茨自己最满意的理论，这一和谐原则也是他的哲学——神学体系的最高原则①。普遍和谐也是建立在上帝的全知、全能、全善的基础上，"上帝是完整秩序，他始终保持着正确比例，他造成了普遍的和谐；一切美都是他的辐射力量的外溢"②。不同于斯宾诺莎将上帝等同于自然的观点，莱布尼茨认为这种泛神论很可能导致无神论的危险，但是对于斯宾诺莎所描绘的由井然有序的万物构成的紧密联系的宇宙，莱布尼茨是十分赞同的。他认为上帝的智慧、意志和权力都充分地体现在自然的和谐秩序之中，"我深信一般意义上的和谐原则，因而也深信一切事物的先成及其相互间的普遍和谐，深信自然与恩宠之间、上帝的决定与我们的先行性行动之间、物质的一切部分之间以至未来与既往之间的普遍和谐，——这一切与上帝的最高智慧是一致的，上帝的创作是人们所能想象的最和谐的东西"③。由此，莱布尼茨创立了普遍和谐理论来

---

① ［英］罗素：《对莱布尼茨哲学的批评性解释》，段德智、张传有、陈家琪译，商务印书馆 2000 年版，第 165 页。

② ［德］莱布尼茨：《人类理智新论》，陈修斋译，商务印书馆 1982 年版，第 189 页。

③ ［德］莱布尼茨：《神义论》，朱雁冰译，生活·读书·新知三联书店 2007 年版，第 147 页。

调和牛顿的机械论和马勒伯朗士等人的偶因论。

在 1667 年致阿尔诺的一封信中,莱布尼茨用交响乐队的这一形象的比喻来说明其普遍和谐理论。我们知道在交响乐队中,每一个乐器手都按照自己单独的乐谱来进行演奏,但是整个乐队却可以演奏出优美而和谐的乐曲,这是因为整部交响曲的总谱是由作曲家事先谱好的。同理,由无以计数的单子所构成的宇宙就类似于一个巨大的交响乐队。上帝在其中担任了普遍和谐这一总谱的作曲者,而彼此孤立的不同单子则根据上帝制定的秩序不断发展变化。这样,每个单子一方面自由地向着更高的知觉状态运动,另一方面则使得整个宇宙呈现出普遍和谐的连续性。莱布尼茨批评牛顿的机械论:"牛顿先生和他那一派怀有对上帝的作品的一种很好笑的意见。照他们的看法,上帝必须不时地给他的表重上发条。否则它就会不走了……这种表匠越是不得不时常把他的钟表重新拨一拨和矫正一下,他就将越是个坏的工匠。照我的意见,同一种力量和活力是永远在其中继续存在的,只是遵照自然规律和美妙的前定秩序而从(这部分)物质过渡到(那部分)物质而已。"①于是在莱布尼茨的普遍和谐理论中,上帝就成了一个高明的机械师,他在规定了单子有条不紊地按照各自的内在原则运行的同时,又将所有的单子精心设计成协调一致的精巧装置,成为一个和谐的整体世界。而上帝一次性地将最高的理性原则赋予所有的单子之后,就不再需要干涉它们的运动了。莱布尼茨的普遍和谐理论包含以下若干层面。

1. 单子间的和谐

17 世纪和 18 世纪 20 年代以前的欧洲思想家们都是在笛卡尔哲学的基础上建立自己的学说的,或者说都是从物质与精神出发进行改造,以克服他的二元论。莱布尼茨试图以多元论的方式克服实体的二元性,用普遍和谐体系解释上帝、人和世界以及它们之间的关系,从根本上完成对笛卡尔哲学的改造。单纯的多样性只会导致混乱,缺少多样性的秩序则是没有活力的单一,和谐只能是多元和谐,与这种多元和谐理论紧密联系在一起的就是莱布尼茨的单子论。

---

① [德]莱布尼茨:《莱布尼茨与克拉克论战书信集》,陈修斋译,商务印书馆 1996 年版,第 64 页。

　　莱布尼茨认为构成世界的基本实体是单子，单子不能以自然的方式产生和结束，只能通过创造而产生、通过毁灭而消失。作为"形而上学意义上的点"，单子没有广延，不能被分割。尽管单子"从一个普通的和最高的原因中，既获得它的能动的特性，也获得它的被动的特性（也就是说，既获得它的非物质的特性，也获得它的物质的特性）"①，但莱布尼茨更强调单子的"精神"，这是单子的本质差别所在，"世界上没有两片一样的树叶"，每个单子都是独一无二的。而根据连续性原理，存在着无数的单子，拥有不同清晰程度的单子构成了植物、动物、人和最高的单子——上帝。最低等的单子也有一定程度的意识或下意识；在人类灵魂所代表的这个层次上，有自我意识存在。不过，可以同人类灵魂相类比地来认识低等单子，因为所有的单子在精神特征和活动上归根结底都是相似的，都在自身之中并按照其发展水平及其自身的局限性重复最高单子的经验。

　　单子"没有窗户"，彼此之间没有直接联系，不能进行信息交流，这样问题就出现了：如何解释单子间明显的相互作用，构成现在物体的发展程度低的单子的组合怎么会同称为人类灵魂的高等单子相互作用？② 莱布尼茨就用普遍和谐学说来解决单子之间的相互关系及其发展变化如何能形成一个连续整体这一问题。"单子从一个普通的和最高的原因中，既获得它的能动的特性，也获得它的被动的特性（也就是说，既获得它的非物质的特性，也获得它的物质的特性），因为，如果不是这样，单子由于自己的相互独立性便不能创造出我们在自然界中所看到的那种秩序、那种美与那种谐和了。""只有从普通的原因中才能在这许多相互毫无共同之点的实体之间得出这种完全的谐和。""因为，既然每个灵魂按自己的方式表现外界的现象，而它又不能通过其他某些个别的存在物的作用而获得这种表现方式，却必须从它自己本性的能力中汲取这种表现，因此，灵魂必然要从一个普遍的原因中获得在表现外界现象上的这种特性

———————

　　① ［德］费尔巴哈：《对莱布尼茨哲学的叙述、分析和批判》，涂纪亮译，商务印书馆1998年版，第96页。

　　② ［英］沃尔夫：《十六、十七世纪科学、技术和哲学史》（下），周昌忠等译，商务印书馆1984年版，第144页。

或这种内在根据;所有这一切存在物都依赖于这个原因,它决定了一个外界现象与另一个外界现象处于完全的谐和之中。""发生此一个单子对彼一个单子之理念上的影响,而这种影响只有经由上帝的干预才可能完成,这就是说,在上帝的理念中每一个单子都有理由要求上帝,在他安排其他单子的秩序时从一开始便顾及到它。因为既然一个被创造的单子不可能对另一个单子的内部有物理性的影响,所以,此一也只能通过这种手段依附于彼一了。"① 按照莱布尼茨的想法,单子实际上并不相互作用,每个单子都是独立的、自我充足的。当某一单子发生某种变化时,宇宙间的其他所有单子也会发生相应的变化从而保持为一个连续的整体。但这种相应的变化并不是某个单子的变化直接影响其他单子的结果,而是由于上帝在创造一切单子时,就预先安排了每一个单子的各自不同的发展情况,不仅预先规定了每个单子发展变化的历程和内容,同时也规定了周围其他单子发展变化的历程和内容,使所有单子的变化发展过程相互和谐一致,这样整个世界就始终保持着有条不紊的秩序。否则,单子由于自己的独立性便不能创造出我们在自然界中所看到的那种秩序、美与和谐了。

莱布尼茨认为和谐是上帝预先制定的,在创造每一单子之时,上帝也规定了其自身固有的法则,所以从严格意义上讲,一切简单的、遍布整个自然界的实体,自身便蕴含着它的一切行动,乃至它的一切被动的原则②。单子间的相互作用,或者说,此一实体完全依附于彼一实体的前提是"说明在此一种发生的时间的理由可以通过在彼一之中存在着的事件加以表述,后者早在上帝预先规定应存在于它们之间的和谐时,就在上帝决定之中发生了;这正如那个应完成仆人的活动的自动装置,它完全依附于我,这是那位预先知道我的未来吩咐而使它能够在第二天及时为我效命的人的意志所使然。对我未来意志的了解推动那位伟大的匠人制造了那个自动装置:我的影响是客观的,而他的影响是形体的。……

---

① [德]莱布尼茨:《神义论》,朱雁冰译,生活·读书·新知三联书店2007年版,第491页。

② [德]莱布尼茨:《神义论》,朱雁冰译,生活·读书·新知三联书店2007年版,第148页。

每一实体都可以被认为正在以其完美的程度而对其他实体产生着影响，虽然这只是从理念上和在事物的理由中完成的。上帝从一开始便在这些理由中根据包含于每一个别实体中的完美性做出安排，使此一实体顾及到另一实体"①。

每个个别单子都以它自己的方式表象着整个宇宙，单子是自由的，但是每一单子的后一状态都是其先前状态延续的结果。因为"一切实体都是最高存在的一种连续的产物，而且它们表现着同一宇宙或同一现象，所以，它们是精确地相互一致的。就每个实体涉及它的原因，也就是上帝而言，它具有某种属于无限的东西，也就是说，它具有某种全知全能的痕迹；因为，在每一个个别实体的完满概念中包含了它的所有的谓项，无论它们是必然的还是偶然的，是过去、现在还是将来的都包含在其中；而且，就别的事物涉及它的范围而言，每个实体还按照它自己的位置和方向表现着整个宇宙；因而，我们的某些观念即使本是清晰的，也必然会被搞混乱，它们包含一些无限的事物，诸如我们对颜色、热的知觉等等"。为什么某些单子比另一些单子对世界的表象更加清楚，"特别是每一个表现某些特定事物和按照它的观点来表现就更清楚"？莱布尼茨的回答是："一个实体对另一个实体的作用，这些都仅仅是在于这种完满的相互一致，这种一致是由最初创造的律令有目的地建立的，凭借这种最初创造的律令，每个实体按照它自身规律活动而又与别的实体所要求的东西相合拍，一个实体的动作就是这样地追随或伴随着别的实体的动作或变化。"

2. 身心之间的和谐

身心之间的和谐问题是近代思想家们讨论的一个热点。尽管这些思想家对于身心之间的和谐一致持相同的意见，但是对于怎样合理地说明和解释这种和谐，他们各持己见。笛卡尔就在其著名的"松果腺"假说基础上提出了所谓的"自然影响"说，但由于笛卡尔将物质与精神看作截然对立的实体，所以他始终无法圆满地解释身心和谐问题；马勒伯朗士则必须不断烦劳上帝来建立身心之间的和谐。对于莱布尼茨来说，灵

---

① ［德］莱布尼茨：《神义论》，朱雁冰译，生活·读书·新知三联书店 2007 年版，第 149 页。

魂和肉体之间的联系问题是与实体之间的相互联系问题相一致的，或者说，身心之间的和谐一致就只是普遍和谐的一个特例。

"我们可以设想两座走时完全相同的钟表，一共有三种方式可以使它们走时完全相同：第一，两座钟互相影响；第二，有人不断调整；第三，它们各自皆很准确。……第三种的意义是，从一开始两座钟均被制造得非常好，完全可以保证它们各自走时非常准确，因此二者总是走时非常准确。这就是普遍和谐方式。现在我们可以将两座钟设想为肉体与灵魂，它们之间的相应相同亦可以通过以上三方式产生。"① 在莱布尼茨的体系中，上帝既是作为有生命的自动机器的单子之间和谐的创造者，也是身体与灵魂之间和谐的创造者。同所有的单子一样，无论是人的灵魂还是躯体，一切都是在上帝创造之时预先肯定的和确定的，他甚至将人的灵魂比喻成一种精神性的自动装置，因为人的灵魂是完美的并具有清晰的思想，所以上帝便使躯体适应灵魂并预先做出安排，使躯体努力执行灵魂的所有指令。根据普遍和谐原则，"灵魂必须按照顺序产生并想象躯体内发生的一切；同样，他使他创造的躯体必须自动地做灵魂所命令做的事。因此，将灵魂的种种思想以终极原因的顺序和按照观念的发展联系起来的法则所产生的图像，必然与躯体给予我们器官的印象契合和一致。同样，躯体内按照动力的顺序依次进行的运动的法则也必然与灵魂的思想契合相一致，躯体将在灵魂所要求的时刻受到推动而行动起来"②。就是说，具有意志与认知能力的灵魂总是保持对身体以自身存在的记忆，他依据目的因的规律，凭借欲望、目的和手段而活动；躯体则依据动力因的规律而运动或活动，他是由部分构成的，因此永远如同一个有生命的机器，只是对自己的内部活动过程既不知道，也无记忆。在动力因和目的因的两个界域，他们是互相协调一致的。"每个灵魂按自己的方式表现外界的现象，而它又不能通过其他某些个别的存在物的作用而获得这种表现方式，却必须从它自己本性的能力中汲取这种表现，因此，灵魂必然要从一个普遍的原因中获得在表现外界现象上的这种特性或这种内

---

① 李文潮、波塞尔:《莱布尼茨与中国》，科学出版社 2002 年版，第 267 页。
② ［德］莱布尼茨:《神义论》，朱雁冰译，生活·读书·新知三联书店 2007 年版，第 147 页。

在根据；所有这一切存在物都依赖于这个原因，它决定了一个外界现象与另一个外界现象处于完全的谐和之中。"①

　　3. 普遍和谐的推论

　　宇宙的普遍联系原则是莱布尼茨普遍和谐原则的一个直接推论。在莱布尼茨看来，这个上帝创造出的宇宙，没有什么东西，"为了其完满的概念，不需要事物的宇宙中的每一个其他事物的概念的"②，宇宙的普遍联系使每个事物都影响每个其他事物，以至于缺少了这所有事物中的任何一个，或者某一事物与现在稍有不同，世界上的事物就必定不会是现在的样子。"空间中的一切都被充塞着，一切物质都处于相互联系之中。由于在充塞着的空间里每一运动都按其距离的远近对遥远的物体发生一定的作用，因此每一物体不仅接受与其紧密相邻的物体的作用，而且通过这些物体接受遥远物体的作用，这种联系甚至扩展到很远的地方。因此，每一个物体都被宇宙中所发生的一切牵连着，以至那些有洞察力的人能够在任何一个个别的部分中，看到在整体中发生的事情，甚至看到那些早已发生或尚未发生的事情，他还能在现存的事物中看到那些无论就时间或空间而言都很遥远的事情。希波克拉底（Hippocrates）说：'普通的一致性''现在中孕育着未来。'往昔中包含着现在，现在中包含着往昔；最遥远的彼处中包含着最邻近的此地。"③ 尽管单子是不可分的，但是单子具有复杂的意向，即含有无数的表象，其中每一个表象都寻求着自己的特殊变化，同时这些表象由于和一切其他事物有本质的联系而处在单子中，所以"每个创造出来的单子都表象全宇宙"，"个体包含着似乎处在萌芽状态的无限的东西"；"这种一切事物对每一个事物的联系或适应，以及每一事物对一切事物的联系或适应，使每一个单纯实体具有表现其他一切事物的关系，并且使它因而成为宇宙的一面永恒的活的

　　① ［德］费尔巴哈：《对莱布尼茨哲学的叙述、分析和批判》，涂纪亮译，商务印书馆1998年版，第96页。

　　② ［英］罗素：《对莱布尼茨哲学的批评性解释》，段德智、张传有、陈家琪译，商务印书馆2000年版，第330页。

　　③ ［德］费尔巴哈：《对莱布尼茨哲学的叙述、分析和批判》，涂纪亮译，商务印书馆1998年版，第81页。

镜子。"① 每一个单子就是这样的一面镜子，按照自己的力量及其独特的位置反映同一个终极实在即上帝。如果知觉是完全清晰的，那么就可以通过任何一个单子看到整个宇宙的面貌。也可以说，每个单子在某种意义上都反映所有其他单子。这样，莱布尼茨就将有限与无限、个别与一般、部分与整体用普遍联系的原则缔结在一起。

在莱布尼茨看来，形而上学与科学的论证是相互加强的，普遍和谐的理论更与科学知识细致而精确地联系起来。科学知识不是关于具体学科的知识，而是凭借清晰的思维，可以达到的关于普遍和谐原理的知识；当具有清晰的观念时，我们就具有知识，而且我们知道这些观念与其他存在物的真实状态互相联系。因此，我们具有知识，而且知悉我们有知识。事实上，莱布尼茨认为 17 世纪的那些科学发现，无论是他自己的发现还是其他人的发现，都共同遵守和证明了他的处于普遍和谐之中的单子的巨大汇聚场的假设。微积分本身就建立在将一个有限量等同于一个无限量之无穷数总和的可能性和有用性上；而显微镜的不断改进使生物学家相信：不仅身体中微小的区别在较大的知觉中不可能发现，而且更多的微小区别尚待于进一步揭示。②

4. 结论

和谐问题是莱布尼茨哲学的最高问题，普遍和谐则是其哲学体系最显著的特征。利用这一理论，莱布尼茨再次证明了上帝的存在，证明了上帝的全知、全能、全善。倘若没有万能的上帝的安排，根本无法想象宇宙间千差万别的无数事物，既都是独立发展的，却又是这样显然地和谐一致。但是，在某些方面，莱布尼茨似乎赞同一种比笛卡尔、玻义耳或牛顿更为严格的机械论自然观③，因为他把上帝的活动局限在世界之中，不超出其创造物和先定的和谐。我们还应该看到普遍和谐的另一面，"在我的普遍和谐的体系中确实存在着奇迹，上帝是异乎寻常地参与其中的。然而只是在事物开始的时候是这样。在此以后，则每一事物都在自

---

① ［德］莱布尼茨:《人类理智新论》，陈修斋译，商务印书馆 1982 年版，第 82 页。

② ［美］奥康诺主编:《批评的西方哲学史》，洪汉鼎等译，东方出版社 2005 年版，第 426 页。

③ ［英］沃尔夫:《十六、十七世纪科学、技术和哲学史》（下），周昌忠等译，商务印书馆 1984 年版，第 153 页。

然的现象中按自己的方式，遵照灵魂和躯体的规律自主行事"①。实际上，在拥有了普遍和谐这个唯一的最大的"奇迹"之后，莱布尼茨就主张对一切事物的过程必须就其本身来寻求合理的自然的解释，实质上是肯定每一事物都按照其本身固有的规律而运动变化，从而排除了上帝对事物变化发展过程的具体干预。

莱布尼茨在世时出版的唯一一部完整的哲学著作《神义论》一书，目的是为上帝的仁慈和正义做出辩护。尽管现实的世界在我们眼中存在着种种不完善的缺陷、痛苦等等，但这种世界的不完美是必要的，否则它就与完美的上帝相等同。而任何进一步改善这个世界的方法，都将会不可避免地使世界变得更糟。换言之，现实世界作为至高无上的上帝的种种选择和创造，是理性中、逻辑上所有可能世界中最好的世界，是普遍和谐的世界。这也是莱布尼茨的"乐观主义"为伏尔泰（Voltaire）《老实人》所讽刺、为后世所诟病的原因所在。但是想想他生活的那个迷失的年代，人民渴望和平、秩序、安定，欧洲的知识界要求重建被战争、政治斗争、基督教两大教派的无休止的论战以及笛卡尔以来的怀疑论所深深动摇了的人生观和世界观。有的人称 1680—1715 年这段时间为欧洲精神危机的时代，"完全为人所承认的概念，如作为上帝、作为奇迹上帝的证明的普遍一致，遭到怀疑。人们将神性的东西驱入未知的、不可探究的苍天。人，而且只有人成为一切事物的尺度；它自身是其存在理由与目的"②。普遍和谐适应了时代要求，迎合了人民要求和平、有序的生活愿望。莱布尼茨想以多元论的方式克服实体的二元性，他提出单子论和普遍和谐体系，以此解释上帝、人和世界之间的关系，试图从根本上完成对笛卡尔哲学的改造。可以说，他为自己提出的是他那个时代急需解决的问题，正是这一点使他鹤立于 17 世纪西方其他哲学家之上。

三　对上帝认识之路

对于那个时代来说，对上帝的虔诚至关重要。但是如何做到真正的

---

① ［英］罗素：《对莱布尼茨哲学的批评性解释》，段德智、张传有、陈家琪译，商务印书馆 2000 年版，第 330 页。

② Paul Hazard, *Die Krise des europaischen Geistes*. Hamburg, 1939, p. 23.

虔诚,莱布尼茨和当时的很多科学家持有同样的观点,认为只有对上帝的正确认识才能导致对上帝的真正的虔诚,这也是他们对科学研究孜孜以求的终极原因所在。在《神义论》中,莱布尼茨写道:"我们愈是深入地认识到上帝,不仅认识到他的权力与智慧的存在,而且认识到至高精神之慈善的存在,我们对上帝之爱便愈猛烈地迸发出火花并发展为熊熊烈焰,它激励着我们效法神性的慈善与正义。"① 与传统基督教不同的是,莱布尼茨认为对上帝的虔诚,这种理应归属于信仰的爱,是一种可以为人所领悟的爱,其炽热程度与对上帝的清醒认识紧密相关。"人们没有对上帝之完美的认知便不可能爱他,因为这一认知包含着真正的虔敬原则"②,虔诚"只有当人们认识到他的完美品格时才可能实现,因为正是这种品格才能够唤醒人们对他的理应得到的爱并构成爱戴他的人们的幸福"③。在莱布尼茨那里,爱便不再限于《圣经》中的福音,科学和理性才会带来更加忠诚的爱。

莱布尼茨坚持对上帝的认识依赖于对自然的科学认识:科学,而非启示,启露着上帝。上帝依据自身的原则所创造出来的世界必然有着自己的理性秩序,是可以被理解的、被认识的,不可能是盲目偶然的。莱布尼茨极力主张科学的发展,因为只有科学不断扩大,才能使我们逐渐完善对上帝的认识,从而引起对上帝的虔诚。在莱布尼茨看来,作为神学一部分的科学的优越性就在于借用它们可以认识上帝。"由此而得出的结论是:为了扩展神圣性在我们之内的自然之光得完成三件事:第一,要对迄今为止发现的科学奇迹做出完整的记录;第二,要大量接着发掘它们;第三,要用所有自古至今的发现赞美宇宙的主宰,用来增加我们对上帝的爱。而在对上帝的爱中不包括对人的爱则是不可能的,亦是不真诚的。假如我们能有一位将这三件事铭刻在心的伟大的君主,那么我们在十年的进展,为了上帝的荣耀和人类的幸福,将会比过去数世纪以

---

① [德] 莱布尼茨:《神义论》,朱雁冰译,生活·读书·新知三联书店 2007 年版,第 477 页。

② [德] 莱布尼茨:《神义论》,朱雁冰译,生活·读书·新知三联书店 2007 年版,第 7 页。

③ [德] 莱布尼茨:《神义论》,朱雁冰译,生活·读书·新知三联书店 2007 年版,第 106 页。

来的快得多。"① 这样，莱布尼茨就为科学研究赋予了神圣的使命，实际上 17 世纪的人们正是出于对上帝的"恩赐"的信仰，相信自然如此完美必然出自美好与善良的上帝之手，才进行了多种的科学研究。

对于如何获得真正的科学知识，莱布尼茨认为唯有通过理性推理才可能得到的可以信赖的科学知识，"只有理性才能建立可靠的规律，最后在必然后果的力量中找出确定的联系"②。莱布尼茨给理性下的定义是：诸真理的联结，尤其是人的精神通过自然途径在不借助信仰给予的启迪的情况下所可能达到的诸真理的联结。作为认识上帝的手段的科学，必须是从理智的天赋观念出发进行推理，才能获得那种普遍的必然的真理。"这一点必须辨别清楚，欧几里得就很懂得这一点，他对那些凭经验或感性形象就足以看出的东西，也常常用理性来加以证明。还有逻辑以及形而上学和伦理学。逻辑与前者结合形成科学，与后者结合形成法学，这两种学问都是自然的，它们充满了这样的真理。因此，它们的证明只能来自所谓天赋的内在原则。"③ 普遍公认的理性原则是真实的，是没有歧义的，真理绝对不可能违背理性。理性"可更好地理解怎样从上帝的完美演绎出物理学中的真理。如你所知，上帝是事物的最终源头，对上帝的认识是科学的原则，上帝的本质与意志即是事物的原理。人对哲学了解愈多，愈能同意这一看法。但时至今日只有少数人能从上帝的特性中演绎出科学真理，而这一点对科学非常重要"④。

莱布尼茨在这里试图阐明信仰与理性的和谐，信仰的对象是上帝以非同寻常的方式启示于人的真理，而理性的对象是"人的精神在未得到启示的情况下所可能达到的真理"。理性与信仰不仅不是冲突的，在他那里理性反而是达到虔诚信仰的必要手段。虽然"理性不能使我们认识伟大未来的细节（它是留作启示的），但通过这个同一的理性，我们能够确信事物是在超出我们的愿望的方式上被创造出来"⑤。在莱布尼茨看来，

---

①　Opera omnia, *nunc primum collect studio Ludovici Dutens*, 6 vol. Genevae, 1768, p. 15.

②　［英］罗素：《西方哲学史》（下卷），马元德译，商务印书馆 1976 年版，第 5 页。

③　［德］莱布尼茨：《人类理智新论》，陈修斋译，商务印书馆 1982 年版，第 6 页。

④　Leibniz, *Principium quodam generale*, GM VI, p. 134.

⑤　［德］莱布尼茨：《莱布尼茨自然哲学著作选》，祖庆年译，中国社会科学出版社 1985 年版，第 136 页。

信仰与理性根本就不冲突,《神义论》绪论的原标题就是：论信仰与理性的一致。信仰与理性分属两个不同但又统一的范畴,两者之间是相互制约与相互促进的关系。信仰必须以理性思辨为前提,否则信仰便是盲目的。因此,为了摆脱盲目性,信仰完全可以导致理性认识,导致为科学奋斗的献身精神,甚或导致对某些信条的否定。另一方面,理性必须以信仰为基础,以免走向科学技术万能论。也许更重要的是：科学总是依赖信仰,否则科学家怎么知道自己的思辨是正确的,世界从整体看来是可以被认识的。从这个意义上讲,信仰上帝便意味着信仰真理,上帝即是真理及最高理性的化身与代名词。

莱布尼茨甚至将人的理性发挥到极致,1698 年在《神义论》出版之前,莱布尼茨就写道："理性是上帝本质的表现,而只有通过理性才能证明上帝的启示,使我们的想象或某些幻觉不会欺骗我们。假如没有公开的启示和《圣经》,那么依赖人性的光亮,人们也能无误地得到真正的至福。只是由于人们误用其理性,才使得救世主的启示变得不可缺少。"[1]莱布尼茨将理性的力量与地位甚至凌驾于《圣经》之上,这一点与斯宾诺莎和马勒伯朗士对《圣经》的批判差不多[2],并且比《神义论》中的思想更为极端。人之所以需要上帝的启示和《圣经》,是因为人误用了自己的理性。也就是说人的理性本来是可以达到相当的高度,可惜被人所浪费,因此不得不借助于《圣经》。柏拉图主义认为仅仅依靠理性就可以证明一身论和灵魂不灭,就已经被视为异端。现在莱布尼茨将"爱"也归属于单纯的理性,不能不说是更加激进的。其实在《论智慧》一文中,我们也可以看到相似的论述："上帝已透过自然之光向人展示了真正的宗教；早在摩西律法之前,最高理性已经给我们指明了方向。由于人们很少成功地运用自己的理性,上帝为了成全自己的旨意,才透过智慧的民族,特别是通过摩西以及后来的基督向人类颁发最高真理以及有关善的行动规则。"

在西方哲学史上,17 世纪是最终脱离经院哲学的思想方法建立建设

---

[1]　*Textes inédits d'après les manuscrits de la Bibliothèque de Hanovre*, publ. et ann. Par Gaston Grua Ⅰ, Paris, 1948, p. 139.

[2]　李文潮、波塞尔：《莱布尼茨与中国》,北京科学出版社 2002 年版,第 221 页。

性体系的时代。17 世纪哲学家共同面对的命题就是如何用"科学的方法"去确证神的存在，这一信仰问题在理性的时代，成为哲学的任务。笛卡尔首倡用形而上的、科学的方法论证上帝的存在，后人虽然在若干方面与他存在诸多分歧，但基本上都沿袭了这一用哲学或科学论证上帝的方法。让人们没想到的是，与这些思想家的初衷相反，其结果却反而削弱了上帝在哲学中的权威。理性在不同的领域和不同的学科中宣告了其权威的独立性，数学的方法推动了哲学思考新模式的形成。17 世纪末，莱布尼茨的哲学思想正展现了西方思想启蒙进程中的关键一步："以哲学的范畴深入信仰空间，从而有可能使哲学与神学的关系颠倒过来。这样的哲学不再是神学的奴婢，而是对信仰进行审判的理性。"他提倡"合乎理性的哲学"，强调理性在认识中的作用，反对盲目信仰，"将宗教奇迹、基督教的本性和基督教的拯救说全都纳入了理性的框架"，[①] 所以，费尔巴哈说莱布尼茨仅仅是"半个基督徒"。

---

① ［德］莱布尼茨：《神义论》，朱雁冰译，生活·读书·新知三联书店 2007 年版，第 1 页。

第四章　莱布尼茨科学观的最终指向

　　科学存在的原因找到了，接踵而来的就是要回答"科学的目的是什么"这一问题。天赋异禀的莱布尼茨为什么异常关注科学的研究与发展，无论是他本人为具体科学做出的实践，还是其终身为之奔走的设立科学院、建构"世界百科全书体系"的理想都体现了他对科学的重视。回到莱布尼茨的历史时代，我们似乎可以找到一些端倪：莱布尼茨生活的17、18世纪，德国正处于战火纷飞、经济衰落、生活困苦的境况。面对这样的现实，历史赋予莱布尼茨的责任感督促他找寻出路。而长期的科学实践活动，让莱布尼茨认识到科学可以带来实际的效用，提升生活的福祉，这就是莱布尼茨重视科学的深层原因所在。莱布尼茨的科学思想最终目标指向了人的现世生活，包括实现自由选择、追求正义的权利、获得真正的幸福、建立理想的国家四个方面，而这一切都需要通过理性的科学才能够得以实现。

第一节　自由的追求

一　自由的可能性

　　自由和必然的问题是使"我们的理性常常迷失于其中的两个著名的迷宫"之一。实际上，自由不仅仅是近代哲学的核心问题之一。从哲学诞生之初，自由与必然的问题就一直在西方思想传统中占据着重要的位置。古希腊的自由意志论认为，与自然界的那种被动的事物不同，人具有自由意志的能力，始终是主动的，自己决定自己。柏拉图用"自己的主人"来说明由于意志的自由进行掌控的能力，联系西方的"德性"（virtue）一词的语义演变，可以看出柏拉图这句话的真正意指。"德性"一词，不管是希腊文，还是拉丁文，无论是德文，还是英文，它都指人的一种实践能力，指人所特有的一种有目的、有意识的生命能力。凭借德性，自由意志的那种控制能力便可以使人成为道德的人。所以，人同自然物是不同的，他并不是被动的而是始终受到意志的作用，始终是主动的，从而能使他成为自己的主人。凭借德性，人可以选择成为至善的人，可以选择避免成为恶人。所以亚里士多德说"德性和过恶都是出自自愿"。对于希腊人而言，道德并不是人的必然的行为，从善抑或是从恶，完全是人在自由意志基础上进行的理性选择。因此，道德哲学的任务就在于引导人们辨别善恶，从而成为道德的人、理想的人。到了中世纪的奥古斯丁则通过对基督教"原罪"的理解和信仰，指出上帝在创造人类的同时，将自由意志赋予了人类，这样就解决了上帝的全能与人类的犯错之间的内在矛盾。灵魂支配意志，而自由意志决定人的行为。人既有可能选择从善的可能性，也有可能选择从恶的可能性，完全取决于自身。在人拥有自由意志的前提和基础上，道德法则才得以建立，因为自由选择带来的必定就是责任。当一个人犯罪时，必须承担相应的被惩罚的后果。到了17、18世纪，笛卡尔、霍布斯和斯宾诺莎尽管也承认人的自由，但都倾向于否认我们的活动能够影响未来，其根据是认为发生在世界上的一切都是逻辑的必然的，"如果我们试图把上帝的预先规定与自由意志调和起来，我们将陷入无助的困难之中"①，这种看法直接导致了决定论的宿命观点。

当一个人的行为完全出自自身的意愿，行为的方向取决于自身的选择而没有任何外在压力和作用的限制时，我们通常会认为此时人拥有了"自由"，因为在行动中没有了限制。通常使用"自由"一词时，一个重要的因素就是没有外在的限制。从这个角度看，莱布尼茨的自由观是很

---

① ［德］莱布尼茨：《莱布尼茨自然哲学著作选》，祖庆年译，中国社会科学出版社1985年版，第95页。

有吸引力：还有什么比我能够本能地、不受任何外在限制地表达我自身
的内在性质，更是我所需要的呢？然而按照"在人类的情形中也和在其
他地方的情形一样，一切都是事先确定的和被决定的"的思维模式，人
类选择的可能性就被取消了，我们选择做某事尽管出于自身的意志，但
意志本身在因果上已然是被决定了的，"在思想中也和在运动中一样有联
系或决定的"，所以并没有证明我们的行为在因果上是独立的："这就像
是指南针总是喜欢指向北方；因为它以为它的指向是独立于其他原因的，
而并没有意识到难以察觉的磁性运动。"① 莱布尼茨认为这种观点的错误
根源在于混淆了物理的必然和逻辑的必然，莱布尼茨强调逻辑上无限多
的可能性，这样自由就有了存在的空间。对莱布尼茨来说，自由并不是
一种"犹豫不决状态或者一种保持平衡的漠然状态，以至于人们有可能
做出多种决定时便会以同样的倾向选择肯定、否定或者种种不同的决
定"，真正的自由是"人们能够以最好的方式使用其意志自由，并随时运
用这种能力而又不为外在的情致力量或内在的激情——前者造成对躯体
的奴役，后者造成对灵魂的奴役——所阻挠"②，这也是最完美的自由。
实际上，莱布尼茨的自由存在着理性上的制约，只有以善为目的的自由
意志才可以体现出拥有理性的人的自由的根本特征，否则人的自由意志
便可能受到诱惑而堕落。"最少奴性者莫过于始终让自己的偏好将自己引
向善，不受任何强迫，也不怀有任何反感。如果对此提出异议说，上帝
因而需要外在事物，这纯属诡辩。他之创造它们是出于自由意志：既然
他要为自己确定一个目的，即实施他的慈善，他的指挥便规定他去选择
达到这一目的的手段。"

二 自由的选择性

自由在莱布尼茨的单子论中得到了进一步的加强，单子是封闭的、
没有任何东西可以通过而进入其中来强制它的窗子，它与外在的影响相
隔绝，由自己的本性、冲动和观念来决定活动，从这个意义来说，是自

---

① [英] 科廷汉：《理性主义者》，江怡译，辽宁教育出版社 1998 年版，第 176 页。

② [德] 莱布尼茨：《神义论》，朱雁冰译，生活·读书·新知三联书店 2007 年版，第 445
页。

由的。但同时，莱布尼茨又说单子的性质上帝是预先规定的，是必然的，一切真命题的谓项都包含于主项之中，"我们坚信，对某人所发生的每件事情，都是早已隐含在他的本性或概念中，正如圆形的特性就包含在其定义之中"①。莱布尼茨自己也意识到了这其中的矛盾："我们已经说过，一个个别物质的概念一劳永逸地包含了对它可能发生的一切东西，因此，通过考虑这个概念，人们能够在它之中看到能够真正对那个物质断言的每件事，正如我们能够在一个圆的本质中看到能够从它推出的一切性质。但是这好像排除了偶然真理和必然真理的差异，好像人类自由将没有任何地位，一个绝对的命定论将排除我们的行动，以及世界上的其他事件。"莱布尼茨的解决方法是自己擅长的调和手段，在自由和必然这两种极端的观点之间周旋。他认为二者之间并不矛盾，因为这两种观点都有部分真理性，人类活动既依赖于因果线索，在原则上可以被预言；但同时并不排除"在某种意义上，使灵魂解决其他一切生物之物理影响的独立性这样一种奇迹般的本能"，有着实践和道德的意义。"为达到我们所希望得到的未来的东西而作的努力和祈祷并未因事物的确定性而成为多余之举"，原因在于"上帝将当前的事物序列想象为一种可能的序列的观念之中——这种观念先决于它的决定——肯定也包含着（在此一序列被选中的情况下）未来祈祷的原因和这种序列中的种种作用的其他原因，所以，此一些和彼一些原因都有助于这一序列的中选和他所包含着的事件的发生。现在规定着上帝采取行动或者持容许态度的东西，在当时已经规定了他就所要做或者所不要做的事做出决定"②。

对于莱布尼茨来说，自由和意志是等同的。"问在我们的意志中是不是有自由，同问在我们的意志中是不是有意志是一回事。"③ 精神本质上可以分为认识和愿望，二者的结合就是欲望。意志是有意识的追求，这种追求是由清晰的观念所引导的，换言之是建立在理性的科学基础之上。因此，意志不是淡漠的意志，也不是恣情任性，而往往是由观念所决定

---

① ［英］科廷汉：《理性主义者》，江怡译，辽宁教育出版社1998年版，第176页。

② ［德］莱布尼茨：《神义论》，朱雁冰译，生活·读书·新知三联书店2007年版，第456页。

③ ［英］罗素：《对莱布尼茨哲学的批评性解释》，段德智、张传有、陈家琪译，商务印书馆2000年版，第371页。

的。尽管存在着种种困难，但莱布尼茨坚持人的意志"不仅摆脱强制，而且也不应受必然性制约。亚里士多德曾经指出，自由中有两个东西，即自由的自决与选择，我们对于我们行动的控制便在于此。当我们自由行动的时候，人们并不强迫我们，这情况正如人们将我们推进深渊，将我们由上往下掼下去时那样；人们并没有妨碍我们继续进行自由思考，这时发生的情况正如人们让我们喝下一杯使我们丧失判断力的酒那样。在千百种自然行动中都有偶然性，但当行动者没有判断力的时候，也就没有了自由。倘若我们拥有的判断力没有采取行动的本能冲动，那么，我们的灵魂便是一种没有意志的理智"①。实际上，莱布尼茨期望通过科学研究来获得心灵的真正自由，因为他相信如果仅仅看到自然的表面现象，而不清楚其内在原因，就没有获得心灵的自由。要达到真正的心灵自由，必须了解事物的原因，发现自然美妙的设计及其操作的形态，也就是，知其然，亦知其所以然，这也是他热衷于科学研究的原因所在。对莱布尼茨来说，自由就是对必然性的认识。作为人所特有的不受任何限制的自由的认识能力，理性无限制的活动才可获得自由。自由的理性认识必然，反过来，认识到的必然性又会指导自由意志做出正确的选择。尽管人的理性不受任何条件的影响，是无条件的，是自由的，但无论如何，莱布尼茨最终的答案都是令人失望的，"整个未来都毫无疑问地是被决定了的，因为我们并不知道那是什么，我们也不知道所预见或被揭示的东西究竟是什么，但我们一定是根据上帝所赋予我们的理性在尽我们的职责"②。

按照莱布尼茨的观点，如果人们能够以最好的方式使用其意志自由，并随时运用这种能力而又不为外在的情致力量或内在的激情——前者造成对躯体的奴役，后者造成对灵魂的奴役——所阻挠，这便是真正的自由，同时又是最完美的自由。最少奴性者莫过于始终让自己的偏好将自己引向善，不受任何强迫，也不怀有任何反感。如果对此提出异议说，上帝因而需要外在事物，这纯属诡辩。上帝的创造是出于自由意志：既然他要为自己确定一个目的，即实施他的慈善，他的指挥便规定他去选

① ［德］莱布尼茨：《神义论》，朱雁冰译，生活·读书·新知三联书店2007年版，第129页。
② ［英］科廷汉：《理性主义者》，江怡译，辽宁教育出版社1998年版，第176页。

择达到这一目的的手段。"上帝只下过一次命令，但他永世服从，因为他应服从他为自己规定的律法。……上帝始终都在命令着，他也始终被服从着，因为他总是怀着意愿遵从他的本质倾向，其他一切事物总是遵从他的意志。"① 既然这种意志始终是同一个意志，人们就不可以说，上帝不服从他以前曾怀有的意志。可是，虽然上帝的意志是必然发生的并始终针对最好者，但他所拒绝的恶或者较小的善本身却可能依旧存在，否则善之必然性便会成为一种几何学上的或者形而上学的和完全绝对的必然性了；随之，事物的偶然性也会被取消，也不再有选择。但是，这种并不取消对立者之可能性的必然性，只是从类比意义上使用这一称谓；它将成为现实，但并非借助事物的单纯本质，而是由于外在于和超越于事物的东西，即由于上帝意志。这种必然性被称为道德上的必然性，因为在智者看来必然和义务是同一含义，如果它始终发挥着它的效用，正如在完美的智者，即上帝身上实际发生的情况那样，那么，人们便可以说，它是一种幸福的必然性。创造物离它愈近，便愈是接近完美的幸福感……一种其本质中便蕴含着选择善者的倾向的意志力应得到最高的赞扬，它自身之内便含有他应得的酬劳，这才是莱布尼茨追求的真正的自由与幸福。

第二节　正义的向往

在《论权利和正义的概念》一文中，莱布尼茨开篇就写道："正如一个著名的罗马法律学家所说：不能相信我们能做出与善的道德相反的事情。而且一个善良的人是那个在理性容许的范围内爱一切人的人。因此，正义是支配心灵倾向的德行，希腊人称这种倾向为人类的爱。因此，如果我没有误解的话，正义可以最恰当地被定义为聪明人的仁爱，那就是，仁爱遵循智慧的支配。"② 这个定义充分地表明莱布尼茨的正义思想吸收

---

① ［德］莱布尼茨：《神义论》，朱雁冰译，生活·读书·新知三联书店 2007 年版，第 445 页。

② ［德］莱布尼茨：《莱布尼茨自然哲学著作选》，祖庆年译，中国社会科学出版社 1985 年版，第 141 页。

了柏拉图式几何性的理性智慧，以及保罗的仁爱与奥古斯丁的向善意志。实际上，莱布尼茨关于正义的理论正是一个囊括基督教的仁慈，柏拉图完美主义的形而上学，罗马法以及修改后的亚里士多德学派术语学的复杂混合物。①

一　正义的概念

在古希腊，正义作为一个核心理念是维持社会秩序的最高原则，是价值判断的标准之一。柏拉图在《理想国》一书中系统地论述了正义，他认为如果要揭示正义的真正含义就必须从国家整体的角度来进行阐述。正义绝不仅仅是个人的德性，更是国家整体和个人的共同德性，正义将国家整体利益和个人利益统一了起来。在社会生活中，每个人在国家中都有自己的位置，正义在个人身上体现为遵守社会正义原则的美德；对于国家来说，正义就是各个等级各守其序、各司其职。这样正义的国家目标"并不是为了某一阶级的单独突出的幸福，而是为了全体公民的最大幸福；因为，我们认为在一个这样的城邦最有可能找到正义，而在一个建立得最糟的城邦里最有可能找到不正义"②。只有正义才能确保国家和个人两者的共同利益，所以柏拉图追求国家的整体正义，可以说他的《理想国》就是一部正义论。

1715 年在写给德雷蒙的信中，莱布尼茨谈道："从我少年至今，我常对柏拉图的道德哲学感到满意。甚至包括他的形而上学；因为这两门学科相辅相成，如同数学和物理一样。"③ 而柏拉图正义论最突出的思想是强调正义需要智慧，在柏拉图看来，智慧知晓永恒真理，知晓绝对的善，善亦为众神所知并为其所爱，并且因此提供了行动的律则④，莱布尼茨十分赞赏柏拉图对正义的这一观点。对智慧或者说理性知识的重视基于我们的行为道德，依赖于我们的理解这一观念，对宇宙的性质理解得越多，

---

① Leibniz, Patrick Riley edited, *Political Writings*, London: Cambridge University Press, 1972, p. 21.

② ［古希腊］柏拉图：《理想国》，郭斌和、张竹明译，商务印书馆 1986 年版，第 76 页。

③ *Die philosophischen Schriften von Gottlieb Wilhelm Leibniz*, ed. by C. I. Gerhardt, Ⅲ, Hildesheim 1978, p. 637.

④ E. Hamilton, H. Cairns, *Plato: Collected Dialogues*, New York, 1961, p. 687.

我们的行为就越符合道德。理性和知识是能够理解美好及其在和谐与秩序中的客观基础之性质的品质。所以智慧在莱布尼茨那里是非常重要的概念，有着道德的意义。除了智慧，莱布尼茨还将仁爱和慈善看作正义的基础。这与经验主义者的看法完全相反，他们普遍认为，"正义"必须建立在命令或权威当局的权力之上，否则就是不可能实现的，例如霍布斯就主张将"正义"看作纯粹的最高"权力"，采取所有关于正义的法律独断论观点这一通用方法是最好的解决之道。莱布尼茨则认为正义与当权者的"主权"命令毫无关系，它"不依赖于上级的武断的法律，而依赖于存在于上帝和人类中的智慧和至善的永恒规则"①。假如正义仅仅是权力的派生物，那么正义的大小就应该与权力的大小相对应，这显然是荒谬的。所以莱布尼茨认为正义并不是建立在权力的基础上，"正义并不依恃上位者的专制命令，而是仰赖智慧和良善的永恒律则，对人与神都是一样的"。尽管"心灵之特质并不会如物体之特质真实。的确，你不会像看到一匹马那样看见正义，但你并不会因此看不见它，甚至你对它的了解会更清楚些，因为在行动中表现出来的东西并不比直接或间接通过运动表现出来的东西少"②。

在早期的一篇著作里，莱布尼茨宣称"既不是摩西，也不是耶稣基督，也不是耶稣十二使徒，也不是古代的基督徒，来调节正义，而是根据慈善……而且，我也对正义进行了无数次的定义，最后觉得唯独对这个定义感到满意；我发现只有这个定义才是全体通用而彼此互惠的"。③莱布尼茨拒绝用纯粹否定道德的观点定义正义，"以如此这般的方式进行活动的持久意志，因而任何人都没有理由抱怨我们"。正义不仅仅是限制作恶或伤害他人，更为明确的是，使慈善的行为和给他人带来利益成为必然。将自身放在他人的位置上，才可以"判断什么是正当和不正当的正确观点"。仁慈是莱布尼茨正义概念的核心，仁慈预设的不仅仅是对别人的暴力的自制与忍耐，也不仅仅是得到你所应得的，而是一种积极主

---

① *Reflections on Hobbes', Freedom, Necessity and Chance*, in Farrer's edition of the *Theodicy* (New Haven, 1952), p. 403.

② ［德］莱布尼茨：《人类理智新论》，陈修斋译，商务印书馆 1982 年版，第 303 页。

③ Burlamaqui, Jean Jacques, *Elementa Iuris Naturalis*, Acad. ed. Ⅵ, No. 12, p. 481.

动的仁爱。莱布尼茨认为真正的仁慈，能够克服学说间的差别；"仁慈必须优越于世界上所有其他需要考虑的事情"①。"那些将正义贬低至（仅仅是）僵直，并且完全不能理解他人，不能至公仁慈的人，……一言以蔽之，不只是那些想从他人的不幸中谋求利益，幸灾乐祸、损人求荣的人，也包括那些完全不重视促进公益、无视他人不幸的人，并且一般说来是那些表现出他们完全蒙昧和不仁，不论他们做出何等面目自称自赞，却完全不知同情为何物的人。"② 莱布尼茨将仁慈解释为是最通用的仁爱，"明智的人把它与推理的手段相适应而付诸行动，达到获取最伟大善行的目的"③。

莱布尼茨总是根据自愿和理性的行为为上帝和人类构想道德活动，所以正义必须诉诸行动和理性的选择。莱布尼茨年轻时就曾表达过对基督徒的美德"不仅在于谈话和思想，而且在于有实践的思想，即行动"的赞誉，1706 年的一封信中他根据行动的"道德之善或道德之恶"④ 来描述正义与非正义。这意味着尽管有时莱布尼茨确实只使用像数学概念一样精确的和谐、均衡、比例来定义正义，如"永恒的真理是固定而不变的点，万物由此而呈现。这就是古代数学中的数和几何学中的形的真理所在"。就是说秩序与和谐也是某种数，它存在于一定的比例中；正义也只是某种秩序，它能在有关智力创造物的善与恶中被观察到，它遵循上帝这个至高无上的实体，（上帝）永恒地保持着正义和所能观察到的最完美的秩序。⑤ 但无论如何都不能把莱布尼茨的正义简化为柏拉图主义的比例或和谐；和谐也许是正义的结果，但不可能是它的精髓。因为柏拉图的正义思想没有主动的行动在里面；单单的和谐与比例的正义预设了一种审美的被动性，它不能够把基督教的唯意志论考虑进去。在大多的基督教思想里，正义不仅仅是一种关系，而是一种行动；莱布尼茨是读

① *Die Werke von Leibniz*, ed. by O. Klopp Ⅶ. Hannover, 1864 – 1884, p. 296.

② Leibniz, *Textes inédits d'après les manuscrits de la Bibliothèque de Hanovre*, publ. et ann. Par Gaston Grua Ⅱ, Paris, 1948, p. 500.

③ Leibniz, *Philosophical Papers and Letters*, Vol. Ⅱ, Loemker ed., Chicago：The University of Chicago Press, 1956, p. 600.

④ *Die Werke von Leibniz*, ed. by O. Klopp Ⅸ. Hannover, 1864 – 1884, p. 164.

⑤ Leibniz, *Letter to Electress Sophie*, in Textes Inedits, vol. Ⅰ, p. 379.

着经院哲学的书长大的，他意识到了哲学家们如托马斯·阿奎那对正义思想所做的这种转换："现在正义的目标不再指向认知能力的行动，因为我们被告知仅仅通过知道某事的正确是不会达到正义的……但是既然我们被告知仅仅通过做正确的事才能达到正义……正义一定需要在一些（合理性的）迫切的愿望力中。"①

在正义中，尽管智慧和意志归属于不同的能力，但它们必须共同起作用，智慧、理性提供了应当做什么的标准，意志提供了纯粹的道德元素选择。"意志只是源于思想的抗争，或者是为我们的思维所认可的事物去努力奋斗。"② 理性、思维和智慧本身，对于道德行为是不充分的；如果充分的话，理性错误和道德罪恶将同样是不可避免的。意志必须适合理性，必须选择其中最好的。"可以赞同，上帝所意愿（选择）的任何事是善而正义的。但是依然有一个问题，是因为上帝意愿（选择）它，它才是善的和正义的，还是因为它是善的和正义的，上帝才意愿（选择）它；换句话说，正义和善是专断的，还是适应于有关事情本质的必然性和永恒真理，就像数字和比例那样。"③ 莱布尼茨认为一个人必须坚持第二种观点，因为，如果善不是上帝意志的动机，他的决定就仅仅是"某种没有推理的绝对法令"④。这个观点至少可以追溯到柏拉图的《对话：尤西弗罗》。亚里士多德认为慈善是一种习惯或心灵的强烈倾向，来自先天禀赋或反复实践，莱布尼茨赞成这一看法，认为慈善是爱或尊敬的习惯，这就使得自愿的行动成为一种必要。"普遍的仁慈就是仁爱本身。然而对仁爱的热忱得由知识来引导，以便使我们在评估何为至善时不至于有误：既然总的说来智慧是对至善幸福的知识，我们便可通过将正义定义为属于智慧中的仁爱来更好地掌握正义的本质。"⑤ 慈善也必须被智慧所指导和调节，因为智慧可以获得最值得信赖的知识，提供给了人以完

---

① St Thomas Aquinas, *Theologica* Ⅱ Q58, Art. p. 4.

② Leibniz, *Philosophical Papers and Letters*, Vol. Ⅰ, Loemker ed., Chicago：The University of Chicago Press, 1956, p. 556.

③ G. Mollat, *Rechtsphilosophisches aus Leibnizens Ungedruckten Schriften*, Verlag Robolsky, Leipzig, 1885. Meditation, p. 56.

④ On the Philosophy of Descartes, G. M. Duncan（trans.）, *The Philosophical Works of Leibniz*, 2nd ed., New Haven, 1908, p. 3.

⑤ Leibniz, *De Justitia et Novo Codice*, Grua Ⅱ, Paris 1948. p. 621.

善与圆满。在莱布尼茨哲学里，圆满是爱和调节爱的理智的共同的动因所在。在《对最一般的正义概念的沉思》一文中莱布尼茨极力主张，"智慧在理解中，至善在意志中，而正义是两者共同作用的结果。力量是另外一种本质，但它是被加入其中的，把权利转化为行动"[①]。这也是莱布尼茨通常把正义定义为"智慧的慈善"的原因所在，"对正义的合宜对待与慈善的行为是不能分开的"。实际上，智慧和仁爱是相辅相成的，智慧同样需要加以定义，"如果我们说智慧除了是那个幸福的科学而外，不能是别的，我想这将最符合人们关于它的概念。这就使我们再次想起幸福的概念，这里用不着加以解释"[②]。

二　正义的真理性

柏拉图将正义同数学以及几何学的公理联系起来，甚至等同起来，认为它们皆可以被理性所探知，而不是通过经验或现象观察得到的。莱布尼茨对这种观点深以为然，"法律的学说隶属于那些不是来自经验，而是来自定义的学科，他不依据感官，而是理性地演示推理。如我们所说的，法律讨论有关律则而非事件方面的问题。既然正义涉及一定的和谐与相称，那么它的意义就不再是有赖于是否真有人确实秉公行义，或相反地，受到正义的对待。在数字的关系中也是如此。这些学科的命题含有永恒真理并不奇怪"；"数学及法律之类的学科的立足点不是感官与经验，而是来自清晰明了的直观，或是说，来自柏拉图所说的理念，这个词本身表明了指的是区别或者定义。"[③] 莱布尼茨期望"正义"和其他一切真理同样确定无误、可以被推理计算，在所有逻辑上可能的世界中真实有效。实际上，将正义视为永恒真理与莱布尼茨的终身期望建立的普遍科学是有着莫大的关系的，他相信所有谓项都明显地包含在主项之中，所有的复杂命题都可以被还原为最简洁的形式，还原为第一位的、最基本的、最单纯的普遍字符。就像莱布尼茨所希望的那样，如果在永恒的

---

①　Leibniz, *Political Writings*：*Meditation on the Common Concept of Justice*, p. 62.

②　［德］莱布尼茨：《莱布尼茨自然哲学著作选》，祖庆年译，中国社会科学出版社1985年版，第142页。

③　P. Wiener, *Leibniz Selections*, New York, 1951, p. 1.

事物本质里和神性理解力的思想里，正义遵循一定的等式法则和比例法则，并且一点也不比在代数学和几何学中发现得少，那么无疑，基于正义特征的种种差别都能够得到消除。

"在法律科学中，为了使之更彻底、更完整，最好的是从源头处，从神圣处推出人类正义。的确，正义的观念和上帝相关，一点也不少于真和善的概念……共同适合于神性和人类正义的规则一定能够进入（自然法的）科学，也应当在宇宙法学中得到考虑。"[1] 正是由于正义在莱布尼茨那里有着永恒的法则，所以它共同适合于上帝、人类以及更一般的任何理性实体，上帝"一点也不可能通过他的意志来建立它们；但他能够在精神本质中发现它们，上帝遵循它们"[2]。所以上帝正义和人类正义之间的差别只是一个度的问题，不是一个类的问题。上帝的正义只是比人类的正义无限完美罢了，如果上帝的正义不同于人类的正义，就好比说在天堂里人类的算术或几何是错误的一样。[3] 正义属于客观明确的永恒真理范畴，"不管是道德规范自身还是正义的本质，皆不依靠上帝的自由裁定，而是仰赖于永恒真理，这是神圣的智性的认识对象。正义依循许多有关平等与相称的规律，这些规律既可在事物不可改变的天性中被发现，也存在于神圣的理念之中，一如几何和算数中的原理一样。神的正义和人的正义拥有共同的规律，而这些可以简化为系统；它们必将在普遍法理中得到应用与传授"[4]。

传统的正义概念，只是停留在某些因亏欠而感激和因正当而应得的层面，这就不能适用于上帝，上帝不亏欠任何一种道德职责。然而，上帝能够爱，智慧将要展示每一个理性存在物应得到多大程度的爱。既然这种思想同样适用于上帝和人类，它就成为正义思想最完美的根基所在。"理性、虔诚之心和上帝本身都要求我们对他怀有另外一种信念。在他身上的那种与最伟大的慈善联系在一起的智慧，使他在最高的程度上和最大的范围内遵循正义和美德的法则，使他关心一切，尤其关心着他按照

---

① Leibniz, *Opinion on the Principles of Pufendorf*, Dutens Ⅳ, p. 278.

② Revision note for the *Nova Methodus*, Loemker I, p. 556.

③ Rommel, *Letter to Landgraf Ernst of Hesse – Rheinfels*, p. 232.

④ Leibniz, Patrick Riley edited. *Political Writings*. London：Cambridge University Press，1972，p. 66.

自己的形象所创造的理性生命，使他创造出最好的宇宙范例所可能包含着的如此多的幸福和美德。"① 在莱布尼茨那里，上帝不只是一个最初的原因或"想象中的形而上学存在，不能进行思想、意志和行动，而是一个确定的实体，一个人，一种智慧神"②。在上帝那里"有一种力量，它是一切包括知识的源泉，它的内容就是各种各样的思想和最终的意志，他根据充足理由律进行变化和创造"③。于是，上帝就像人一样，有知识、意志和权力，但莱布尼茨想要确证的是正义不是由最后两个孤立的属性演绎推理而成的。上帝将要行动，以一种完美的方式，以行动是知识和意志共同作用的结果这种方式。

三　正义的三个层次

莱布尼茨将正义分为三个层次，从低到高分别是：交换正义中的狭义权利、分配正义中的公平、普遍正义中的虔诚。这些名称都是从亚里士多德的伦理学中借鉴而来的，实际上它们分别指个人的权利、公共的权利和内心的权利。这三个层次"相应地产生了以下三条规则：不伤害任何人，把每个人所有的给予他自己，正直地生活或相当虔诚地生活"④。莱布尼茨注意到在实际生活中，那种与功德严格对应的仁慈将带来最完美的人类正义是很难实现的。因此，他将罗马法的三个主要原则加以修改和应用，形成了上面的三条原则，将正义概念熔铸成为一种明智的仁慈。

1. 个人的权利

莱布尼茨将第一层次的正义称为严格的法则，"起码的权利或狭义的权利，来源于保持和平的需要"。这是正义的最低层次，它假设人都是自私的、利己的，对他人漠不关心，只能在他们本身或他们自己的状态和

---

① ［德］莱布尼茨：《神义论》，朱雁冰译，生活·读书·新知三联书店 2007 年版，第 472页。

② Loemker, *Selections from Pairs*, Notes I, p. 246.

③ ［德］莱布尼茨：《神义论》，朱雁冰译，生活·读书·新知三联书店 2007 年版，第 490页。

④ ［德］莱布尼茨：《莱布尼茨自然哲学著作选》，祖庆年译，中国社会科学出版社 1985年版，第 141 页。

完善中发现快乐。但人和人之间的关系是平等的，一切权利都是相互的，没有人享有多于别人的权利。在这种情况下正义就要求运用外在的力量去阻止人们的彼此伤害、克制暴力，任何人不得侵犯他人的生命、财产和自由。这种合法正义的基础是任何国家成员都不应当受到他人的伤害。没有任何人受到伤害，为了避免处在被伤害的状态，人应当有按照法律进行活动的范围。或者说作为本质意义上的正义是一种爱别人的习惯，是每个人基于内在和自我圆满的理由对正义的追求。

2. 公共的权利

对于莱布尼茨来说，个人的权利十分必要，但不充分。正义的第二个层次狭义上叫作"仁爱"，"分配的正义和要我们把每个人所有的给予他自己的权利的规则应归入此范围"，公共权利给予每个人他所应得的，这构成了正义的主要部分。人作为社会性动物，生活在国家和集体中。为了保证每个人都享有正义的原则而获得平等的权利，人们不得不放弃在自然状态中所享有的平等的权利，而把它交给国家和政府，由后者按照人们的实际不平等的情况加以分配，"国家的政治法律与此有关，这些为国民幸福而起作用的法律，这些通常给那些只具有道德上的权利的人带来幸福的法律，得到了一个法律上的权利，那就是，他们被授予了要求别人应当给予公平待遇的权利"①。这种正义或者说社会道德的基础是对他人的尊重与热爱，并且道德要求我们对所有人做与他们的权利相一致的善事。这一层次的规则是善待其他所有的人，"仁爱则为更多的东西而奋斗，即是每个人都尽可能多地对别人行善，每个人都能通过别人的幸福来增加自己的幸福"，我们因他人的进步和完善，或者说因他人的快乐而快乐。

3. 内心的权利

正义的最高层次被莱布尼茨称为正直或虔诚，指给人们带来永久幸福的，对上帝的完全的德性和自然的义务。前两个层次的正义所追求的"是那些属于世人的幸福，我们应当把生命自身和凡是使生命值得向往的东西从属于别人的巨大的善，使得我们理所当然地为别人而耐心地忍受

---

① ［德］莱布尼茨：《莱布尼茨自然哲学著作选》，祖庆年译，中国社会科学出版社1985年版，第141页。

最大的痛苦"。在这一层次上，正义要求我们正直地生活，或者说虔诚地生活，这"包含了全部其他的德行，这对并不涉及其他任何人的利益的事，也完全适用，例如，当我们践踏我们自己的身体或我们自己的财产时，就超出人类法律的范围，但它们仍然为自然的法律所禁止，那就是，为上帝的王国的永恒律法所禁止"。也就是说，除了前两个层次以外的责任都包含于这一层次之中，因为正义基于如下事实："我们应当把我们自己和我们全部所有的都归功于上帝。"这种正义延伸到了我们的道德生活之外，因此在这一层次上，正义建立在普遍和谐之上，这种和谐存在于上帝统治着不朽的灵魂所组成的共同体。

　　三个层次的正义既互相区别，又彼此联系，统一成一个完整的整体。狭义的权利只是一种预防性的、保护性的正义，要求平等对待每一个人。它指向避免悲惨之事，"在保持和平的需要中，它要有自己的根源（追求）"；仁爱关注的则是每个人的功绩，因而不同的人就不同的对待，趋向于"幸福，这样一种幸福归于我们的道德命运"；尽管正直或虔诚在政治中只是发挥间接调节性的作用，但是它保证了更广泛意义上的人类行动之善，"虽然道德的尊严和荣耀以及由德行带来的我们心灵的喜悦的感觉——哲学家们将它命名为'正直'，肯定都是思想或精神的善良品德，而且也的确是巨大的善，但由于并不是所有的人都一样地为想象所激动，因而，它们不能用以去说服一切人，也不能用以去克服一切罪恶的刻毒，尤其是对那些经过通才教育，高尚的生活方式的训练，仍然未能逐渐习惯于荣誉感或鉴赏心灵的善良品德的人"。拥有对神圣正义的敬畏，才会按照他们应当做的那样去行动。就像莱布尼茨的哲学体系中处处表现出来的倾向一样，他的正义理论的一个最重要的方面之一，就是责任、仁爱和正直之间是一个整体，不存在明显的断裂。对于莱布尼茨来说，没有那种对于别人的"完美"与"不完美"责任之间的分别。

　　正义在莱布尼茨那里是一个连续体，无论是在最低级实体和最高级的上帝之间，还是在生命诞生之初和死亡的结束之间，抑或是在物体的静止和运动之间，存在的都是没有断痕、没有间隔的连续体，就像在拒绝伤害和做善事之间的情形是连续的一样。如果一个人同意不应去做伤害之事，那就很难拒绝应当去做善事，"一个人作恶事或者拒绝做善事是一个度的问题"。当一个人倾向于选择正义时，他会尽力为每个人促成善果，以尽其所能的，理智的方式，但与每一个人的需要和功德相一致：甚至当一个人有时被迫惩罚罪恶的人时，它是为了整体的善。莱布尼茨很粗略地得出了与康德一致的实践结论：如果人类不排除自己，他们就会同意同一个规则。这就是他所极力主张的"别人的位置"是最可靠的观点的原因，根据这种可靠观点人们做出道德与政治的判断；"如果我们站在别人的位置上，我们所发现每一件非正义的事情，一定会使我们去怀疑非正义……这个原则的意思是：不要做你不喜欢强加于你的事，或不要轻易地拒绝其他人将不会拒绝你的事"①。莱布尼茨这一思想和孔子所说的"己所不欲，勿施于人"，"己欲立而立人，己欲达而达人"是一致的，期望通过仁爱达到推己及人的效果。

莱布尼茨通过与正义的三个层次相联系而看待私人财产，尽管这与他追求的完美并不完全一致。他认为没有一点儿私人财产是最好的，但这样苛刻的状态是很难达到的。社会通过三样东西团结在一起，即友谊、正义和勇敢。"如果就我们所看到的，第一个（即友谊）使商品成为普遍（的价值），那么第二个将是无用的，如果人类没有出于正义的如此的热忱，那么就不需要勇敢来保卫国家。"但是，人的天性决定了社会不可能仅仅建立在友谊的基础上。因此，私人财产和政治的威压就显得尤为必要。在莱布尼茨看来，在完美的国度中，"所有的物品都应当是公共财产"，而且应当被公开地分配给私人。不幸的是，没有任何一个通达的个体愿意过类似修道院般的艰苦生活，也不存在拥有完全正义的行政官员。这样的结果是必须允许个体为自己持有私有财产，尽管公共仁爱要求实际上每一个人都不应从需求中受苦。在莱布尼茨看来，这个决定一旦被确定下来，私人财产就必须被认为受到严格的保障。因此，就私人财产的层面而言，人应当受到公平对待，这并不是指所有人都应该得到同样的东西的概念，而是指人人都有平等的权利来保持他们所拥有的或所能得到的概念。在功绩和德行基础上的财产再分配将是危险而困难的；这种再分配将导致对个体权利的侵害。因而，仁爱的原则单纯适用于政府所拥有的安排用于分配的商品领域或者私人出于仁爱之心希望分配的商

---

① Leibniz, Patrick Riley edited. *Political Writings*. London：Cambridge University Press，1972，p. 20.

品。这样，莱布尼茨正义理论中潜在激进主义性质在社会中得到了缓和：平均主义受到禁止，只有政府慷慨行为的普遍扩展得到认可。

第三节　真正的幸福

一　对上帝和他人之爱

实际上，"爱"是基督教对"正义"这个问题的回答，因为"对上帝缺乏真正的爱的人，是不会坚持正义的"[1]。"爱不是别的，也就是到对象的完满性或幸福中去发现快乐。……这种爱完全以实体具有获得幸福的能力作为它的目标。"[2] 当爱成为一种习惯时，就变成了仁慈；当仁慈被智慧所调节时，得到的结果就是正义。莱布尼茨对爱的定义是从道德的角度出发的，与对上帝的爱直接有关。莱布尼茨认为真正的虔诚不仅在于畏惧上帝，而且还在于要超越一切地去爱上帝，"真正的虔敬，甚至真正的幸福感便在于对上帝的爱"。爱上帝是基督耶稣的核心福音，"由于上帝是最完满和最幸福的，因而是实体中最值得爱戴的"。对上帝的爱会给人以莫大的幸福，这个值得爱的存在自身必然具有最高的完善性，因此它给我们提供的愉快一定是最完美的愉快。不仅如此，这种爱还将人与"将一切与作为中心的"上帝联系起来，而使人性转变为了神性，人有能力热爱上帝，并认识和模仿上帝的创造。

一个人能够感觉到的最大幸福是爱上帝，因为上帝是最幸福和最完美的存在者，尽管"上帝不能为我们的外部感官所察觉，他仍然非常值得爱戴，并且他给我们非常大的快乐。我们知道他给予人类多么大量的快乐的荣耀，尽管这些荣耀完全不存在于外部感官的诸特性之中，"因为"没有比上帝更完美的事物，也没有什么比他更能引起我们的爱。爱他是满足于对其完美的思考。这并不难，因为我们在自己身上就找到了这些

---

① Siehe Pellissons Erwiderung, *Paul Pellisson – Fontanier an Marie de Brinon für Leibniz*, 1690, VI, p. 83.

② ［英］罗素：《对莱布尼茨哲学的批评性解释》，段德智、张传有、陈家琪译，商务印书馆 2000 年版，第 581 页。

理念。上帝的完美就在我们的灵魂中；我们有些能力、知识和良善，他则完整地拥有全部。秩序、对称和和谐使我们愉悦；绘画和音乐是秩序与和谐的样本；上帝是完满的秩序；他总是保持对称的真理，他使得宇宙和谐；所有的美善都是他的光华中的一缕光流。"① 在这里莱布尼茨所意旨对上帝的爱已经不再是传统基督教的含义，相反更多的是对理性、知识的一种追求，甚至在我们自己身上就能找到这些。因为人作为上帝的创造物，我们本身体现着上帝的完美，只是在程度上不同而已。依照莱布尼茨的观点，爱就是在他者的完善中找到自己的幸福，"但神的爱胜过其他一切的爱，因为爱上帝会带来最幸福的结果，因为没有任何事物能被设想得比上帝更幸福、更美好，和更值得享受幸福。而且，既然他拥有至高无上的权力和智慧，他的幸福不仅成为我们的幸福的一部分（如果我们是聪明的，亦即如果我们爱他的话），而且还构成了他"②。这意味着通过认识上帝的完善，我们对上帝之爱就会理所应当地产生那种为所爱对象的完美而感到尽可能多的喜悦，得到最幸福的结果，因为最大的喜悦来自对极致完善和美好的喜爱与欣赏，而通过爱他而感觉到的快乐和幸福，将是"能够存在的最大的快乐和最持久的快乐"。

　　对上帝之爱不能是自专的，莱布尼茨无法想象那种只着眼于自身利益的人还可以做到真正地爱上帝，"不爱他人也能够做到虔诚，不爱上帝也能够敬畏上帝：这是可信的吗？抑或人们是否认为，不服务于他人也能够爱他人，不知上帝也能够爱上帝？……后来人们却发现，他们对于上帝的完美性确知之甚微"③。莱布尼茨在很多著作中声称"贡献于公众的善德与贡献于上帝的荣耀是同一个事情"④，对上帝之爱的试金石就是圣·约翰所给予我们的："当我看到一个人对总体公众的善有真正的热情

----

① ［德］莱布尼茨：《神义论》，朱雁冰译，生活·读书·新知三联书店 2007 年版，第 86页。

② ［德］莱布尼茨：《莱布尼茨自然哲学著作选》，祖庆年译，中国社会科学出版社 1985年版，第 141 页。

③ ［德］莱布尼茨：《神义论》，朱雁冰译，生活·读书·新知三联书店 2007 年版，第 6页。

④ Mollat, *De Tribus Juris Naturae et Gentium Gradibus*, p. 13.

时，他就离上帝之爱不远了。"① 人类的幸福是一个逐渐上升的阶梯，接近最顶端的，恰恰正处于上帝之爱的下面，正是对他人之爱，"如果一个人不爱他的邻居（他是看得见的），那么他就不能爱上帝（他是看不见的）"。爱上帝就必须爱全人类，并且是脚踏实地致力于为众人的幸福做出努力，尽心尽力地维护他人。对他人之爱"只是在康乐、完美和其他人的幸福中寻找一个人的快乐（我讲的快乐不是指效用和利益）；因此，尽管爱是无私的，然而它从来没有和我们的兴趣相分离，快乐是我们兴趣的最本质的部分"②。

莱布尼茨承认存在那种纯粹的、无私的爱，那就是"既摆脱了期望，也摆脱了恐惧，更摆脱了对利害关系的一切考虑"的爱。然而，这种爱对于他来说并不是自我主义的对立物，因为它要求我们把他人的利益作为自身利益的一部分，把他人的幸福作为自身的幸福。"爱既是对他人的幸福感到喜乐，而对他人幸福的喜悦同时也会使得我们幸福，因为使我们喜悦之事物是因其自身美好而被希望得到的。"③ 爱是一种心灵的状态，"给我们快乐的东西，为了它们自己的缘故而被追求。当美的东西能令人感到幸福时，对美的感受也就变成真正的爱"。如果我们爱某物，我们就在其完善中直接获得自身的幸福。因此，当我们由于其自身缘故而爱某物时，我们就在其中直接获得幸福，而不是因为其他某物的缘故。"期望它自身的，作为（至少）部分地构成我们的期望的目标，和作为某种进入我们自己的幸运之中的东西。"④ 莱布尼茨相信，如果一个人尽力把别人的幸福当成自己的幸福，不仅普通的生活会变得更幸福，而且像经过改革后基督教界的分裂这样的灾难也会得到愈合。在 1707 年给汉斯科（Hansch）的一封信中，莱布尼茨写道："既然神圣的幸福是所有的完美的汇合，快乐是完美的情感，那么便可得出，一个被创造的心智的真正

---

① Leibniz, Patrick Riley edited, *Political Writings*, London：Cambridge University Press, 1972, p. 18.

② ［德］莱布尼茨：《莱布尼茨自然哲学著作选》，祖庆年译，中国社会科学出版社 1985 年版，第 137 页。

③ Leibniz, Patrick Riley edited, *Political Writings*, London：Cambridge University Press, 1972, p. 118.

④ ［美］汤姆森：《莱布尼茨》，李素霞、杨富斌译，中华书局 2014 年版，第 89 页。

的幸福是在神圣幸福的含义中。"① 这并不意味着莱布尼茨求助于一个世界精神，他也不赞成斯宾诺莎解释成"单纯的宇宙精神"②。对莱布尼茨来说，人作为理性的实体是自主的，他相信人的理性决定了人不会做出与善的道德相反的事情，一个善良的人是"那个在理性容许的范围内爱一切人的人"。他们对别人的爱一定是他们自己的更高级的快乐的延伸。人需要的是一种自我的扩展，而不是自我的否定。从莱布尼茨的思想中，我们可以推出这样的结论：为他人幸福而工作是一种责任，因为这对于善良的人是必然的。我们的选择应当是能产生最大量的善，而这又必须通过计算来决定，这一切都依赖于理性的智慧、科学。

"人们通过履行他的义务，通过听命于理性认识而完成着最高理性的指令，人们使他们的一切意图都针对与上帝的荣耀并无二致的公共福祉；人们发现，没有什么东西比公共性利益联姻更符合自己的利益了，人们因乐于推进他人之所长而使自己本身得到最大满足。不论人们取得成功还是一无建树，只要他们听从上帝的意志并明白他们所要求是最好者，他们便对所发生的一切感到满足。还在他通过事件宣示他的意志之前，人们便在努力投合他的意志，因为人们在做着表象上最符合他的规定的事。假如我们处在这样一种精神状态，我们便不致因失败而气馁，我们只能痛惜自己的失误；一些人的忘恩负义行为也不会使我们怠慢我们以造福人为目的的活动。我们对他人之爱是恭顺而又充满谦虚精神的，不会是教训式的：既注意到我们的错误，也看到他人的长处，我们任何时候都乐于以批判的目光评价我们的行动，谅解和改正他人的行动；我们之所以如此做是为了使我们臻于完美而又不致使他人蒙受不公。世上不存在没有对他人之爱的虔诚，人们没有助人为乐和乐善好施的精神便不可能表现出对上帝的真诚崇敬。"③ 这里，爱不再是柏拉图式的激情与和谐，而是非常接近保罗的思想，保罗说爱是不自夸并且不张狂。除了对自身之爱，莱布尼茨将对上帝之爱切实地体现于真正的社会生活中，爱

① Leibniz, Patrick Riley edited, *Political Writings*, London: Cambridge University Press, 1972, p. 18.

② *Mantissa to the Codex Iuris Gentium Praefatio*, Loemker Ⅱ, p. 696.

③ ［德］莱布尼茨：《神义论》，朱雁冰译，生活·读书·新知三联书店 2007 年版，第6页。

不是虚幻缥缈的，而是为他人的幸福而幸福，类似于中国古代"老吾老，以及人之老；幼吾幼，以及人之幼"的思想。这种类似于基督教的博爱思想其实是体现了莱布尼茨的平等的世界观，他总是目光长远地关注他人的利益。尽管"善良的天性、良好的教育，与诚笃和道德高尚的人的交往能够在极大程度上将我们的灵魂置于这种美好状态"。但在莱布尼茨看来，最能够使我们爱上帝的原则是对上帝的模仿，他更看重的是人，这一"小上帝"的行为。

二　理性的幸福

莱布尼茨认为快乐是一种完美的知识或情感，不仅仅存在我们自己的心中，而且也存在别人的心中，通过这种方式，更进一步的完美就会在我们心中唤醒。而幸福是快乐的一种持久和理性状态。"真正的幸福应该永远是我们欲望的目标，但它是否这样是有怀疑的余地的。"因为人的欲望倾向于现世的快乐，而并非长久的幸福，"除非欲望是受理性的引导，它是趋向当前的快乐而不是趋向幸福即持久的快乐的"；"人们想走最短的路就可能不是走在正路上"，人的欲望"就像一块石头的趋向似的，它采取笔直的，但并不始终是最好的路线落向地球中心。并不能预先见到它会碰上岩石并把自己撞得粉碎，而如果它有心灵并有办法转弯，是会更好地接近它的目标的。我们也就是这样，笔直地走向当前的快乐而有时就掉进了悲惨的深渊"[1]。所以，当快乐造成某种伤害、不幸时，或阻止获得更好的而且更持久的幸福时，就放弃或节制快乐，否则失去心灵的指引的欲望就很可能使人掉进深渊。理性在这其中至关重要，会"使灵魂充满一种合理欢乐和一种伴随着光明的快乐"。但他也承认，"在有一些情况下，没有办法来证明最正直的就是最有用的。因此只有对上帝和灵魂不死的考虑，才使得德性和正义的义务成为绝对不可避免的"[2]。莱布尼茨也注意到许多人并非不清楚灵魂不死、上帝正义、天堂与地狱，但他们还是贪恋短暂的快乐，而不追求真正的幸福。莱布尼茨认为原因在于"这部分是由于人们常常很少深信；而他们虽然口头这样说，却有

---

① ［德］莱布尼茨：《人类理智新论》，陈修斋译，商务印书馆1982年版，第181—182页。
② ［德］莱布尼茨：《人类理智新论》，陈修斋译，商务印书馆1982年版，第197页。

一种隐藏的不信支配着他们的灵魂深处；因为他们从来没有理解那些证实了灵魂不死的正确理由，灵魂不死是和上帝的正义相配称的，它是真的宗教的基础。或者是他们已不再记得曾有过这种理解，可是，要深信就必须有这种理解，或记得有过这种理解。其实甚至很少人想着如真的宗教和甚至真的理性所教人那样的来世是可能的，也远远不是把它设想为概然的，更不必说是确实的了"①。简而言之，失去理性的快乐不是真正的幸福，只有按照理性的原则，认识到真理的时候，人才可以摆脱罪恶、崇尚美德，得到最终的拯救，得到真正的那种幸福。

莱布尼茨对快乐、幸福的定义是和其"完美"的思想紧密关联的，道德的完美是与精神相关联的肉体的完美。完美对于莱布尼茨的体系是很重要的，"形而上学的顶点和伦理学顶点通过上帝的'完美'而融为一体"。本质以它的完美性程度要求自己的存在，"在所有可能性之间有一种斗争，它们都要求（实现）存在，……那些自身统一，展示出最大的真实性，最大完美性的事物，将会到达这一天（实现存在）"。莱布尼茨的心理学也建立在完美基础上，快乐是一种完美的感情，是精神向更高程度的活动的过渡；而负面的悲伤是一种不完美的感情，使这种过渡受到挫折。向完美的过渡在于认识知觉清晰程度的不断增长，因而明智的人在道德和形而上学的方面都比愚笨的人要更好，随之而来的便是快乐与幸福。"行为的动力来源于趋向完美的抗争，完美的意义就是快乐，没有完美作基础，就不会有任何的行动和意志。"② 完美给人以快乐，对其他人的爱，被完美所要求的最值得的内容所调节时，正义也便是一种快乐。"施爱与珍惜将会满心欢喜于被爱与完美的幸福"，在使他们的目标完美和仁慈的意义上，每一个人都将爱其他的理智存在。

三 幸福的路径：科学

莱布尼茨继承了自培根（Balou）以来一贯的思想，发展其"知识就是力量"的观点，认为只有通过科学知识才可以获得幸福，"科学的最终

---

① ［德］莱布尼茨：《人类理智新论》，陈修斋译，商务印书馆1982年版，第182—183页。
② Leibniz, Patrick Riley edited, *Political Writings*, London：Cambridge University Press, 1972, p. 17.

目的在于人类的幸福，这是一种持续的快乐，人们不会空虚度日……而是在共同的福利下和谐劳作"。他认为幸福或者存在于灵魂的完善中，或者存在于肉体的安康中。而科学原理"是指通过某些努力和某些少量应用，就足以使我们得出我们所需要的任何结论的所有基本的真理。……指那些有助于心灵去规范举止，去过正直生活，在任何地方（即为野蛮人所包围）保有自己的健康，精通我们所需要的任何事物"①。可以通过两种方式达到幸福的目的：一种是理论性的自然科学，通过检验知识的方法而得到保证，它服务于人的心灵完善；另一种是实验性自然科学，通过扩大知识的方法以经验科学及其实际应用为基础，它帮助人们"保护和保养作为灵魂的工具的肉体，这是通过我们为肉体促进有益的事物和消除有害的事物来实现的"。唯有通过科学知识，"心灵的奥秘才得以揭示，通向幸福之路才得以铺设"。实际上，这也是经过文艺复兴运动以后，整个欧洲新兴资产阶级发展科学的目的。

受苏格拉底的影响，莱布尼茨相信道德的完善取决于科学知识的掌握程度。他认为人类的道德与事实本身无关，而存在于我们的判断中，存在于人的理性中，"虽然传统、习惯和教育有助于发展心灵的这类倾向（指道德），这类倾向终归植根于人性本身之中"。道德的必要性"要求去遵循完美智慧的规则"。在 1690 年《致阿尔诺的信》中莱布尼茨给"智慧"下的定义是："智慧是关于幸福之科学，或关于达到永久满意的方法之科学"；"所谓永久的满意，就是继续不断地越来越得到更大的完全。"② 智慧是关于幸福的科学，是位于其他事物之上的第一位的必须被研究的内容。完美智慧的原则也就是最佳的理性原则，而科学知识的发展会促进理性的认识，只有理性才能具有道德知识，良善的人才能按照这一原则，选择理性生活，获得心灵的宁静。莱布尼茨认为既然幸福在于心灵的宁静，而心灵的持久的宁静依据我们对未来的信心，信心建立在我们应有的关于上帝和灵魂的本性的科学基础之上，因此可以断定说，为了真正的幸福科学和知识是必需的。这意味着科学知识的累积增加会

---

① ［德］莱布尼茨：《莱布尼茨自然哲学著作选》，祖庆年译，中国社会科学出版社 1985 年版，第 4 页。

② ［德］莱布尼茨：《形而上学序论》，陈德荣译，商务印书馆 1996 年版，第 344 页。

提高道德的完善程度，道德的价值判断也被放到了知识的范围之内，道德的完善与人的科学知识直接关联。"我曾经说过，人们必须将冷静认识与激情结合起来，理智的完美必然促成意志的完美。道德行为像恶劣行为一样，可能纯粹是习惯的结果，可能是人们的兴趣所使然；但是，一旦道德为理性所引导并与作为事物最高理性的上帝联系起来，他便立于认识之上了。"① 实际上，在莱布尼茨那里，道德与科学知识是相互影响、相互作用的。一方面，科学知识的发展会带来道德完善；另一方面，科学的发展依赖于良好的社会环境。而欧洲当时的情况是连年战火纷飞，人与人之间以及宗教各派之间的斗争和战争影响与阻碍了科学的发展。这是莱布尼茨投身科学的现实原因，他期望通过科学的发展塑造良好的道德氛围，人与人之间可以彼此善待，相互容忍，遵循共同的理性精神从而和平相处。所以，莱布尼茨尽自己最大的可能去研究科学的奥秘，认为这是造福人类的最好办法。

17、18 世纪欧洲到处弥漫着重商主义，而莱布尼茨的祖国德国，更是由于"三十年战争"受到了严重的损伤，远远落后于其他的欧洲国家。在莱布尼茨那里科学似乎是万能的，他寄希望于科学可以带来和平的同时，也期望通过发展科学，增加国家的经济实力，改善人民的生活。按照莱布尼茨的观点，掌握有用的科学知识是有价值的。但是何为有用呢？这个问题在巴洛克时代的意义并不亚于今天。莱布尼茨不满足"以认识自然为最高宗旨的，为科学而科学的科学"。在 1680 年左右完成的《新物理学思考》这部纲领性著作中，莱布尼茨一开始就强调了自然科学的有用性。他反对亚里士多德科学仅仅是为了满足人的好奇心的观点。莱布尼茨认为科学必须以有用性为准则，而有用性在于通过科学可以获得和增加自己的幸福生活，他的信条是：科学为生活而存在。以科学的有用性为准则的态度，看起来似乎会导致一种庸俗的功利主义。但是，需要注意的是，莱布尼茨着眼的科学有用性绝不仅仅是为了个人或少数人的利益，他始终追求的都是人类的共同幸福。在给科学院的呈文中莱布尼茨写道："不应研究仅仅是稀奇古怪的东西或满足单纯的求知欲望，不

---

① ［德］莱布尼茨：《神义论》，朱雁冰译，生活·读书·新知三联书店 2007 年版，第 6 页。

应进行无益的试验，或者满足于仅仅发明有价值的东西而不管应用或开发。"因为科学的实际应用"提供生活的多种方便，对各种境况应用（科学原理）的技术，恰当的判断或推理的艺术、发现尚未了解的真理的技术，以及在一瞬间和必要时唤起人们识别能力的技术"。所以"应从一开始就使工作和科学面向应用。这就是说，其目的是理论与实践的统一，不仅要改善艺术和科学，而且要改善国家和民众、家庭作业、手工制造和商业，即总而言之要改善食品"①。

第四节　理想的国家

一　上帝之城

中世纪基督教神学家奥古斯丁最先提出了"上帝之城"这一概念，在《上帝之城》著作中他写道："爱自己并进而藐视上帝者组成地上之城，爱上帝并进而藐视自己者组成天上之城。"② 奥古斯丁所强调的上帝之城是人作为共同体向往的理想目标，唯有在末日审判之时才得以实现，也就是属于彼岸世界。而莱布尼茨的"上帝之城"则属于此岸世界，建立在"精神"的基础之上，"一切精神总合起来应当组成上帝的城邦，亦即最完善的君王统治之下的尽可能最完善的国家。这个上帝的城邦，这个真正普通的王国，乃是自然世界中的一个道德世界，乃是上帝的作品中最崇高和最神圣的部分。就是在这个王国中真正包含着上帝的荣耀，因为如果上帝的伟大和善不为精神所认识和崇拜，就根本没有上帝的荣耀可言"③。上帝和人类共同存在于这个社会或宇宙全体的精神共和国里，这是"宇宙中最高贵的部分"，是一个在物质自然界中居于其顶端的道德王国，在这个道德王国中，"一个共同权力同样适用于上帝和人类的王国"。

精神与普通灵魂不同，"一般的灵魂是反映创造物的宇宙的活的镜

---

① ［德］哈特科普夫：《莱布尼茨和柏林科学院的建立》，转引自《科学学译丛》1990 年第 5 期。

② 赵敦华：《西方哲学通史》（第一卷），北京大学出版社 1996 年版，第 401 页。

③ ［英］沃尔夫：《十六、十七世纪科学、技术和哲学史》（上），周昌忠等译，商务印书馆 1984 年版，第 86 页。

子，而精神则又是神本身或自然创造主本身的形象，能够认识宇宙的体系，并能凭借建筑模型而模仿宇宙体系的若干点"①。上帝的精神是所有实体中最完善的存在，"我们不仅必须把上帝看作是所有实体和所有存在的本原和原因，而且必须把上帝看作是最完善之城或国家的绝对君主。由所有精神一起构成的宇宙就是这样的国家，上帝自己不仅是所有存在之中最伟大的存在，而且是所有精神之中最完善的精神"②。人则由于拥有精神而与上帝相似，"这种精神的本性如此高尚，以至于它们在单纯的创造物可能达到的程度上密切地接近神性，这种本性造成了这样的情况，即上帝从它那里比从所有其他存在那里得到了多至无限的光荣，或者不如说，对于使上帝光荣来说，其他的存在不过是给精神装备的物质"。因为这个原因，"使精神能够以一种方式与上帝发生社会关系，上帝对于精神的关系，不仅是一个发明家对于他的机器的关系（如同上帝对其他创造物的关系），而且是一位君主对他的臣民的关系，甚至是一个父亲对他的子女的关系"③。人成为上帝之城的成员，"所有的精神，无论是人类的还是天使的，凭借理性和永恒真理与上帝形成了一种伙伴关系，而成为上帝之城的成员。那就是说，成为由最伟大、最完善的君主建立和统治的最完善国家的成员"④。

在上帝之城中，莱布尼茨再次将人的地位提升，人与上帝只有程度上的差别，而没有种类上的差别。"我们不仅是被自然的创造者所创造的自然机器，我们也是天国君主的臣民。因此我们具有纯粹动物所没有的各种特权和职责，而正是这些东西最终构成了我们人类的身份。"⑤ 人作为上帝之城的成员，也具有了类似的神性，上帝根据不同于自然法则的精神法则统治它们，绝不会有善良的行为不受报偿，也不会有邪恶的行

① ［英］罗素：《对莱布尼茨哲学的批评性解释》，段德智、张传有、陈家琪译，商务印书馆 2000 年版，第 380 页。

② Leibniz, *Discourse on Metaphysics and Related Writings*（ed. and tr. by R. N. D. Martin & Stuart Brown），Manchester and New York：Manchester University Press，1988，p. 35.

③ ［英］罗素：《对莱布尼茨哲学的批评性解释》，段德智、张传有、陈家琪译，商务印书馆 2000 年版，第 380 页。

④ ［德］莱布尼茨：《莱布尼茨自然哲学著作选》，祖庆年译，中国社会科学出版社 1985 年版，第 135 页。

⑤ ［英］罗斯：《莱布尼茨》，张传友译，中国社会科学出版社 1987 版，第 154 页。

为不受惩罚，一切都应当为了善人的福利而造成，亦即为了那些在这个伟大的国家中毫无不满的人，尽责而后听任天命的人，适如其分地爱戴和模仿全善的创世主、遵从真正的纯爱的天性而在观照上帝的完满性中怡然自得的人，"上帝之城"是可能加以提倡的最完美的国家；在那里，占主导地位是按照最好者之律法所可能达到的美德和幸福。上帝之城的最高法则和终极目的是，使所有的臣民获得最大可能的幸福，"这种考虑是可贵的，即幸福和他的帝国的繁荣状态，那就是他的居民的最大可能的福利，成为他的最高法则"。一切事物存在的意义只在于帮助实现爱上帝的人们的善或价值，"幸福，对人来说，就是对存在物来说的完满的东西。如果物理世界存在的第一原则是那条给它提供尽可能多的完满性的命令的话，则作为宇宙最高尚部分的道德世界或上帝之城的第一项计划，就必定是通过它来分配尽可能大的幸福"①。

上帝之城的成员或者说人只有爱上帝、模仿上帝才能获得幸福，才能获得美德或善。"既然上帝同时是正义的和最仁慈的君主，并且只要求一种善良意志（假如它是真诚的、认真的），他的臣民就不能欲求一种更好的状态。要使他们完全幸福，上帝只要求他们爱他。"② 上帝"由于他的智慧，谁也不能欺骗他，由于他的权力，谁也不能躲开他。这个君主是如此值得爱戴，以致人人都把侍奉这样的主人当作福分。因此，正像基督所教导的，凡为他丧掉生命的，必得着生命。在宇宙的国度里，没有任何东西会受到漠视"③。因为上帝的爱能够使我们享受到"未来幸福的预尝的乐趣"。我们对上帝的爱是无私的，并且它自身构成我们的最大的善和利益。"尽管我们在它里面找不到这些，我们只会考虑它给予我们的快乐，而不管它所产生的效益，因为它给予我们对我们的创造者和主人的善的完全的信心，从其中产生心灵真正的宁静，这并不象斯多葛派那样的情况，这些人强制地约束他们自己去忍耐，但是通过一个当前的

---

① ［英］罗素：《对莱布尼茨哲学的批评性解释》，段德智、张传有、陈家琪译，商务印书馆 2000 年版，第 379 页。

② Leibniz, *Discourse on Metaphysics and Related Writings* (ed. and tr. by R. N. D. Martin & Stuart Brown), Manchester and New York: Manchester University Press, 1988, p. 36.

③ ［德］莱布尼茨：《莱布尼茨自然哲学著作选》，祖庆年译，中国社会科学出版社 1985 年版，第 141 页。

满足，同样会保证我们有一个未来的幸福。除了当前的快乐外，没有任何东西能对未来更有益处，因为上帝的爱也满足我们的希望和指引我们通向最高幸福之路，因为由于在宇宙里所建立的完全的秩序，一切都用最好的可能的方式来完成，既为了全体的善，也为了那些相信它和对神的政府心满意足的人的最大的个人的善，这个信念，虽那些已经认识如何去爱全部的善的源泉的人是不能缺少的。确实，最高幸福，无论它和哪一种至福直观或上帝的知识伴随在一起，决不可能是完全的，因为，既然上帝是无限的，他就不可能被全部认识。因而我们的幸福决不会，也不应该在于愉快，这将使我们安于现状和精神迟钝，但它必须在于向新的快乐和新的完满不断地前进。"①

二 国家的统治

在莱布尼茨那里，没有什么比仁爱和理性更重要的了。关于由智慧调节仁慈的正义学说，在他的政府的统治理论中得到了很好的贯彻：一个正义的政治秩序需要仁爱和理智。这样的社会的正义将是最精确的、可能最接近自然状态的摹本。"一个政治家，应该是个具有向善意志的、无畏的、正义的、可敬的人，好人应该具有同情心的伟大情操，其中包括正义和仁爱，并且应该全力以赴地为自己的义务做出奉献。"② 如果最优秀、最智慧的人不进行统治，那将是不正义的。莱布尼茨赞同柏拉图的政治主张，强调"依循天性，则政府应由最具智慧之士来领导"。如果让意志取代理智，完全是一个暴君的信条。③ 如果意志是最高的，有多少种专断的命令就会有多少种类型的正义。如果上帝的正义是由命令而生，也就没有理由去颂扬他。"如果一个人做恰好相反的事情同样会受到表扬的话，那么仅仅根据他所做的事情为什么就应受到表扬？如果只剩下一个十足的专制政权，如果意志取代了理智，如果只是按照暴君的定义，通过这种特别的论据，能取悦最高权力的就是正义的话，那么正义和智

---

① ［德］莱布尼茨：《莱布尼茨自然哲学著作选》，祖庆年译，中国社会科学出版社 1985年版，第 137 页。

② *Lettre sur l'education d'un prince*，Ⅳ，p. 542.

③ Mollat，*Meditation sur la notion commune de la justice*，p. 56.

慧的位置又在哪里呢?"① 或者说莱布尼茨是将国家的统治寄希望于理性、智慧和知识,拥有这样美德的统治者才会给国家、社会和人民带来幸福和完满。因此,在莱布尼茨的理论中,理性是无处不在而又无所不能的。

与那些着重强调人权,把政府作为保护天赋人权的司法的权威的自由主义者不同,莱布尼茨始终强调的都是仁慈、福利和人类的整体提升,"最伟大、最有灵效的而且切实可行的增加人类总体福利的方法……就是,当启迪他们时,使他们转向善时,把他们从令人烦恼的琐碎的贫穷、失业、流通混乱中解脱出来时,劝说伟大的君王和他们的重要大臣付出非一般的努力去获得伟大的善,把我们的时间用于享受我们的优点,如果没有这种非凡的努力,这些优点将会留存于远方的后代"②。对公众利益的重视是莱布尼茨政治理论发展的里程碑。他宣称:"对社会用的东西,公众的善是至高无上的法则——然而,社会不是某些人的社会,不是某个特殊民族的社会,而是所有那些作为上帝之城的一部分的人的社会。"③ 洛克试图证明,作为一个合法的权威机构,国家是为了保护自然权力并通过社会契约而形成的。与此相反,莱布尼茨认为,国家不依赖它的起源。使得国家的形成成为正当的原因是,它能促进公共的善,是"整体的生命和共同的善"。所以善良而明智应当进行统治的人,将毕生的精力奉献给公共福利事业,不仅仅是为了阻止悲惨的生活,更重要的是为了促进人民在物质生活、知识、道德等方面的全面提升。"政治的目的,除了美德以外,就是保持物质的丰富充裕,这样人们将会以更好的条件,为了那些坚实的知识的目标,共同一致地去工作,这坚实的知识目标将使至高无上的创造者受到钦慕和爱戴。"④ 国家的"政府部门、法院和金融事务的负责部门促进高级工程师、矿业官员、建筑师、造币厂厂长和其他部门领导,在他们各自的管理中遵从这些指导原则,也就是

---

① Leibniz, Patrick Riley edited, *Political Writings*, London: Cambridge University Press, 1972, p. 6.

② *Grundriss der Geschichte des neutestamentlichen Kanons*, A. Foucher de Careil, Euvres de Leibniz, Didot Freres, Ⅶ, Paris, 1859 – 75, p. 31.

③ [美] 汤姆森:《莱布尼茨》,李素霞、杨富斌译,中华书局 2014 年版,第 96 页。

④ Leibniz, Patrick Riley edited, *Political Writings*, London: Cambridge University Press, 1972, p. 25.

健康委员会、行政管理部门和其他类似建筑、采矿、航海等部门成为一个整体"，致力解决"健康、食品、稽查、商业、建筑、货币系统、制造业、工业，以及火、水、林业、税收体系的规章，也就是所有需要普遍处理的关于人文和自然的问题"①。

　　莱布尼茨认为理性和权力之间的和谐不仅是美和正义的基础，而且是政治才能的基础，"如果权力大于理智，占有它的人要么是一只一点也不会使用它的羔羊，要么是一个不能恰当地使用它的狼或暴君"②。另一方面，"那些上帝给予理智而没有权力的人……有权利成为顾问"，而那些只有权力的人"一定要耐心聆听，不要把好的建议当成耳旁风"。他不赞同霍布斯在权力和理性之间所做的那种区分。在政治上最理想的当然是权力和理智结合在一个人身上，"上帝在很高的层次上，同时给予他们理智和权力的那些人，是上帝创造的英雄，他们作为主要的手段，是上帝意志的推进者"③。道德家和政治家作为"公共福利的管理者"，他们"不仅要为发现蕴含于自然中的上帝之美的熠熠光辉而不屈奋斗"，而且要尽力效法他。"他们把善的努力贯彻于赞扬、思考、语言和观念中。他们不仅仅想着自己做得很满意，而且把自己作为手段奉献和牺牲自己，更好地贡献于总体之善和特定的人类之善。"

　　莱布尼茨不同意霍布斯和洛克的天赋平等学说，"我仍旧没有闲暇来整体地阅读标题为《政府的两个论述》这本书，它反对菲欧摩先生（Mr. Filmer）的原则。但是，我确实注意到他的推理中所蕴含的伟大的正义和逻辑可靠性。然而，或许有几页，它要求一种更自由的讨论，那些在其他人当中也存在的，被称为自然政府，平等人权的内容。这种平等将是很确定无疑的，如果所有的人都有同样的天赋的优点，但事实一点也不是这样，在这一点上，似乎亚里士多德比霍布斯先生更正确些。如果几个人发现他们自己在茫茫大海中的一只单船上，无论是从推理还是

---

① Leibniz, Patrick Riley edited, *Political Writings*, London: Cambridge University Press, 1972, p. 136.

② Leibniz, Patrick Riley edited, *Political Writings*, London: Cambridge University Press, 1972, p. 23.

③ Leibniz, Patrick Riley edited, *Political Writings*, London: Cambridge University Press, 1972, p. 24.

天赋观念出发，决不会一致同意，那些一点也不知道海上航行的人要求
成为领航员；这样的话，遵循天赋原则的推理，政府将属于最明智的
人"①。政府建立在统治者和被统治者之间的非均等的联系的基础上，统
治不是社会所有成员的参与，而是通过自然权利形成的极少数成员参与。
莱布尼茨认为对于政治参与的天赋平等人权是一种幻想，所以契约并不
怎么重要，重要的是正义、福利、仁爱和公众之善的提升。他很少使用
社会契约理论，甚至是贬低霍布斯那种传统的契约理论。莱布尼茨不赞
同契约理论的另一个原因是，契约政府出现之前会存在一个自然状态的
社会，这就假设了一个道德的真空，由于没有正式有效的法律，也就没
有正义，这是莱布尼茨所不能接受的。莱布尼茨在的《人类理智新论》
中指出，霍布斯无法意识到"最好的人，摆脱了所有的怨恨，将团结更
好地去获得他们共同的目的，就像鸟群聚集在一起旅行"②。他这样评价
霍布斯，"我们的著名的作者［沙夫茨伯里（Shaftesbury）］很合理地进
行驳斥，那些人认为在自然状态里和在政府之外一点也没有责任；由于
经由契约的责任必须形成权利本身，根据这些原则的作者所说的，很显
然责任是在它必须形成的政府之前的"③。

　　尽管莱布尼茨反对天赋平等人权和契约理论，但是这并不意味在政
府中他忽视普遍大众的要素。"关于共和制度学说的政治科学的目的一定
是要使理性王国更加繁荣昌盛。君主政体的目的是要使杰出的英雄实现
智慧和德性的统治……贵族政体的目的是把政府交给最明智、最优秀的
专家，民主和政治体制的最后目的是使人们就对他们而言什么是善自己
达成一致。如果一个人能够同时拥有所有三种伟大品格，伟大的英雄，
非常明智的上院议员，和非常理性的市民，这将组成三种国家形式的混
合体。专制的政权与理性的王国针锋相对。但一个人要认识到，这种专
断的权威不仅在国王中存在，而且在民主议会中同样存在……因此，我
们必须考虑到，在这个法的世界里法律不仅要用来限制国王，而且也要

---

①　Kant, *The Metaphysical Elements of Justice*, Division of the Metaphysics of Morals in General, p. 2.

②　*Notes on Social Life*, *The Place of Others*, in Textes Inedits ed. Grua, vol. Ⅱ, p. 699.

③　Leibniz, Patrick Riley edited, *Political Writings*, London：Cambridge University Press, 1972, p. 22.

限制人民的代表和司法者。"① 实际上，莱布尼茨坚决反对独裁政权，对于他来说，自由和平等同等重要，只不过这些并不是天赋意义上的。但他也没有走向共和主义，"当一个人热爱真正的自由时，在这个意义上，他不是一个共和主义者，因为比起在国王或民众手下的独裁政权来，当国王和议会通过好的法律而联结起来的时候，我们能够找到一个更确定的合理性的自由"②。比起普遍大众的自由，莱布尼茨宁愿选择专制主义，"比起民众自由来，国王的专制政权更能容忍，没有什么比无政府状态更能确定地带来独裁的了，这一点是肯定的"③。"如果我们听从霍布斯的，在我们的国家里将一无所有，只剩下了国家的彻底的无政府状态"，因为"在文明的欧洲没有人是受他所提议的法律统治的"④。其实，莱布尼茨也有赞成霍布斯的地方：统治者应确保大众的安全，提供安全保障是政府的第一要务。"允许国民去发誓效忠于已经征服他们主人的敌人，由于他们的主人不能再做任何的事以确保他们的安全"，"我对于政府或拉丁语称为共和政体的界定，就是它是一个大的社会，它的目标就是公共的安全。""也很希望一个人能够得到比安全更重要的东西即幸福，一个人必须使自己达于这样的目的。但无论如何，安全是最基本的，没有它一切的康乐都将会结束。"⑤ 实际上，莱布尼茨和霍布斯之间的区别是，莱布尼茨强调"远远超出安全的东西"，也就是制度化的仁慈；而霍布斯则认为除了生存之外的所有的目的都是相对的，人们通过建立起一种社会网络来充实自己。

---

① Leibniz, Patrick Riley edited, *Political Writings*, London: Cambridge University Press, 1972, pp. 22 - 23.

② *Leibnizens mathematische Schriften* Ⅲ, ed. by C. I. Gerhardt, Berlin: A. Ashen and Halle: H. W Schmidt, 1849, p. 63.

③ Leibniz, Patrick Riley edited, *Political Writings*, London: Cambridge University Press, 1972, p. 23.

④ Leibniz, Patrick Riley edited, *Political Writings*, London: Cambridge University Press, 1972, p. 27.

⑤ Leibniz, Patrick Riley edited, *Political Writings*, London: Cambridge University Press, 1972, p. 28.

第五章　莱布尼茨科学观评析

前文论述了莱布尼茨科学观的渊源、表现、原因和目的，概括地说莱布尼茨的科学观即用普遍科学来解决科学的划界问题、发展模式和标准的设立；科学存在对技术的普遍渗透；科学发展与文化交流存在普遍一致性；科学存在的终极原因在于理性的上帝概念；科学的目的是更好地生活。最后笔者选取了与莱布尼茨同时代的若干有代表性的哲人科学家，将他们的科学观进行比较评析，从而总结出莱布尼茨科学观的特点，分析其对后世的影响。

第一节　与莱布尼茨同时代的各种科学观

一　笛卡尔的科学观

作为大陆理性主义的奠基者，笛卡尔的哲学是从怀疑一切开始的，普遍怀疑的目的是为普遍科学建立新的支撑点，提供确定性的根基。所以他提出了著名的"我思故我在"，当怀疑一切的同时，必须有一个主体正在进行怀疑。或者说，我对存在的怀疑，本身也是对存在的证明，因为怀疑本身是不可怀疑的。一个正在思想着的我的存在是真实的，所以这一命题确定无疑必然为真。"我确实认识到我存在，同时除了我是一个在思维以外的东西，我又看不出有什么别的东西必然属于我的本性或属于我的本质，所以我确实有把握断言我的本质就在于我是一个在思维的东西，或者就在于我是一个实体，这个实体的全部本质或本性就是思维。"① 以此无可置疑的确定性为逻辑起点，笛卡尔建立起了自己的知识体系。正是由于笛卡尔的怀疑方法和确定性的标准，使他成为近代认识论的奠基者。

以"我思故我在"为出发点，笛卡尔开始建构新的科学。考察以往的科学，笛卡尔认为它们大都是根据一些不牢靠的原则所建立起来的，倘若要建立持久稳固可靠的科学大厦，首要的工作就是将以往那些错误或不清晰的理念排除。"任何一种看法，只要我能够想象到有一点可疑之处，就应该把它当成绝对虚假的抛掉。"② 旧的知识大厦一般是在感官经验的基础上，笛卡尔与很多哲学前辈一样意识到了通过感官经验得来的知识可能是生动的、清晰的，但是如果过于相信这种通过经验而获得的真实性，忽视感官对于理智的受动性就会出现被感官经验蒙蔽误导的情况，"接受和认识可感知的东西的观念的功能"不过是"在不同于我的实体里，在那个实体里形式地或者卓越地包含着客观地存在于由这个功能所产生的观念里的全部实在性"③。感觉经常欺骗我们，建立在这样感官经验基础上的知识也就具有很大的不确定性。只有理性才是可靠的，借助理性才能获得准确无误的真理性知识，笛卡尔认为唯有借助于理性的作用我们才可以认识事物，而不必担心任何谬误的产生，一切知识唯有经过理性的检验才具有真实性。终其一生，笛卡尔都在"按照我所规定的那种方法尽全力增进我对真理的认识"。

对于笛卡尔来说，科学的理想是一种演绎的命题等级体系。接受这一理想的原因与莱布尼茨一样，源于早年几何学的影响，笛卡尔需要一门宇宙数学来揭示宇宙的秘密。笛卡尔认为我们想要获得可靠确实无疑的知识，只有通过自明性的直觉和必然性的演绎，除此之外，别无他法。笛卡尔的直觉不是那种纯粹的思维想象或感官提供的模糊证据，而是人类理性固有的思维形式，是普遍存在于思想和科学中的认识能力。在笛卡尔看来，科学知识的可靠真实性就在于毋庸置疑的清晰可信性，这也

① ［法］笛卡尔：《第一哲学沉思集》，庞景仁译，商务印书馆1986年版，第82页。
② ［法］笛卡尔：《谈谈方法》，王太庆译，商务印书馆2000年版，第22页。
③ ［法］笛卡尔：《第一哲学沉思集》，庞景仁译，商务印书馆1986年版，第83—84页。

是笛卡尔对旧有的科学知识体系不满意的原因所在。秉承自毕达哥拉斯和柏拉图开创，而后经开普勒与伽利略光大的科学传统，笛卡尔推崇数学的公理演绎方法，深信人们能够通过数学发现宇宙的秘密，数学是宇宙的各个部分之间的唯一关系。数学以那种明晰的、确定的模式和严密的逻辑演绎使得包括笛卡尔在内的大部分近代科学家和哲学家都相信，数学是科学的本质，唯有这样理想模型才能确保真正的科学，其他一切学科都应该以此为例，从理智直观所获得的自明公理出发，运用演绎法重建，从最简单的概念出发，一步步进行不容置疑的推理，演绎到比较复杂的真理。通过这样的方法得到的知识才是可靠的，因为唯有排除掉每一个可能存在疑问的命题这样的方法，才可能获得不会被怀疑的、简单自明的真理。在笛卡尔看来，数学演绎能够解释整个世界：从可靠的概念出发演绎出自然界的存在，再得出世界的一般原理，然后逐步得出一般的自然科学原理、层次较低的规律，最后得到具体的事例。世界在笛卡尔那里，通过数学的演绎成一个可以为人的理性所理解的整体。如果说培根是欧洲近代归纳主义的始祖，那么笛卡尔就是欧洲近代演绎主义的始祖。

笛卡尔的局限性是过分强调了精神直观在方法论中的重要性，将直观上的清晰性和明确性作为真理的唯一标准，割裂了感性认识与理性认识的关系。但尽管如此，无疑笛卡尔的影响是巨大的，17 世纪和 18 世纪 20 年代以前的欧洲思想家都是在笛卡尔哲学的基础上建立自己的学说的，甚至于欧洲人在某种意义上都是笛卡尔主义者，莱布尼茨也不例外，甚至是很好的例证，笛卡尔对他的影响处处可见，无论这种影响是以继承的形式还是以批判的形式展现。

二　斯宾诺莎的科学观

笛卡尔、斯宾诺莎与莱布尼茨并称为欧陆理性主义的三大代表。为了克服笛卡尔哲学神与世界、灵魂与肉体之间的双重二元论所带来的认知上无法调和的矛盾，斯宾诺莎提出了自己的泛神论，重新赋予了自然界新的意义和价值，质疑当时社会对于超自然需求的增长的必要性。在斯宾诺莎的哲学体系中，我们可以鲜明地感受到那种不受制于任何权威、不屈服于任何势力的独立、超然的近代氛围。

对于斯宾诺莎来说，为了理解任何客体或事件，必须参照无数同它相联系的其他客体或事件；而它们每一个又都依赖于无数他者。每个有限的客体或事件都伸出无数的脉络，以大量源泉获得支持，沿若干方向传播影响。整个实在能否仅由这种依赖的事物和事件组成呢？斯宾诺莎的答案是不能，作为一切依赖的事物的基础，一定还存在某个独立的、自在的或绝对的神在。不同的是，斯宾诺莎并未像通常那样把这个绝对基础的实在看成造物主，后者以他任意选择的方式凭空地创造出整个现实世界。斯宾诺莎拒绝把上帝看作由看似相同实则不同的序列所组成的一系列因果链条上的最后一环。他更愿接受把实在的整个系统看作它自己内在的基础，看作既是自然又是上帝。这没有给超自然留下地盘；它也不需要超自然的干预来把精神和物质联系起来，因为自然既是精神又是物质。这就是斯宾诺莎的泛神论，在这里斯宾诺莎将自然界与上帝等同起来，认为上帝存在于自然界的万事万物之中。把自然提升至上帝的高度的同时，将超自然的部分排斥出去，将上帝等同于自然。实际上在斯宾诺莎那里，"神"和"自然"这两个术语只是同一概念的不同表达而已，都标志着作为万物存在的根本原因的最高实体。整个自然界是一个紧密联系的宇宙，无论是神还是人，无论是物质还是精神，都在其中各司其职、井然有序地按照亘古不变的规律运行，这种规律是普遍存在的。对此，人们可以用理性的规律来解释所有。斯宾诺莎达到他所期望的"最高的人生圆满境界"就是其哲学的根本目的，这一目的指向人们对事物的真正认识的探究，指向进一步提升人的理性认知，以此来正确认识自然的必然性，获得与自然相一致的知识。"将真观念从其余的表象中区别出来，研究真观念的性质使人知道自己的知识的力量，从而指导心灵，使依一定的规范来认识一切必须认识的东西。"①

为了进一步提升人的理性的发展，尽可能减少谬误而获得正确无误的关于事物本来面貌的知识，斯宾诺莎认为必须尽可能追求一种完善的、正确的、简单的方法。为此，他把知识从低到高分为三个等级：感性知识、理性知识、直观知识。感性知识是最低一级别的知识，斯宾诺莎一般称之为意见。意见是前科学性质的，缺少确定性，没有关于客体和事

---

① ［荷］斯宾诺莎：《知性改进论》，贺麟译，上海人民出版社 2009 年版，第 25 页。

物的联系和规律。感性认识仅仅停留在一些模糊不正确的观念上，不能使我们认识事物的本质，因此把它排除在科学的真知识以外。理性知识是"由于一件事物的本质从另一件事物推出而得来的知识"。因为理性知识是经由推理得来的，因而属于科学地洞察事物之间的关系和规律的阶段，但因为不能说明事物的所以然，所以仍然不是完善的知识；对于感性知识和理性知识斯宾诺莎认为印象或表象迥异于观念或概念。所以，按照斯宾诺莎的观点，"我们不可能产生上帝的表象，但我们能够产生他的概念"。概念同表象毫不相干，概念是一种把握联系的活动。它们的规律也不相同：知觉和想象遵循联想的规律；概念或理解则遵循逻辑的规律。这说明他拒斥培根的经验主义。从对特殊本身的观察，不可能引出关于它们相互联系的规律。科学规律即普遍的科学真理的基础，说到底不是同知觉对象的对应，而是它们在一个真理系统中的一致性。检验真理的最后标准不只是真实，还是一切已知东西的和谐。谬误由于共同已知的东西不一致而暴露出来。实际上，斯宾诺莎之所以很少使用真理性的概念，转而以观念的恰当性代替是刻意的选择，他试图用这种方式避免使人联想外部的对应关系。概念这种领悟联系的活动，就其真正有助于使某个领域的事实臻于系统化而言是恰当的。只有当一个人产生了恰当的概念，他才能这样地领悟事实：看到这概念也是真的，即同这些事实相符。只有最高层次的直观知识，才是"纯粹从一件事物的本质来考察一件事物，或者纯粹从对于它的最近因的认识而得来的知识"。直观知识既不借助感性经验，也不运用理性推理，而直接凭借"人的固有的能力和本性"认识事物和人的真正本质。斯宾诺莎把这种能"最完满、最确定地认识一个对象"的知识定义为最高级的知识，它把宇宙体系作为一个整体来把握，是所有知识的顶点。在这种知识视野中，通过运用理性，人们能够通过理解自然的真正秩序，解决所有的问题，从而实现真正的自由。斯宾诺莎相信我们在多大程度上为外界原因所决定，就在多大程度上受到强制；我们在多大程度上受理性的指导，认识必然性，就在多大程度上获得自由。

　　基于思想宇宙和物体宇宙是同一的这一信念，斯宾诺莎不满意笛卡尔将几何方法仅仅运用于对自然的研究，对于斯宾诺莎来说，整个世界是一个实体，那么当然可以用相同的方法去对这个统一体本身的性质进行研究，作为唯理论的代表，这种相同的方法就是大陆唯理论哲学家心目中至高无上完美的几何学方法（当然这种想法在随着后世非欧几何的出现而日益削弱崩塌）。斯宾诺莎在这里比笛卡尔更进了一步，试图将几何学方法拓展到其他所有的研究领域，甚至于对人本身的研究也应该运用数学的方法。斯宾诺莎将几何学方法与哲学研究进行了完美的结合，他还认为形而上学只能以此唯一的方法进行研究，并进行了亲身的实践。如我们所知，斯宾诺莎最主要的哲学著作《伦理学》《笛卡尔哲学原理》等都是采用几何学的方法写作的，从若干不证自明（在斯宾诺莎看来）的"公理""公设"出发，运用逻辑推导的方式证明各种命题，撇开具体的内容，其形式和方法与欧几里得几何学并无二致。因为斯宾诺莎确信只有像几何学这样，凭理性的能力从最初的几个"不证自明的定义和公理推论出来的知识才是可靠的知识"。他坚持"凡是由心灵中本身正确的观念推演出来的观念也是正确的"。把几何学外延看作物质的确定特征，意图用几何学的那种高度严格的明晰的模式来建构实体的性质、身心关系、完善生活的公式等体系结构的一切。"倘若人类清楚地理解整个自然，他们就会发现，万事万物正如数学中所论述的东西一样是必然的。"[1]斯宾诺莎几何学方法，从形式来说，寻求知识系统的一种连续性和确定性；从内容来讲，这种连续性又要和认识论结论相一致。实际上，客观世界和所有的科学知识在斯宾诺莎那里都被视为演绎系统，"为了使心灵能表示自然的原样起见，心灵的一切观念必须从那个能够表示自然全体的根源和源泉的观念推演出来"[2]。严格地说，在斯宾诺莎那里只有演绎知识才是真知识，他相信运用几何学的方法就可推演出其他一切的科学知识，坚持演绎方法的唯一性，彻底否定、排斥归纳法。

在认识论上，斯宾诺莎与笛卡尔是一脉相承的，他们都认为只有理性认识才能把握事物的本质和必然性；在认识方法上，他们都坚持理性演绎法。尽管两人是在不同出发点上建立起个人的哲学体系，笛卡尔始自无可辩驳的"我思故我在"，而斯宾诺莎则基于唯物主义观点的实体概念，在将

---

① *Die philosophischen Schriften von Gottlieb Wilhelm Leibniz*, ed. by C. I. Gerhardt, vol III. Hildesheim, 1978, p. 62.

② ［荷］斯宾诺莎：《知性改进论》，贺麟译，商务印书馆 1960 年版，第 32 页。

理性和演绎的方法推到极致后，用认识论描绘了一幅整体的世界图景，使认识的途径和方法与认识对象同质同构，并将认识论伦理学化。在斯宾诺莎那里，哲学的最终任务是寻求一种心灵的安宁以及与自然的和谐，或者说通过对事物的确定知识的掌控以获得对心灵的安抚，对于主体而言获取知识既是一切科学统一的最终目标，同时也是人的最高道德境界。

三　牛顿的科学观

"自然和自然的法则在黑夜中隐藏；上帝说，'让牛顿去吧！'于是一切都被照亮。"艾萨克·牛顿作为人类历史的最伟大的科学家之一，他的影响绝不仅仅局限于自然科学领域。纵观科学史，我们也会发现这样一种普遍现象，做出伟大的贡献的科学家往往同时也是一位哲学素养深厚的理论家。对于牛顿来说，自然科学的任务"在于发现自然界的结构和作用，并且尽可能把它们归结为一些普遍的法则和一般的定律——用观察和实验来建立这些法则，从而导出事物的原因和结果"[1]。也就是说，在牛顿那里科学研究的具体指向是发现隐藏在自然界表面背后的真正本质或基本规则，这种本质是有规律可以依循的，是通过一些方法可以获得并加以总结的，而这种方法不再是中世纪那种构造的方法而是通过实验和观察的方法得到感性材料，再进一步进行理性抽象，最后获得的普遍规则才是正确的、可以信任的。在这里牛顿科学观对实验方法的重视展露无遗，这与英国以罗吉尔·培根为代表的、从中世纪就重视方法，到弗朗西斯·培根时代已经被普遍接受、成为一种学术氛围有着直接的联系，当然还受到了英国一贯的经验主义传统的影响。

对实验方法的重视是近代科学与前近代科学划界的根本标志之一。与欧洲大陆那种对理想直觉在认识论上的基础绝对作用不同，牛顿赋予实验以绝对的优先权，"探索事物属性的准确方法是从实验中把它们推导出来"[2]。在牛顿那里，真正的科学必须通过实验而获得。一切科学研究

---

① ［美］H. S. 塞耶编：《牛顿自然哲学著作选》，上海外国自然科学哲学著作编译组译，上海人民出版社1974年版，第1页。

② ［美］霍耳顿：《物理科学的概念和理论导论》（上册），戴念祖、张大卫译，高等教育出版社1983年版，第254页。

的起点就是实验，而科学研究最终获得的结果也必须经过实验的检验。牛顿也意识到，有些科学理论是通过自身理论体系的推理演绎而得来的，对于这些理论是否可以归属于科学的范围，标准就是在于这些理论是否可以通过实验的考察。一言以蔽之，实验既是科学的起点也是检验科学的标准。牛顿对其科学成果的笃信，就在于对自己科学研究方法的信任，他说自己所提出的理论是对的，原因"不是由于它来自这样一种推论，因为它不能别样而只能这样……而是因为它是从得出肯定而直接的结论的一些实验中推导出来的"①。以牛顿的实际经验来看，实验一方面能够简化科学研究过程，另一方面实验又可以强化某些科学研究过程。面对纷繁复杂的自然界，实验可以通过建构相对简单的对象性系统模型来模拟现实情况，或者增强我们要加以研究却隐藏在复杂关系中的某种特定对象，从而让我们更容易发现自然规律，建构科学理论体系。"物体的属性只有通过实验才能为我们所了解"，所以在牛顿的科学研究中，首要进行的第一步工作就是实验，实验方法也是他自己进行科学研究最主要的方法。在一定意义上牛顿也认识到了实验归纳方法的局限性，他曾说："虽然用归纳法来从实验和观测中进行的论证并非普遍结论的证明，但它是事物的本性所许可的最好的论证方法，并且随着归纳的愈为普遍，这种论证就愈有力。"②尽管对实验归纳方法的质疑从未停息，随着现代科学尤其是量子力学的壮大，人们对实验归纳方法的确信已不复从前，但是今天科学的发展现实却证明实验方法仍然具有强大的生命力。回到牛顿那里，科学理论背后强有力的支撑就是实验，牛顿就是通过实验这一方法对自己的科学理论进行辩护，而牛顿可以取得惊人成就的基本前提正是坚持科学研究必须起始于经验实验这一唯物主义认识路线。牛顿的这种基本观点似乎与后世的科学哲学的实证主义思想不谋而合，科学研究要以感性材料作为依据，科学的真理性由实验的可重复性得以保障。科学理论必须建立在经验事实基础上，经验事实在科学研究中往往来自

---

① ［美］H. S. 塞耶编：《牛顿自然哲学著作选》，上海外国自然科学哲学著作编译组译，上海人民出版社 1974 年版，第 9 页。

② ［美］霍耳顿：《物理科学的概念和理论导论》（上册），戴念祖，张大卫译，高等教育出版社 1983 年版，第 254 页。

实验，而实验总是可以进行重复的。因此可以通过实验来保证科学的真理性。在《可靠的知识》一书中，约翰·奇曼（John Ziman）曾说："观察的意见一致可能性和意见一致性，在科学中不能认为是理所当然的。必须有意地通过巧妙的实验、高明的技巧和所有批评论争的资源去寻求。"①

牛顿在自然科学方面取得极大成功的原因，除了对于实验方法的广泛应用外，还得益于其对数学方法的重视和运用。作为一种科学方法，数学展现出了主观与客观、思维与存在的高度一致性。在《自然哲学之数学原理》第一版的序中，牛顿写道："由于古人认为研究自然事物时力学最为重要，而今人则舍弃其实体形状和隐蔽性质而力图以数学定律说明自然现象，因此我在本书中也致力于用数学来探讨有关的问题。"② 实际上这本改变了科学史的著作，正是牛顿运用数学方法的典范。数学方法的基本特征是高度的抽象性、概括性、精确性以及普遍的适用性。考察牛顿的经典力学的表述，不难发现牛顿将这种数学方法在物理学研究中发挥到极致。身为一流物理学家的牛顿在科学研究中展示了自己同时作为一流数学家的才华，也正是得益于牛顿超凡的数学才能，物理学才得以在他那里进行了一次大综合，牛顿的物理学成就才能远超同时代若干物理学大家。除去具体内容，牛顿物理学的形式正是从规定基本概念开始，运用数学方法对这些基本概念进行量的描述、计算和推导，然后用尽可能精确简单的数学语言把事物之间的本质联系抽象概括为公式或定理，从而在现实中进行实验和应用。这样，数学方法就成为牛顿表达物理学概念和物理学理论必不可少的重要形式和手段，并且在他全部的自然科学研究中都起到重要的作用。

作为一个自然科学家，牛顿对于归纳法的重视是容易理解的，在经验主义氛围浓厚的英国这也是正常的。但是对于推理演绎方法的态度，并不存在所谓欧陆与英国的针锋相对，实际上牛顿并不是完全忽略加以

① ［英］齐曼：《可靠的知识——对科学信仰中原因的探索》，赵振江译，商务印书馆2003年版，第61页。

② ［美］H. S. 塞耶编：《牛顿自然哲学著作选》，上海外国自然科学哲学著作编译组译，上海人民出版社1974年版，第10页。

驳斥的。真实的情况恰好相反，牛顿认为在自然科学研究中，演绎方法与归纳方法同样重要，它们只是属于科学研究的不同阶段罢了。牛顿重视归纳方法，写道："在实验学上，一切定理均由现象推得，用归纳法推广之，物体之不可透性、可动性、撞击性以及运动与重要之定律，均是如此得来。"① 牛顿的力学体系也正是用公理化方法建立起来的演绎系统。牛顿的"分析和综合方法"实质上就是科学研究中的归纳至演绎过程。分析就是从特殊到普遍的推理方法和思维方式，而综合就是从普遍到特殊的推理方法和思维方式。正如量子力学奠基人海森堡（Heisenberg）所说："牛顿《自然哲学之数学原理》一书从一组定义和公理开始，这些定义和公理是这样内在地联系在一起，以至它们构成了人们可称为'闭合系统'的一组东西，每一个概念能够用一个数学符号表示，而不同概念之间的联系可以用数学符号的数学方程来表示。系统的数学映象保证系统中不出现矛盾。这样，物体在作用力的影响下可能产生的运动就由方程的可能解所表示。"② 实际上，分析《自然哲学之数学原理》一书的结构，我们可以清楚地看出这是牛顿利用欧氏几何学公理化演绎方法构造出的物理学系统。笛卡尔认为牛顿的公理化体系大致有三个阶段，牛顿对力学理论的系统阐述基本按这样的三个阶段展开的。在第一个阶段建立一个公理系统，这些公理通过演绎方法得到的一系列公理、定理和定义。在第二个阶段把公理系统中的定理与实验观察相联系，也就是将公理系统与现实的物理世界中的事物联系起来。在第三个阶段进行进一步验证和解释公理化体系中的演绎结果。③ 我们可以看出，这样的三个阶段就和《几何原本》的构造方法基本是一致的，甚至一些细节都是相同的，在欧氏几何中，公理是一些毋庸置疑不能被证明的前提，而在牛顿的物理学体系那里，公理也是不能从其他命题推导出来的，而定理则是这些公理进一步演绎的结果。

---

① ［英］牛顿：《自然哲学之数学原理》，郑太朴译，商务印书馆1957年版，第1页。

② ［德］海森堡：《物理学与哲学》，范岱年译，科学出版社1974年版，第52页。

③ ［美］洛西：《科学哲学历史导论》，邱仁宗、金吾伦、林夏水等译，华中工学院出版社1979年版，第89—91页。

第二节　莱布尼茨科学观与同时代科学观的共同点

一　对上帝的忠诚

在西方哲学和科学的发展历程中，神学的思想随处可见。尽管上帝的权威在近代科学和哲学双重攻击下不断缩小着统治领地，但理性从来没有完全解构宗教。在笛卡尔、斯宾诺莎、莱布尼茨和牛顿那里，神学思想和科学、哲学思想不仅并不矛盾，而且是一个完美的统一体。他们都倾心于上帝，只不过上帝在他们那里不再是经院哲学所强调的那种任意干涉人的吉凶祸福的人格神，而更接近爱因斯坦所信仰的"那个在存在事物的有秩序的和谐中显示出来的上帝，而不信仰那个同人类命运和行为有牵涉的上帝"①。上帝脱下了中世纪高高在上、拥有无上权威的外衣，而成为人们可以获得可靠的真理知识的最终基础，这也是近代形而上学思维方式下人们对待上帝的基本看法。

在对一切进行彻底怀疑的原则下，笛卡尔从自我出发，最后找到了上帝这个最清楚明白、最不可怀疑的概念。笛卡尔十分肯定完满的上帝观念，上帝在他那里指"一个无限的、永恒的、常住不变的、不依存于别的东西的、至上明智的、无所不能以及我自己和其他一切东西（假如真有东西存在的话）由之而被创造和产生的实体说的"②。上帝是最高理性的象征，是科学存在的基础，在笛卡尔的形而上学体系中起着不可替代的作用。笛卡尔本人是不怀疑上帝的存在，"正如他不怀疑人类的睿智的力量，从自己的思维出发在基督教教义范围内重建宇宙"③，他还对上帝的存在做出证明。只不过上帝在创造世界之后，就不再插手，世界完全按照上帝赋予的规律发展。人可以通过理性来认识规律认识世界，而作为唯理论神学意义上的上帝，则只具有自治权而不具有对宇宙的主宰

---

① ［美］爱因斯坦：《爱因斯坦文集》（第一卷），许良英、范岱年译，商务印书馆1976年版，第243页。

② ［法］笛卡尔：《第一哲学沉思集》，庞景仁译，商务印书馆1986年版，第45页。

③ ［法］弗雷德里斯：《勒内·笛卡尔先生在他的时代》，管震湖译，商务印书馆1997年版，第109页。

权。上帝在笛卡尔哲学体系中有双重作用：其一是以上帝的绝对完满性充当真理的源泉；其二是获得真理的保证，即思维与存在的统一。"上帝的观念与上帝的存在的同一性"①，上帝的存在使得理性认识的世界和世界本身得到统一，人同样将心中清楚分明的观念当作真实的，这样信仰与理性就统一了起来，理性对世界的认识是合法的、有效的、确定的知识。

　　斯宾诺莎的代表作《伦理学》原名叫《论神、理性灵魂和最高幸福》，全面地论述了上帝、理性和幸福的关系。上帝既是斯宾诺莎哲学的起点，也是其哲学的终点。一切事物必须通过上帝这个终极原因来加以理解，上帝通过自然法则主宰着整个世界，因此现实世界中发生的每一件事都有其背后的必然性。在斯宾诺莎那里，上帝不仅仅是世界存在的根本原因、真正的知识对象以及人生追求的伦理目标，也作为宗教的对象而存在。但是斯宾诺莎把实体、上帝、自然、宇宙四者等同起来，形成他的泛神论。泛神论的核心概念是"自然即神"，换句话说，上帝就是自然，上帝和整个宇宙是相同的内涵，上帝、自然、宇宙是一个统一体，上帝是无处不在的，存在于一切事物之中。斯宾诺莎认为上帝是唯一的无限实体，上帝和自然是相同的，没有任何差别，他坚决反对《圣经》里那个超自然的、创造了世界的上帝。同时，斯宾诺莎的上帝概念不仅包括现实的物质世界，也包括人的精神世界。人的智慧就是上帝智慧的一部分组成，但是只有上帝拥有完全的圆满的自由，人尽管可以努力减少外在的束缚，却永远无法获得自由意志。但是如果我们能够接受这种思想，将一切视为一种必然，那么我们也就能够与上帝融为一体，这也是斯宾诺莎在悲惨的境况下甘之如饴的根本原因吧。

　　在牛顿那里，自然的奥秘来源于上帝，人的任务就是解读自然的奥秘，他期望以此来重建真正合乎《圣经》精神的新的知识体系。牛顿认为"上帝创世后曾留给人类两本深奥的大书，一本是圣经，一本是自然"，牛顿试图将神学和自然科学两方面的知识结合起来，构筑一个普遍统一的形而上学系统，来阐释上帝意志及其主宰作用。牛顿在天体力学中寻找到了上帝存在的证据，并把上帝作为重要的一部分融入自己的宇

---

　　① ［德］黑格尔：《哲学史讲演录》（第四卷），贺麟、王太庆等译，商务印书馆1960年新1版，第82页。

宙论思想中。在《自然哲学之数学原理》一书的最后，牛顿进一步表述了他对世界图景的宇宙论式思考：万有引力是宇宙间无数事物的运动的根本原因所在，而我们的世界展现出如此优美的一个和谐体系的根本原因是上帝的存在和本质。牛顿坚信上帝无所不在，上帝不仅仅可以通过意志来支配物质，并且可以通过自然原因而采取行动。从根本上讲，牛顿拒绝从唯理论角度理解上帝，他认为上帝意志是第一位的，是绝对自由的，意志高于理智拥有绝对主宰权力。尽管年轻时从剑桥大学毕业的牛顿没有按照惯例接受神职，但其后半生对"第一推动力"的执着，对《圣经》经文的考证诠释的热衷，表明他是相当合格的牧师。

莱布尼茨终身都坚持路德教徒的身份，其神学思想接近于以托马斯·阿奎那为代表的经院哲学的神学理性主义传统，同时又受到近代哲学思想的深刻影响，尝试对二者进行调和与综合。莱布尼茨的理性神学，对上帝的论述在本文第四章有详尽的探讨。近代之初的文艺复兴虽然催生了"人的发现和世界的发现"这两大主题，理性代替权威成为不可逆转的潮流。但是从近代哲学到启蒙哲学再到德国古典哲学，上帝从未缺席，一直都是哲学家们理性关注的话题。而当时科学界无论是哥白尼、开普勒、伽利略，还是帕斯卡、玻义耳、牛顿等等都是虔诚的基督信徒。确实，在17世纪这个年代，关于理性与信仰的关系问题、关于理性在信仰中的作用问题、关于自然哲学是否肩负着终极的目的的问题，不同的思想家们进行了激烈的、持久的探讨，给出了各种不同的答案。但从整体上讲，由于西方传统文化影响，近代西方人更倾向于相信如此和谐统一而美妙的宇宙奥秘和自然规律的背后一定存在着上帝的身影，他们不愿意相信世界仅仅是出于偶然和自发的原因演化而来。正是在上帝的引领下，无论是哲学思辨还是科学研究都不再只是个人在未知世界中出于好奇心的独自闯荡，而是对世界认识的无所畏惧的开拓和进取。这极大地推动着近代思想家们的热情，他们"完全是发自内心的"，"是无私的，是完全超越个人的价值和目标的"，"揭示人类所向往的目标应当是什么"，"并不怀疑那些超越个人的目的和目标的庄严和崇高"[1]。

---

① ［美］爱因斯坦：《爱因斯坦文集》（第三卷），许良英等译，商务印书馆1977年版，第173—174页。

二　对理性的推崇

17、18 世纪被称为理性的时代，"当 18 世纪想用一词来表述这种力量的特征时就称之为理性。理性成了 18 世纪的汇聚点和中心，它表达了该世纪所追求并为之奋斗的一切，表达了该世纪所取得的一切成就"[①]。这一时期适逢文艺复兴的人文主义的盛行以及资本主义经济的发展，中世纪教会与教义的权威受到普遍怀疑，新兴资产阶级热衷于功利进取、重视物质生活，关心世俗享乐。人的地位得到大幅度的提高，终于以自由和平等的个体而被承认。人们认识到理性并非经院哲学所说的依靠神的天启，而是深深地依赖于人的本性，人们可以利用理性去认识这个世界，进而可以改造世界，因此理性具有了主体性。生活在这一时期的笛卡尔、斯宾诺莎、牛顿、莱布尼茨，尽管他们的哲学思想各不相同甚至对某些问题的看法是对立的，但抛开具体的论述分析，我们不难发现他们共同持有的一些理念，比如，对理性的推崇。

自哲学诞生之初，每一位哲学家都希望通过一种普遍的方式来了解世界，但是现实世界处于不断的变化过程中，要透过多变的现象认识事物的本质和规律，仅仅依靠感性是不够的，必须依靠人的理性。人的认识必须经过这样两个阶段，其一是感性的经验积累，其二是理性的分析反思。感性是认识的基础与开端，感性直观接触的是现实世界的存在，基于现实存在的复杂多变甚至相互矛盾，理性对感性认识就要批判地接受和正当地推理。对于笛卡尔、斯宾诺莎、莱布尼茨来说，理性无论是在科学方面还是在哲学方面都是优于感性的，一切具有普遍必然性的真知识都不能从感觉经验得来而只能起源于理性。在本质上，理性主义是一种天赋理性，理性主义者普遍认为由感觉经验所提供的知识是一种个别的、特殊的知识，不具有普遍性，只具有或然性。普遍必然的知识无法通过感觉经验建立，所以这类知识不能被称为科学知识。科学知识应该具有普遍必然和逻辑确定的特性，而这样的特性无法通过感性经验获得，只能通过理性获得。理性主义者认为普遍必然知识起源于心中固有

[①]　［德］卡西尔：《启蒙哲学》，顾伟铭、杨光仲、郑楚宣译，山东人民出版社 1988 年版，第 3—4 页。

或与生俱来的天赋观念，它们是自明的、无误的，通过对它们的理性演绎就可以形成普遍必然知识的体系。

近代哲学的理性主义思潮正是由笛卡尔开创，斯宾诺莎完备，继而在莱布尼茨那里发展壮大的。笛卡尔第一个以明确的哲学形式宣布了人的理性的独立，他对于人类理性、自我主体以及先天观念的强调和张扬，开创了一种哲学研究的全新的方法论准则和价值论判据。在笛卡尔看来认识无法离开理性，即人的那种"正确判断、辨别真假"的能力，理性来源于天赋，是人的本性。斯宾诺莎则形成了从内容到形式都更为完备的理性主义哲学体系，他批判笛卡尔的二元论思想，建立了自然就是唯一实体的唯物主义一元论，同时进一步将笛卡尔的理性主义认识论原则系统化，强调普遍必然性知识，并把普遍性原则贯彻到哲学的各个方面。在斯宾诺莎一生的十一部著作中，《伦理学》无疑是最成熟的代表。在这部著作中他系统地阐述了自己的哲学思想，构造了整个哲学体系，他认为"意志和理性是同一的"，"意志，是一种能力，一种心灵借以肯定或否定什么是真，什么是错误的能力，而不是心灵借以追求一物或避免一物的欲望"①。可以说，斯宾诺莎对理性的过分信赖不仅使得他以理性来构建自己的整个伦理学，也表现在他的本体论和认识论上。莱布尼茨是欧洲理性主义哲学的集大成者，他接受并发展了笛卡尔的唯理论，建立了以单子论为核心的客观唯心主义的形而上学体系，完成了大陆理性派哲学从二元论经过唯物主义一元论到唯心主义一元论的发展过程。在认识论上，他坚持先验论，认为普遍必然性的真理只能是心灵先天固有的，从而将理性主义推向极端。同时，莱布尼茨也受到英国经验主义流派的影响，吸收其某些观点，提出潜在的天赋观念论，承认"事实的真理"，强调个体性原则。

实际上除了大陆唯理论哲学家，经验论的哲学家也都认可理性，认为人的理性是在认识范围内审视一切的权威和标准，相信人的理性是可以认识世界，得到关于世界的普遍知识的。即使是英国经验主义的创始人培根也曾说："感觉包含意志和情感的主观因素，不能符合科学的客观要求，没有理性的指导，感觉本身是迟钝、无力的，有时甚至产生出有

---

① ［荷］斯宾诺莎：《伦理学》，贺麟译，商务印书馆1981年版，第81页。

欺骗性的表象，被伪科学所利用。"① 只不过经验主义者更强调经验，或者理性与经验的结合。他们并不否认理性的作用，因为从纷繁复杂的世界寻求出规律，就不得不求助于理性，归纳法最终还是要寻求一般。他们只是不承认天赋理性，强调经验的原因在于限制理性，"要谨慎的是用理性，'毋宁给它挂上重物'，不让它直接由个别经验飞跃到最高原则"②。

与自然科学的结合是这一时期理性的一个突出的特征。近代哲学虽然也进行本体的研究，然而却将侧重点放在了对知识的基础及其确定性上的探讨。近代理性逐渐将几何学方法扩大应用范围，开始重视观察与经验，科学的理性被扩展到了整个自然界。"古希腊的理性是与宇宙的心灵相通的思辨，中世纪的理性是神学和信仰的助手，近代的理性则是时代的精神，这就是自然科学精神。"③ 以牛顿为例的一大批自然科学家正是理性主义者，尽管他们兴趣爱好研究方向各不相同，但是崇尚理性、热爱科学却如出一辙。记录他们的历史曾写道："他们的最初主旨不过是要呼吸较自由的空气，并且安静地彼此交谈，而不参与那个沉闷时代的各种激动和疯狂，就算得到满足了。由于这个集合的建立，这也就算足够的了，纵然没有其他利益，而只有如下的一点利益，也就够了：通过这种办法就为下一时代培养一辈青年，他们的心灵从集合的成员获得清醒而丰富的知识，不可动摇地武装起来，免于受到狂热的一切迷惑。……他们没有固定的规则，也没有固定的方法，他们的用意毋宁是把他们在如此狭窄的范围内所能做出的发现相互交换，而并不是一种联合的、固定的或经常的探究。"④ 虽然人的理性思维能力归根结底来源于经验实践，但理性一旦产生就拥有巨大的独立地位和能动性，成为指导和激励人类从事能动的实践活动的强大力量，正是这种自由的理性主义氛围孕育了科学革命的繁荣，并为18、19世纪科学文化的发展开辟了道路。

三 对演绎方法的重视

唯理论根本的前提，就是认为对未知对象的一切可靠的和坚实的知

---

① 赵敦华：《西方哲学简史》，北京大学出版社2005年版，第247页。
② 赵敦华：《西方哲学简史》，北京大学出版社2005年版，第247页。
③ 赵敦华：《西方哲学简史》，北京大学出版社2005年版，第194页。
④ ［英］贝尔纳：《历史上的科学》，伍况甫等译，科学出版社1981年版，第259页。

识只有从已经确实认识到的事物中获得和推理出来；求知的过程无非就是从一些最基本的原理进行推导的演绎过程。"我们之所以认识和确信未知的事物，只是借助于认识和确信在可靠性和认识方面先于这未知事物的其他事物。"①

如果将哲学视为一个精确而严密的知识体系，那么无疑最基础、最重要的任务就是建立正确的认识方法。前文已经深入探讨了莱布尼茨的推理演绎方法（详见第三章），比较研究笛卡尔、斯宾诺莎以及牛顿的方法论，可以发现他们都十分强调数学演绎的方法，只不过重视的态度有所不同而已，这种情况与当时的数学、几何学的发展是密切联系的。近代之初，当其他学科还处于起步的资料收集阶段，最先发展完善的就是数学。数学方法是从一些最基本的概念、公理、公设出发来推导其他一切数学命题的。其特点是逻辑严谨、论证严格、清晰明了。极具逻辑力量的数学方法给予当时思想家们很大的影响，他们想到认为数学是人类一切知识的理想模型，其他学科知识都应当像数学一样，首先建立在最基本的原则上面，然后从这些原则出发，按照严格的逻辑演绎过程推出其他一切知识，于是，数学推理理所当然地成为演绎方法的样板。

笛卡尔不仅是近代欧陆哲学家第一人，更身兼数学家的身份，在非欧几何还未被发现的年代，曾说"几何学家为了完成极其复杂的证明而使用的那种长段推理链锁的方式，是那样的简明和易解，以至使我想象所有那些我们需求的知识都可以按照同样的方式进行"，"算术和几何在确实性上比其他科学优越得多……并不是说它们是我们要研究的唯一科学，而只是说，在我们追求真理的直接道路上，我们不应将力气用在无法达到与算术几何证明同样确实的对象上"②。在笛卡尔那里，演绎是哲学研究的起点和根本的方法论选择。"除了借助精神的直觉和演绎之外，任何科学都是不能达到的。"③ 借助这种方法，笛卡尔为近代理性主义认

①　[荷] 斯宾诺莎：《笛卡尔哲学原理》，王荫庭、洪汉鼎译，商务印书馆1980年版，第53页。

②　Rene Descartes, *The Philosophical Works of Descartes*, volume I, Cambridge University Press, 1967, P. 5.

③　E. S. Haldaney, G. R. T. Ross, *The Philosophical Works of Descartes*, 2nd volumes. London: Cambridge University Press, 1931.

识论奠定了基本的方法和原则，并为一切知识提供了一个形而上学的框架。笛卡尔认为演绎"指的是从某些已经确知的事物中必定推演出的一切。我们提出这一点是完全必要的。因为有许多事物虽然自身并不明显，也为我们所确定知道的，只要它们是经由思维一目了然地分别直观每一事物这样一个持续而丝毫也不间断的任务，从已知真实原理中演绎出来的"①。笛卡尔的演绎是指从确实无误的概念到另一个概念的必然推理演绎，其本性在于其推理过程的准确无误，不容置疑。对于笛卡尔来说，哲学的根本任务在于获得全面系统的一切科学知识，这种研究不能以过去的各种学说为依据，也不能建立在猜测和或然推断的基础上，所以他将认识论置于哲学的中心地位。在笛卡尔那里，处在首要位置的是关于正确方法的选择和运用，至于本体论的解释说明则是居于第二位的，因为只要将正确的认识方法加以合理的运用必然会得到关于后者的合理结果。笛卡尔对此的解决的路径是，将数学中那种确定的方法应用于哲学领域，建立起确实和清楚的原则，然后应用于其他各门学科，最终建立起一种包含各门学科（自然科学）的普遍科学。笛卡尔所定义的演绎法与现代逻辑中所定义演绎是异曲同工的，演绎作为一种间接的认识方式，从一些基本原理出发，通过一个必然性的推理过程，最终形成严密的科学知识体系。

斯宾诺莎哲学最鲜明的特色之一就是严谨的几何学方法，正像黑格尔分析的那样，"斯宾诺莎用来表达他的哲学的方法，同笛卡尔一样，是几何学方法"②。在斯宾诺莎的《笛卡尔哲学原理》一书的序言里写道："凡是想在学识方面超群绝伦的人都一致认为，在研究和传授学问时，数学方法，即从界说、公设和公理推出结论的方法，乃是发现和传授真理最好的和最可靠的方法。……期望运用数学那样的可靠性来论证哲学的其他部门，使这些部门同数学一样繁荣昌盛。"③ 同笛卡尔一样，斯宾诺莎重视数学的基础性，将之看作一种统一和相互连接一切知识的符号。

---

① ［法］笛卡尔：《探求真理的指导原则》，管震湖译，商务印书馆1991年版，第11页。

② ［德］黑格尔：《哲学史讲演录》（第四卷），贺麟、王太庆等译，商务印书馆1960年新1版，第103页。

③ ［荷］斯宾诺莎：《笛卡尔哲学原理》，王荫庭、洪汉鼎译，商务印书馆1980年版，第6页。

"将几何学的方法视为从事研究的恰当方法，并且视为最有效的劝导模式。"① 但是斯宾诺莎比笛卡尔更前进了一步，因为笛卡尔只是期望将演绎的方法应用于自然科学知识，但是斯宾诺莎却试图将之扩大到形而上学和人的心灵。斯宾诺莎为此身体力行，把这种方法用于哲学的具体研究，企图在这种方法论的基础上建立人类知识的大厦。斯宾诺莎宣称："我将要考察人类的行为和欲望，如同我考察线、面和体积一样。"② 正是在这种数学演绎的推崇精神下，斯宾诺莎首先运用几何学方法撰写了《笛卡尔哲学原理》，然后在他的代表作《伦理学》里，用几何学方法构造了整个哲学体系。所以，后世的哲学家一般都把斯宾诺莎的方法称为几何学方法。

作为自然科学家的牛顿，在长期的科学研究实践中更多地运用实验和归纳的方法，在对前人的知识进行总结概括基础上取得了自己的成就，因此他强调归纳方法在科学研究中的重要地位是很容易被理解的。值得注意的是，牛顿自己非常清楚地知道归纳虽然是一种重要的科学发现逻辑，但却不是唯一的。考察《自然哲学之数学原理》这部牛顿的代表性巨著，不难发现牛顿力学并不是一个归纳系统，而是一个演绎系统。虽然牛顿在实践中更加广泛地应用了归纳方法，但他却主要以演绎法来建立自己的理论体系。实际上牛顿也十分强调演绎的作用，这主要体现在他对数学方法的重视。秉承前人的数学方法传统，牛顿在对概念做出质的规定的同时还进行了量的描述，运用数学方法计算与推导，最后用精确而简洁的语言把事物间的本质联系概括为可进一步测量、应用和检验的公式或定律。在牛顿时代力学已经基本完成材料积累进入到理论的发展阶段，而要全面地、系统地研究力学，就不可能仅仅停留在归纳阶段，因而数学演绎的重要性就十分凸显了。因此，可以说在牛顿的力学研究中，演绎方法是更主要的方法，牛顿的成功在很大程度上也归功于他对数学演绎方法的广泛应用。只不过牛顿强调通过演绎发现的科学定律，必须经过实验做出检验证实后才能列入理论体系之中。

---

① Omar Swartz, *The Rise of Rhetoric and Its Intersections with Contemporary Critical Thought*, West view Press, 1998, p. 36.

② ［荷］斯宾诺莎：《伦理学》，贺麟译，商务印书馆1981年版，第97页。

第三节　莱布尼茨科学观与同时代科学观的差异点

一　机械决定论与辩证有机论

近代的思想家的主流观点是机械决定论，应该承认他们成功地从自然哲学中消除了终极原因的概念，以及亚里士多德的形式、质料和偶然这些曾经支配中世纪思想的大多数概念。机械决定论要求仅仅按照物质的运动以及物质组成部分的重新整理，来解释在自然界观察到的变化。首先哥白尼的科学革命为宇宙作为一部世界机器的概念奠定了基础，然后在伽利略那里得到了进一步的发展和提升。伽利略完成了对于哥白尼理论的实验确认，把它从纯粹数学的先验王国转变为物理存在的王国。17 世纪作为机械决定论的创始人之一的笛卡尔明确地提出了他的机械论的科学研究纲领，以其哲学体系建立为标志，自然观实现了机械论的历史转向，机械论得以确立并逐渐居于主导地位。在笛卡尔看来一切变化都可归结为物质的机械运动，他企图用机械运动来解释一切。"我只知道一种运动，这种运动就是物体从空间中一点移动到另一点，而连续地占据着这些点之间的整个空间。"他把空间中所观察到的一切变化都归结为简单的机械位移，宣称"给我物质和运动，我就能造出整个世界"。笛卡尔认为不仅自然界一切都是遵循力学定律，甚至生物界也是一样，动物和人都是机器，只不过更为复杂和高级，整个宇宙就是一座按部就班的"大钟"。尽管人因为有灵魂的存在是不同于动物，高于动物的，但是笛卡尔仍然强调人的感觉和其他较低级的刺激反应的机制完全是一样的，是机械性的。"人体的运动是由器官位置排列的不同所引起的，正如钟表或其他自动装置一样"，这种运动是由"大脑、神经和肌肉所决定的，就像一块表的运动是由发条的动力和齿轮的形式所简单地产生的一样"。为此，他努力"寻求关于人类行为的力学公式"①。

斯宾诺莎继承笛卡尔的观点用机械决定论的观点解释自然万物，认

---

①　［美］墨菲、柯瓦奇：《近代心理学历史导论》，林方、王景和译，商务印书馆 1980 年版，第 40 页。

为万物是铁的必然的彻底联系在一起的，"万物就像数学论证那样皆是必然的"。在斯宾诺莎看来，自然界的一切事物，不仅包括物质世界而且包括精神世界，都是处于必然的因果链条之中，事物的生成与变化皆遵循统一的、绝对的自然规律。他曾不止一次地说过："如果人们理解了自然的整个秩序，他们就会发现万物就象数学论证那样皆是必然的。"① 斯宾诺莎对机械论给出的理由是"出于神之永恒的命令，正如三角之和等于两直角，必然出于三角形的本质"，作为自然的一部分理所应当遵循自然的必然法则。"考察人类的行为和欲望，如同我考察线面和体积一样"，站在机械论的观点来看人的世界也是同样，不仅身体的运动，甚至心灵的忧伤、痛苦、快乐都可以用力学的原理来进行解释。人的每一个身体动作都是实体的广延的属性的一个样式，服从于整个物质世界；人的每个观念都是实体的思想这一属性的一个样式，依存于整个思想世界，"人的身体无非只是运动和静止的一定比例的关系"。

牛顿力学的建立和巨大成功，进一步巩固的机械论的科学基础，促使机械论逐渐走向成熟。在《自然哲学之数学原理》一书开篇的序言中牛顿写道："我希望能用同样的推理方法从力学原理中推导出自然界的其余现象，因为有许多理由使我猜想，这些现象都是和某些力相联系的，而由于这些力的作用，物体的各个粒子通过某些迄今尚未知道的原因，或者相互接近而以有规则的形状彼此附着在一起，或者相互排斥而彼此分离。"② 这就是他的机械论的科学纲领，世界的万物由粒子构成，这些粒子基于力的作用展现不同的面貌，但是它们都同样遵循力学原理。大到宇宙天体的运动，小到各种宏观物体的位移，直到化学物质的化合与分解，本质上都只是机械力学的运动，是空间位置的变化；宇宙没有任何的发展变化的，"恒星永远在一个固定不变的位置上"。

对机械决定论普遍认同的观点是与当时的科学发展状况紧密相连的，力学的成功，分门别类的研究方法取得的成绩，难免不使人将同样的观点、方法大而化之。概括地说，机械决定论是将整个世界看成一架服从

---

① ［荷］斯宾诺莎：《笛卡尔哲学原理》，王荫庭、洪汉鼎译，商务印书馆 1980 年版，第170 页。

② ［英］牛顿：《自然哲学之数学原理》，郑太朴译，商务印书馆 1957 年版，第 1 页。

力学规律的巨大机器，用机械观点去解释世界的不同事物与现象。世界整体被看成由各部分的简单堆积而成，整体可以被分解为部分，而部分可以通过简单的方式重新加和为整体，因此认识了部分也就认识了整体。正如笛卡尔所说："把我所考察的每一个难题，都尽可能地分成细小的部分，直到可以而且适于加以圆满解决的程度为止。"① 事物被看成孤立存在的，否认事物相互之间的联系。应该承认在当时的历史条件下，机械决定论这种将自然界分解为各个部分，在分门别类的条件下进行研究，是科学可以在认识自然领域获得巨大成功的基本条件。机械论代表了人类思维认识的一个不可或缺的重要阶段，它实现了从宗教神学思辨到理性化思维方式的转变，也完成了人从对自然界的直观、笼统的认识到对各门各类科学的深层规律的揭示。但是机械决定论的消极影响也是显而易见的，"堵塞了它自己从认识个别到认识整体，到洞察普遍联系的道路"②，机械论不足以解释说明生命现象，它把整个自然都解释成一个静止不动的，完全受制于力学规律的体系，自然界被描绘成了孤立、静止的偶然性的堆积。

在机械决定论占据压倒性胜利的思想界，莱布尼茨的辩证有机论是独树一帜的。莱布尼茨敏锐地发现了机械论的诸多缺陷，在对其反思和批判的基础上，广泛吸纳不同的思想，逐渐形成了其独特的辩证有机论思想。莱布尼茨在《单子论》中明确提出，单子是事物的基本构成元素，是一种组成复合物的聚集或堆积。他认为，任何事物都在彼此的联系中展现开来，都存在于系统之中。系统的普遍联系规定着每一具体事物，而每一具体事物又可以反映出系统和联系的总体面貌。宇宙"是被规范在一种完满的秩序中"的和谐体系，"物质的每个部分都可以设想成一座充满植物的花园，一个充满着鱼的池塘"③。莱布尼茨将这种从整体性和普遍联系性去把握事物的方法称为"获得最大可能的秩序性和最大可能的多样性的方法"，这就是莱布尼茨的普遍和谐理论（详见第三章第三

① 北京大学哲学系外国哲学史教研室编译：《十六—十八世纪西欧各国哲学》，商务印书馆1975年版，第110页。

② 《马克思恩格斯选集》（第四卷），人民出版社1995年版，第287页。

③ 北京大学哲学系外国哲学史教研室编译：《十六—十八世纪西欧各国哲学》，商务印书馆1975年版，第304页。

节）。莱布尼茨的单子是一个小宇宙，每个单子都能够反映整个宇宙，而且这个反映是一个动态的过程。不同于笛卡尔将世界看作一架庞大的机器，莱布尼茨将世界理解为一个庞大的、活生生的有机体，"整个自然都充满了生命"①。自然界及其万物都是充满变化的过程，在自己内在本性的推动下，逐渐地展开自身本性中蕴含着的各种样态。"一切创造出来的东西都有变化，因此，创造出来的单子也是这样，而且这种变化在每个单子里都是连续的。"② 同时，这个变化过程聚焦了整个宇宙的变化，其展开的多样性正是整个宇宙变化的投射。整个世界在莱布尼茨在这里描绘了一幅普遍联系、永恒运动的自然图景。实际上，莱布尼茨许多观点与现代系统论已经十分接近，他论述系统的思想对现代控制论和系统论的创立都产生了重大影响。"莱布尼茨的单子等级看来与现代系统等级很相似。"③ 怀特海在对近代哲学史进行分析后，指出莱布尼茨是近代机体论哲学的第一人。"显然，把机体的假说作为哲学的基础应当首先归功于莱布尼茨。"④

二　对东方文化的重视与摒弃

17、18 世纪，欧洲发现了包括中国在内的诸多"非欧"文化与社会形态，由此引发了不少文化冲突，著名的针对中国风俗的"礼仪之争"便是一个明显的例子。桎梏于欧洲中心论，欧洲思想界对中国的文化要么持一种置之不理的漠视态度，要么持一种批评的摒弃否定态度。沃尔夫、孟德斯鸠、康德和黑格尔就都将中国看作一个东方专制统治的国家。"莱布尼茨是 17 世纪所有学者中最早（可能柯尔贝尔除外）、以最大的顽强精神和持之以恒地关心中国的人。"⑤ 莱布尼茨是对中国文化倾注了最

---

① ［德］莱布尼茨：《莱布尼茨自然哲学著作选》，祖庆年译，中国社会科学出版社 1985 年版，第 128 页。

② 北京大学哲学系外国哲学史教研室编译：《西方哲学原著选读》，商务印书馆 1981 年版，第 478 页。

③ ［美］贝塔朗菲：《普通系统论的历史和现状》，王兴成译，《国外社会科学》1978 年第 2 期。

④ ［英］怀特海：《科学与近代世界》，何钦译，商务印书馆 1962 年版，第 149 页。

⑤ ［法］毕诺：《中国对法国哲学思想形成的影响》，耿昇译，商务印书馆 2000 年版，第 385 页。

大兴趣和耗费了最多精力的近代西方思想家，更是对儒学给予积极评价的第一人。莱布尼茨甚至"表达出想要亲自到中国旅行的愿望"[①]，他大力支持来华耶稣会传教士的工作，最早倡议从科学意义上创建"中国学"，并计划在科学院中设中国学研究的专门机构。尽管莱布尼茨的思想是否受到中国哲学的影响仍存在争议，但是莱布尼茨对中国文化的重视和推崇是确定无误的。

莱布尼茨对中国的关注贯穿一生，第一次提到中国是二十岁写作的《论组合术》一文，最后一次是弥留之前写给俄国使节阿莱斯金（Areskine）的一封信中。出于自身哲学的需要，莱布尼茨对中国文化的具体研究集中在两个方面：其一是对中西哲学的比较，认为中国宋明理学的重要范畴"理"和西方哲学的实体具有一致性，"中国人的理就是我们在上帝的名称之下所崇拜的至上实体"[②]；其二是阐释《周易》八卦与自己发明的二进制的相似性。

莱布尼茨在对宋代儒家理、气、太极等几个概念的分析上认为中国的儒学是一种自然神学。"中国人称第一本原为'理'，即是大自然的理由或本原，包罗万象的理由或实体。世上没有比'理'更大、更好的东西。这伟大、普遍性的原因既纯粹、安静、精微，又是无形无体，只能由悟性来认识"[③]，"我们实在不可将'理'与我们（西方）哲学家的原始物质一般看待，但是我们仍可将它当作第一形式即是世界的灵魂"[④]。莱布尼茨认为理作为创造、主宰万物的本原，类似于基督教的"上帝"，不仅理与基督教的上帝相通，宋代儒家理气关系的宇宙论与自己的宇宙普遍和谐也存在诸多的相似。在《论中国人的自然神学》中，莱布尼茨直接用他的单子与物质的模式来解释中国理学的理与气的关系问题。只不过与西方上帝创世的宇宙论中所启示的自然法有所不同的是，儒家的

① Julia Ching, Willard Gurdon Oxtoby, *Moral Enlightenment: Leibniz and Wolff on China*, Routledge, 1992, pp. 14 – 15.

② 忻剑飞：《世界的中国观》，学林出版社1991年版，第178页。

③ ［德］莱布尼茨：《论中国哲学》，引自陈乐民《莱布尼茨读本》，江苏教育出版社2005年版，第246页。

④ ［德］莱布尼茨：《论中国哲学》，引自陈乐民《莱布尼茨读本》，江苏教育出版社2005年版，第257页。

普世伦理是从中国人的家庭、社会及国家的经验中体会出来的，它没有外在神启的武断性和绝对客观性，但是充满着情理交融的伦理秉性；面对西方神人分立的本体论和主客体对立的知识论，中国传统儒学独特的伦理体系中的普世性和兼容性为其提供了"天人合一"的思想参考系。①现今时代儒家传统受到了很大的冲击，导致儒门淡泊的局面，学习"西学"的过程中，如何将"东学"发扬光大可能更是需要我们考虑的。

在与耶稣会士白晋的通信中，莱布尼茨得到了《易经》八卦图。他惊喜地发现《易经》八卦图采用的也是二进制符号，与自己十多年前发明的二进制原理不谋而合。莱布尼茨由此确信二进制有着长久的历史，可以揭示造化之谜，在此基础上进一步认为中国文字与埃及的象形文字不同，更具有"哲学定义"，"如同数学、秩序、关系一样，建立在人为的精神创造之上"②。莱布尼茨认为《易经》八卦图与二进制一样都是用最简单的符号表示基本概念，符号通过一定的规则相互组合，不断产生出新的复杂概念，不断地从简单过渡到复杂，即从"虚无中创造万物"的过程。当时的莱布尼茨正困惑于自己所采用的代数式符号系统无法说明世界的意义，而《易经》的出现无疑让莱布尼茨茅塞顿开，易经系统与这一要求相应，它不仅表达了生活境况及其变化，而且可以表征世界的基础真理，同时又能够加以计算或数学分析。尤为重要的表现在形而上学方面两者同样是要反映隐藏在计算方法这一表面公式背后的对世界的解释。二进制表达的不只是本身毫无意义的、无须再诠释的量的排列，它所表现的是在质量上丰富多样的世界一步一步地展开。尽管《易经》八卦图最终并没有使莱布尼茨创造出一种全球通用文字，却坚定了他对"二进制"的信念，并正式提交了相关论文《论单纯使用0与1的二进制算术》，二进制的数学原理成为近代计算机语言奠定的基础则是后话。

由于历史带来的机遇，莱布尼茨能够有可能终生关注中国的文化以及在中国发生的一切。根据目前能够掌握到的资料来看，似乎只有莱布

---

① 斯蒂克勒、徐丽丽：《莱布尼兹与儒学：西方世界主义的兴起和衰落》，田夫译，《世界哲学》2010年第5期。

② T. Grimm, *China and Leibniz's View of China*, Special edition of Leibniz Studies, Wieshaden, 1969, p. 50.

尼茨一人试图全面了解这个古老的国度与文化。法国当代著名汉学家艾田蒲说："在 1700 年前后，关注中国的人之中，莱布尼茨无疑是最了解实情、最公平合理的一个，他的著作也是唯一一部我们今天还可以阅读的著作。"① 在欧洲中心论弥漫的世界，能够在理性之上宽容地接受并赞扬中国文化在当时的西方学者中是十分罕见的。

三　对现世生活关注度的不同

科学发展到莱布尼茨的时代，已经不再如亚里士多德所说仅仅为了满足人的好奇心了。科学家很少考虑抽象思辨的问题，他们着手做各种实验，既探索自然的内在奥秘、获得知识，更解决实际的问题，产生有益的功利效果。英王查理二世为皇家学会建立发布的特许状写道："朕且获悉他们已经通过各种有用而出色之发现、创造和实验，在提高数学、力学、天文学、航海学和化学方面取得了相当的进展。因此，朕决定对这一杰出团体和如此有益且堪称颂之事业授予皇家恩典，保护和一切应有的鼓励。"② 新兴资产阶级对工业和商业的关注正预示着工业革命的来临。

培根宣称"知识就是力量"，笛卡尔主张要"解决有用的问题"，斯宾诺莎"志在使一切科学都集中于一个最终目的，这就是达到我们上文所说过的人的最高的完善境界。因此，科学中凡是不能促进我们目的实现的东西，我们将一概斥为无用；换言之，我们一切行为与思想都必须集中于实现这一唯一目的"③。但是没有人像莱布尼茨一样付出如此多的实践来关注现实生活的技术。在柏林科学院的杂志中，就有一张以铜版画形式出现的莱布尼茨设计的脱粒机蓝图。在所附的说明中说，使用这种用水驱动的机器，"3 个人每日可以完成以往 18 个人用手工工具脱粒的量"④。莱布尼茨不仅是一个理论家，而且还是一个实践家，"既具有思辨哲学家的特质又具有经验哲学家的特质"。莱布尼茨一生有过很多技术发

---

① ［法］艾田蒲：《中国之欧洲》（上册），钱林森、许钧译，河南人民出版社 1994 年版，第 385 页。

② ［英］贝尔纳：《科学的社会功能》，陈体芳译，商务印书馆 1986 年版，第 61 页。

③ ［荷］斯宾诺莎：《知性改进论》，贺麟译，商务印书馆 1960 年版，第 22 页。

④ ［德］St. Brather：《莱布尼茨与他的科学院》，科学院出版社 1993 年版，第 293 页。转引自［德］波塞尔《莱布尼兹与技术》，李理译，《世界哲学》2005 年第 4 期。

明，比较重要的有手摇计算器、灌溉用风车等。正因为计算器的发明，使之被吸纳为英国皇家学会会员。后世以之为技术标准，称为"莱布尼茨论"。在哈尔茨山脉任采矿矿主时，莱布尼茨对技术的发明改造有了实际功效的发挥。他利用风车驱动水泵，并发明了相关的滚动轴承、自动转数调节器、圆锥形输送轴等，这些装置甚至到了 19 世纪还在应用。对于促进社会发展方面，莱布尼茨建议在城市街道上安装街灯，进行国民经济统计，发展社会保险等等，所有这些都成为当今社会必不可少的东西，这都无疑体现了莱布尼茨关于社会发展的超人远见。

莱布尼茨在他的一生中拟订过无数个科学院计划，这些计划都将技术包括在内，并预示了它的应用方向在科学图景中将是一个全新的因素。因为莱布尼茨深信国家的富裕决定性地取决于科学和技术的不断发展、传播和应用。尽管技术哲学这个概念是卡普（kaap）在 1877 年提出的，但不可否认的是在西方的文化传统中，技术作为客体一直都是哲学反思的对象。在古希腊柏拉图和亚里士多德那里都可以找到对技术的不同看法。在从古希腊到现代技术哲学的转变过程中，莱布尼茨无疑是一个重要的人物。作为哲学家，他考虑科学及技术活动的背景是欧洲形而上学，尽管技术在他那里还不是一个独立的领域，而是科学在实际中的应用。莱布尼茨要求科学与技术的发展应该服务于人类的共同福利，二者必须以有用性为准则，莱布尼茨将有用性定义为获得和增加幸福。幸福包含两个方面的内容即灵魂的幸福和美好的生活。与之相对应有两种产生幸福的方式：通过理论的自然科学，它使灵魂得到完善；或者通过经验的自然科学，它帮助"保护和保养作为灵魂的工具的肉体，这是通过我们为肉体促进有益的事物和消除有害的事物来实现的"①。

---

① 《莱布尼兹全集》，科学版，明斯特莱布尼兹研究中心编，1982 始，141，S. 626. 转引自
[德] 波塞尔：《莱布尼兹与技术》，李理译，《世界哲学》2005 年第 4 期。

第四节　莱布尼茨科学观对后世的影响

一　对法国百科全书派的影响

莱布尼茨科学观的辩证部分及单子论被以狄德罗为首的法国百科全书派所批判继承。如前文所述，莱布尼茨的思想的鲜明特征之一是其调和性，他的思想是受到众多哲学家的影响的，尽管对莱布尼茨思想影响更多的是唯心主义哲学家，但对于唯物主义哲学家莱布尼茨并不是一味拒绝的，比如莱布尼茨就曾深入地研究过德谟克利特原子论的观点，也曾一度接受过机械唯物主义的观点。但是莱布尼茨最后还是放弃了物质实体的概念，因为他发现在这样的一个过程中，首先作为事物最基本构成成分的粒子，如果是物质的，那么就具有广延性，一定是可以继续可分的，那么就与实体不可分的性质相矛盾。其次，原子论把物质实体的本质属性仅仅看作广延性，那么物质就只具有量的差别，而不具有质的差别，那么实体本身就变成了纯粹被动的存在，这又与实体本身一定是能动的独立存在相。因此，作为事物最初的最基本的单元一定是不可分割的，即没有广延性的精神的点——莱布尼茨的"单子"。莱布尼茨的辩证法建立在单子论学说之上，认为"单子"作为构成世界的基本单元是没有广延性的，它的本性在于具有内在的能动的"力"，是能够运动，处于不断发展变化的过程中。单子各自具有不同的质，没有量的规定性和量的区别，每个单子及单子构成的每一事物都是在质上和任何其他单子或事物存在差别的。单子具有"知觉"和"欲望"，而单子的质的差别就在于这种"知觉"的模糊或清晰的程度不同，知觉由模糊到清晰的发展是由于"欲望"这种"内在原则"的推动，单子凭其"知觉"能"反映"整个宇宙。单子间是封闭而孤立的，它们由于普遍和谐原则而展现出世界的面貌。

狄德罗对莱布尼茨的钦佩和敬仰在其编纂的百科全书中，对莱布尼茨的极高评价可见一斑，应该再难以找到比之更高的评价。狄德罗几乎完全吸收了莱布尼茨的"单子论"体系中一切有辩证法意义的观点，甚至可以说，如果把莱布尼茨的精神性的"单子"，换成了物质性的"分子"，则莱布尼茨的"单子"所具有的那些特性，也正是狄德罗的物质的"分子"所具有的特性。① 狄德罗的"分子"绝对不可分割；分子本身具有"力"而能够运动；它具有感受性，并且其感受性有"迟钝的"和"活跃的"区别，"活跃的感受性表现在动物的某些显著的活动上，这些活动也许植物也是有的；而迟钝的感受性则可以由向活跃的感受性过渡而得到肯定……雕像就只有迟钝的感受性，而人、动物，也许包括植物在内，则赋有活跃的感受性"②；和每一单子都具有各自不同的质一样，物质分子也都具有不同的质，"在我看来，自然界的一切事物绝不可能是一种完全同质的物质产生出来的，正如绝不可能单单用一种同样的颜色，表现出一切事物一样。……物质是异质的，自然中有无数的不同的元素存在其中，每一个元素都因其不同之点，而有其天赋的、不变的、永恒的、不可毁灭的特殊的力"③；甚至狄德罗也肯定宇宙间一切物质事物是构成一个连续的整体，其间没有间断。当然狄德罗的分子是物质实体，"我承认，一个存在于某个地方，而又不与空间上的任何一点相合的实体，一个没有体积，又占有体积，而且完整地存在于这个体积的每一部分里，本质上与物质不同，而又与物质联合为一体，跟在物质后面推动物质，而自身又不动，影响物质，而又受物质的一切变迁影响的实体，一个我对它几乎毫无观念的实体，一个具有这样矛盾的性质的实体，人们是很难接受的"④。针对莱布尼茨认为具有广延性的物质总是无限可分，因而不能成为构成事物的最后单元，不能是实体的观点，狄德罗分辩道："无论现在、过去或将来，一种元素都只有在一种自然的组合中，或者在一种人为的组合中，才能够分割到最大的可能限度。在这种分割到最后地步的状态中，一种元素的分子是具有一种绝对不可分割性，不能再加以分割的，因为进一步分割这个分子既越出了自然规律容许的限度，也

①　陈修斋：《莱布尼茨与十八至十九世纪法国和德国哲学的联系》，《湖北社会科学》1987年第4期。

②　北京大学哲学系外国哲学史教研室编译：《十八世纪法国哲学》，商务印书馆1979年版，第362页。

③　北京大学哲学系外国哲学史教研室编译：《十八世纪法国哲学》，商务印书馆1979年版，第342—359页。

④　北京大学哲学系外国哲学史教研室编译：《十八世纪法国哲学》，商务印书馆1979年版，第361页。

不是技术的力量所能办到的，只不过可以在理智上加以设想而已。"①

　　除了狄德罗以外，很多 18 世纪法国启蒙运动的思想家也都受到了莱布尼茨科学观的影响，尽管这些影响大都以批判的形式出现。18 世纪法国启蒙运动的先驱培尔（Bayle）就和莱布尼茨关于"宇宙的普遍和谐"做过针锋相对的争论；伏尔泰作为 18 世纪法国启蒙运动的旗手，在小说《老实人》中，对莱布尼茨的"可能世界最好的世界"的学说，进行了尖锐的批评。启蒙运动另一位思想家孔狄亚克（Condilla）对莱布尼茨科学观的唯理论进行了系统的研究和批判。他认为如果没有对象作用于感官从而造成印象，灵魂就不可能体验到任何东西。因而莱布尼茨所提到单子的力和知觉不依赖于肉体和感官的存在是完全错误的。

二　对德国古典哲学的影响

　　莱布尼茨作为"德国哲学之父"，是德国历史上第一个有巨大影响的哲学家，他的思想是其后德国哲学发展的一个直接的、主要的思想来源。尽管莱布尼茨受到了诸多哲学思潮的影响，其生活的近代也处于整个哲学史承上启下的历史时代，但是我们需要注意的是莱布尼茨是德国历史上第一位名垂哲学史的哲学家，正如"德国古典文学的最后一位代表"海因里希·海涅（Heinrich Heine，1797—1856）所说"自从莱布尼茨以来，在德国人中间掀起了一个巨大的研究哲学的热潮，他唤起了人们的精神，并且把它引向新的道路，由于赋予莱布尼茨著作以生气的内在温和性和宗教气息，即便反对他的人也或多或少对这些著作中的大胆思想表示了一定程度的宽容；因此他的著作影响是很大的"②。德国是我们现代人眼中的哲学大国，其哲学家数不胜数，他们的思想或颠覆了哲学的传统，或开辟了新的流派，或对现实有着巨大改变，不一而足，但毋庸置疑的一点的是，他们的思想都与莱布尼茨有着或多或少的联系，受到了莱布尼茨或大或小的影响，无论这种影响是以正面继承的方式呈现，

---

　　① 北京大学哲学系外国哲学史教研室编译：《十八世纪法国哲学》，商务印书馆 1979 年版，第 371 页。

　　② ［德］海涅：《论德国宗教和哲学的历史》，海安译，商务印书馆 1974 年版，第 60—61 页。

还是以负面批判的方式呈现。

沃尔夫

沃尔夫（Wolff·Christian，1679—1754）是莱布尼茨哲学的直接继承人。1704 年 12 月，沃尔夫将博士论文《论一般数学方法对实践哲学的应用》寄给时年 58 岁的莱布尼茨请求指导，至此开始直至生命的最后时刻，莱布尼茨都保持了与沃尔夫的通信与会面。尽管后世哲学史公认将沃尔夫看成莱布尼茨的追随者和传播者，但二人在世交往的时候都没有这种想法和打算。毕竟当时莱布尼茨认为德彪西（Bartholomew Des Bosses，1663—1738）才是其哲学思想的密友和伙伴，而沃尔夫最初联络莱布尼茨时，只是为了寻求已经声望卓著的前辈的支持而已，1711 年沃尔夫甚至还曾宣布无法再追随莱布尼茨。[①] 无论如何，"莱布尼茨—沃尔夫体系"都被普遍承认，这是德国哲学史上第一个比较完整的形而上学体系，并且被搬上了德国的大学讲坛，成为德国大学教学的官方模式，从而规定了以后一百多年德国哲学的发展方向，被认为是德国哲学思想的最初起源。

欧陆理性派哲学家共同的哲学理想之一是将哲学建构得像数学般清晰明确，沃尔夫对此深以为然，他认为数学方法的规则，"与哲学方法的规则是一样的……两者的同一性，只有在那些不了解哲学与数学的规则有着共同的来源的人那里，才是令人诧异的"[②]。数学从定义出发推导出基本的原理或公理，然后再进行理论建构，定义的产物应该是清楚分明的观念，易于理解和传授。沃尔夫正是在这样的原则下，按照自己的想法重新梳理、建构了莱布尼茨的哲学体系，使之逻辑严谨、体系完整，适合讲授，而不论是莱布尼茨思想的本意与否。沃尔夫将莱布尼茨体系中的理性主义发挥到了极致，认为思维的确定性依赖于思维的秩序，从无可置疑的前提出发，遵从矛盾律就可以演绎出其他的结论。矛盾律只要证明一个与正确的定理相反的定理是自相矛盾的，或者与另一既定真

---

① ［英］安托内萨：《莱布尼茨传》，宋斌译，中国人民大学出版社 2015 年版，第 432 页。

② Wolff, *Preliminary Discourse on Philosophy in General*, trans. by R. G. Blackwel, 1963, p. 139.

理相冲突，证明就成立。在这里沃尔夫似乎更像是笛卡尔的信徒，他遵循严苛的几何学形式（在这一点甚至比斯宾诺莎走得还远），沃尔夫通过概念、公理、定理等推理环节，从形而上学的抽象范畴中直接演绎出整个体系。这一哲学体系是一个庞大的系统，包含了经验科学、逻辑学、形而上学、宇宙论、心理学、政治理论、自然神学等等。与莱布尼茨的著作绝大部分都是拉丁语写作的不同，沃尔夫的哲学著作大部分是由德语写作的，时值18世纪德国启蒙运动的风潮，德语写作契合了世俗势力的需求，适合更大多数人阅读理解，进一步扩大了莱布尼茨思想的影响，也开启了德国哲学家德语写作的先河，以至于黑格尔称沃尔夫是"德国人的教师"，他说："沃尔夫为德国人的理智教育做出了伟大的贡献，不朽的贡献。他不仅第一个在德国使哲学成为公共财产，而且第一个使思想以思想的形式成为公共财产，并且以思想代替了出于感情、出于表象中的感性知觉的言论。""只有当一个民族用自己的语言掌握了一门科学的时候，我们才能说这门科学属于这个民族了；这一点，对于哲学来说最有必要。因为思想恰恰具有这样一个环节，即：应当属于自我意识也就是说，应当是自己固有的东西；思想应当用自己的语言表达出来……"①

　　沃尔夫无疑扩大了莱布尼茨哲学的影响，但是在系统化莱布尼茨思想过程中，却也将莱布尼茨思想中若干闪光点抹杀了，"沃尔夫在哲学史上算是笛卡尔的徒孙，不言而喻，他继承了祖师的数学证明形式。……这种形式通过沃尔夫造成了巨大的恶果，这个形式在他的学生手里退化为最无法忍受的图式主义和企图用数学方法来表达一切的可笑的癖好。于是产生了所谓沃尔夫式教条主义，一切深入的研究都停顿了，苦苦追求明确的无聊的狂热代替了深入的研究"②。黑格尔在褒奖沃尔夫的同时也批评道："但是沃尔夫对这种理智教养所做出的那些伟大贡献，却与哲学所陷入的干枯空洞成正比：他把哲学划分成一些呆板形式的学科，以学究的方式应用几何学方法把哲学抽绎成一些理智规定……把理智形而上学的

---

① ［德］黑格尔：《哲学史讲演录》（第四卷），贺麟、王太庆等译，商务印书馆1960年新1版，第185—187页。

② ［德］海涅：《海涅选集》，张玉书等译，人民文学出版社1984年版，第270页。

独断主义捧成了普遍的基调。"① 对此，海涅有恰当的比喻："沃尔夫的系统化工作只是一种空虚的假象，莱布尼茨哲学最重要的部分，例如单子论中的最好的部分，竟被这种假象牺牲掉了，莱布尼茨当然没有留下什么体系构造，他只留下了构成体系所必需的思想。一个巨人从地下深处崛起了大理石层，并把它们造成巨大的方块和圆柱，但要把它们结合起来就需要另一个巨人，这样才能构成一座华丽的神殿。然而沃尔夫只是一个矮子，只能掌握思想建筑的一部分材料，把这部分材料做成一座自然神论的矮小的临时礼拜堂。"② 因为沃尔夫将理性推向了极致，认为理性可以认识一切事物，不仅仅是整个宇宙甚至包括灵魂和上帝的本性，而这种认识又是通过几何学的演绎方法，这样沃尔夫就将莱布尼茨思想中可贵的，并为德国古典哲学一脉相承的思辨成分，变成一种刻板、僵化的论证形式。无论如何沃尔夫都获得了巨大的声望，1754 年逝世时已经是德国最著名的思想家，"莱布尼茨—沃尔夫体系"也统治了德国思想界几十年，直到 1781 年康德的《纯粹理性批判》问世这一局面才发生了改变。

沃尔夫庞大的哲学体系，似乎只缺少关于美和艺术的部分了，而这一点由沃尔夫的学生，现代美学之夫鲍姆嘉通（Baumgarten）来完成了。"鲍姆嘉通是普鲁士哈列大学的哲学教授，哈列大学在启蒙运动中是德国莱布尼茨派的理性主义哲学的中心，在那里任教的莱布尼茨派学者沃尔夫是启蒙运动中哲学思想方面的一个领袖，鲍姆嘉通是直接继承他的衣钵的，他的美学是建立在莱布尼茨和沃尔夫的哲学系统上的。"③ 按照莱布尼茨—沃尔夫的哲学思想，如果一个感觉的观念被清晰明白地呈现出来，以至于变成一种理智的抽象的观念，那么我们就会获得完满的感觉。沃尔夫的认识过程就是尽量用被推导的事实去代替感觉到的事实，在这一个过程中感性的感觉被忽略掉了，完满的感觉就是绝对的理性。鲍姆加通将这样的理性原则运用于人的感性感觉上，认为可以通过提高感知

① ［德］黑格尔：《哲学史讲演录》（第四卷），贺麟、王太庆等译，商务印书馆 1960 年新 1 版，第 188 页。

② ［德］海涅：《海涅选集》，张玉书等译，人民文学出版社 1984 年版，第 270 页。

③ 朱光潜：《西方美学史》（上卷），人民文学出版社 1987 年版，第 295 页。

的清晰明确性，在纯粹的理性中引起愉悦，使得我们获得完满。鲍姆嘉通称之为感性学，也就是关于人的感性认识的学科，美学学科诞生。鲍姆嘉通还影响了康德思想的形成，康德在讲授形而上学课程时，相当长的一段时间使用的都是鲍姆嘉通的著作《形而上学》作为教材，并在书上做满了笔记。

康德

柯普斯顿（Copleston）评论沃尔夫哲学对康德的影响时写道："（沃尔夫）思想最显著的标记是确信和坚持人类理性能力可以达到形上学领域的确定性，包括上帝的形而上知识。这样的理性主义，表现在他德文著作的标题上，这些标题通常以这样的几个字起头'关于……之理性的观念'（Vernunftige Gedanke Von……）例如：关于上帝、世界、人类灵魂之理性的观念（Ra‐tional Ideas of God，the World and the Soul of Man，1719），而他的拉丁文著作收在一块称为'理性的哲学'（Philosophia rationalist）。……当康德讨论到形上学或形上学的证明时，通常心中指的就是沃尔夫式哲学，因为在他的前批判时期，他所学习和吸收的正是沃尔夫及其追随者的观念。"① 可以说，康德是跟随沃尔夫的思想进入哲学殿堂的，尽管康德的成名作宣布了沃尔夫时代的结束，但年轻的康德在哥尼斯堡大学学习逻辑学和形而上学时，他的老师就是沃尔夫的追随者克努森（Martin Knutzen，1713—1751）。在沃尔夫的理论中，关于伦理学和法律实践哲学占据了大量的篇幅。虽然在理论上没有什么太大的创新，但结构非常精巧。如果我们对比康德在其《道德形而上学》中对伦理理论的论述，就可以了解其清晰严谨正得益于沃尔夫。康德在论及他律伦理学的四种类型和至善伦理学时，也将沃尔夫作为最佳范例来引用。② 沃尔夫的形而上学体系可以分成理论哲学和实践哲学两个部分，理论哲学主要内容有（1）形而上学，即研究抽象的存在本身的理论；（2）理性心

---

① ［英］柯普斯顿：《西洋哲学史》（第六卷），陈洁明、关子尹译，台湾黎明文化事业股份有限公司 1993 年版，第 146—147 页。

② Kant，*Critique of Practical Reason*，trans. by L. W. Beck，New York：Macmillan，1993，p. 41.

理学，即关于灵魂的实体性和不朽性的理论；（3）宇宙论，即关于形体和世界的普遍学说；（4）理性神学，即探讨上帝的存在及其本质的学说。沃尔夫的实践哲学则主要包括自然法、政治学、伦理学以及经济学内容。与康德的哲学比较，我们可以发现，康德在《纯粹理性批判》的先验辩证论中对理性心理学、先验宇宙论和理性神学的批判，基本上都是针对沃尔夫理论哲学的；而康德在《实践理性批判》中关于灵魂不朽的纯粹实践理性悬设，也或多或少受了沃尔夫的道德完善过程无限推进——从今生一直到来世——的伦理学思想的影响。①

　　沃尔夫在系统化、理论化莱布尼茨哲学的同时，也有其弊病所在，例如他将理性推向了极致，沃尔夫所推崇的绝对化的逻辑理性的形式主义无法把握一切实在。这是康德所不能接受的，因此要把握实在就只有依靠外在的或内在的经验，唯有如此才能够在认识之中发现，或者在行动之中发明那种与一切实在相关联的特殊性。因此，康德在前批判时期，在否定了沃尔夫的理性主义之后，曾一度追随经验主义的脚步，直至休谟使他从"独断论的迷梦"中惊醒。关于充足理由律在其形而上学理论体系中的作用与价值，沃尔夫的看法与莱布尼茨存在着根本分歧，莱布尼茨认为矛盾律与充足理由律二者有着不同的形而上学来源，矛盾律来源于上帝的意志，而充足理由律来源于上帝的理智，因此莱布尼茨尽可能地区分这两条原则，并保持其各自的独立性。而沃尔夫则认为每一个正确判断背后都有其正确的充足理由，这是一条逻辑真理。因此，他认为可以从矛盾律中推导出充足理由律，并认为自己成功地做到了这一点。康德纠正了沃尔夫的错误，他指出"对于人类理智来说，这一区分是必不可少的，因而在这方面是值得被称作典范的，虽然我不知道它会在别的什么方面有大用途。而且我就是在这里看出了为什么教条主义哲学家忽视了这一显而易见的区分，以及为什么杰出的沃尔夫和他英明的追随者鲍姆嘉通能够在矛盾律里寻找充足理由律的证明，而充足理由律显然是综合的。"②"当莱布尼茨赋予高度的重要性于充足理由律之上，将之作

　　①　赵林：《莱布尼茨—沃尔夫体系与德国启蒙运动》，《同济大学学报》（社会科学版）第16卷第1期。

　　②　［德］康德：《未来形而上学导论》，庞景仁译，商务印书馆1995年版，第26—27页。

为其早先哲学原则的补充时，难道可以相信他希望他的充足理由律被（作为一条自然律）客观地理解吗？实际上众所周知（在适当的限度内），即使才智最平庸之士也很难想象通过发现它而获得了什么新的进展。因而正是那些误解了它的评论家极大地嘲弄了它。但对莱布尼茨而言，这条原则仅仅是主观的，也就是说是一条仅仅牵涉到理性的批判的原则，当说到在矛盾原则之外还必须有其他第一原则时，这意味着什么呢？他说的正是这样，根据矛盾原则只能认识已经包含在对象观念之中的东西；但如果我们想更多地谈论对象，有些东西就必须被加入到这个观念之中，因而我们就必须找到一条与矛盾原则不同的特殊原则，因为我们的断言必须有其自身的特殊理由，现在后一种陈述被称作综合的，因而莱布尼茨想要表达的正是这样的：'在矛盾原则（作为分析判断的原则）之外，必须有另一个原则，即关于分析判断的原则。'这是一个在形而上学上的新颖的、非凡的提议，它还没有被采纳（实际上直到进来它才被实行）……"① 康德对莱布尼茨的充足理由律的评价是很高的，在处理先天综合判断之原则的纯粹理性批判工作中进行了专门的研究，"莱布尼茨先生的形而上学，主要包括三个特点：①充足理由原则，特别是指出矛盾原则对于达到必然真理的知识的不充分。②单子论。③前定和谐论。……莱布尼茨既然给他的'充足理由原则'以很大的重要性，当作对过去哲学的增补。但是对于莱布尼茨，这个基本原则只是一个主观的原则，也就是一个仅仅关于理性的批判的原则。然而说'矛盾原则'之上，还应该有一些别的基本原则，是什么意思？这等于说，根据'矛盾原则'而认识的，只是包含在对象的概念之中的东西；若要说到比这个还多一点东西，那么在这个概念之上，还应该加一点东西，如果这个能加，就应该找出一个不同于矛盾原则的特别的理由。后一种原则称作综合原则，因此莱布尼茨只能说：在矛盾原则（作为分析判断的原则）之上，还应该加上另外一种原则（就是综合判断的原则）；这的确是对于形而上学中尚未研究者（以及实际上开始研究不久者）的一个新的值得注意的指示"② 。前批判时期的康德不满意前人对充足理由律的证明，通过对根据概念的几重区

---

① Leibniz, *the monadology and other philosophical writings*, Latta, pp. 208 – 209.

② ［德］康德：《未来形而上学导论》，庞景仁译，商务印书馆1982年版，第19页。

分，将充足根据律证明为关于偶然实存物的分析性命题。康德抛弃了"自因"的实体概念和"潜能—现实"的思想模式，尽管康德仍然接受承认莱布尼茨关于自由的理念分析以及其与充足理由律关系的探讨。对于这一点，海德格尔曾在《论根据的本质》一文中写道："无论在其哲思的开端还是在其哲思的终点，他（康德）都明确地探讨了'根据律'。"①

除了对充足理由律的糟糕处理外，沃尔夫还将莱布尼茨思想中可贵的辩证法因素完全抛弃了。尽管康德最终与莱布尼茨—沃尔夫体系分道扬镳，但莱布尼茨可以被看作德国古典哲学的核心思想——辩证法的根源所在，从康德到黑格尔的德国辩证思维系统的建立都与莱布尼茨科学观的思想密不可分，从而也间接地影响了马克思主义哲学的建立，马克思曾在写给恩格斯的信里明确指出："你知道，我是佩服莱布尼茨的。"②列宁在《哲学笔记》中也曾针对莱布尼茨的辩证法思想提出"莱布尼茨通过神学，而接近了物质和运动的不可分割（并且是普遍的、绝对的）联系的原则。""大概马克思就是因为这一点而重视莱布尼茨"，"这里是特种的辩证法，而且是非常深刻的辩证法，尽管有唯心主义和僧侣主义。"③康德的形而上学体系包含着丰富的辩证法，二律背反的核心就是理性的辩证法。康德强调批判性的思维，力求对人的理性能力做出限制。正是确信宇宙处于不断的运动发展过程中，康德才提出了星云假说，解释了天体演化和宇宙的形成。他接受了莱布尼茨对形式逻辑基本原则的改造和简化，而且受其普遍和谐说的影响。康德赞同莱布尼茨的观点，认为世界的本来面目是和谐的、有序的和完美的，而恶的东西只能对它构成某种干扰，并不能改变其实质。康德认识论的形成也是与对莱布尼茨科学观的批判继承分不开的。康德承认在人类意识的物质世界的范围之内，科学知识是有绝对的普遍必然性的，而之所以能够有这种普遍必然的知识，归根结底是因为物质世界规律本来是认识主体本身所固有而加给了这种作为认识对象的"自然界"的。这些显然是莱布尼茨科学观认识论的某种再现。正如新康德主义者格林（Green）所说："莱布尼茨

①　[德]海德格尔：《路标》，孙周兴译，商务印书馆2000年版，第145页。
②　《马克思恩格斯全集》（第三十二卷），人民出版社1974年版，第489页。
③　《列宁全集》（第三十八卷），人民出版社1981年版，第427—433页。

的学说形成了康德心灵中一种经常的气氛……把康德描述为一个改正了和发展了的莱布尼茨，比把他和任何另外的人放在这样的关系中都更好。"① 不管康德自己怎样认为，他始终未能真正摆脱早年所受的莱布尼茨哲学的影响。

黑格尔

莱布尼茨科学观的辩证特点经过康德，在黑格尔那里发展壮大。莱布尼茨在《单子论》一书中写道："每个单子必须与任何一个别的单子不同。因为在自然中绝没有两个东西完全相似，……单子必须有一些性质，否则它就会不是存在物了。单纯的实体之间如果没有性质上的差别，就无法觉察事物中的任何变化，因为存在于复合物中的东西，只能来自单纯的组成部分，单子如果没有性质，也就不能彼此分别，因为它们之间本来没有量的差别"②。莱布尼茨认为，事物是由单纯的实体，也就是单子堆积或聚集而成，这是事物同一性的表现。数量众多单子之间的差别在于其内在固有的质的不同，这是事物差别性的体现。而事物不仅有差别还有同一，这种看待同一与差别的观点，黑格尔是十分赞同的，并在其哲学系统中吸收发展开来。黑格尔批判那种绝对不变的同一理念，"同一是通过扬弃存在的直接规定性而变成的，因此同一可以说是作为理想性的存在，对于同一的真正意义加以正确的了解，乃是异常重要之事。为达到这一目的，我们首先必须特别注意，不要把同一单纯认作抽象的统一，认作排斥一切差别的同一"③。可以看出，黑格尔认为的同一是包含着差别的同一，这种观点是和从前一切"坏的哲学"有着天壤之别的。实际上，在黑格尔的哲学体系中，同一和差别是矛盾发展的两个环节，而且差别是由同一发展而来的。那么同一发展为差别是如何发生的？黑格尔的回答是："这个问题里便预先假定了单纯的同一或抽象的同一是某

---

① 陈修斋：《莱布尼茨与十八至十九世纪法国和德国哲学的联系》，《湖北社会科学》1987年第 4 期。

② 北京大学哲学系外国哲学史教研室编译：《十六—十八世纪西欧各国哲学》，商务印书馆 1975 年版，第 484 页。

③ 〔德〕黑格尔：《小逻辑》，贺麟译，商务印书馆 1980 年版，第 249 页。

种本身自存之物，同时也假定了差别是另一种同样的独立的自存之物，然而这种假定却使得对于上面所提出的问题的解答成为不可能，因为如果把同一认作不同于差别，那么我们事实上只能有差别，因而无法证明由同一到差别的进展。……同一无疑是个否定的东西，不过不是抽象的空无，而是对存在及其规定的否定，而这样的同一便同时是自身联系，甚至可以说是否定的自身的联系或自己与自己的区别。"① 黑格尔举例说莱布尼茨在与夏洛特女选侯谈及他的相异律时，以"世界上没有两片相同的树叶"为例进行说明，而闻及此言的宫廷侍卫和宫女们真的纷纷走进御花园四处寻找两片完全一样、没有任何差别的树叶，试图以此方法来推翻这位哲学家的相异律观点，这样的一种方法似乎在今天也是格外受欢迎的，因为再也找不到比这种方法还简单容易而有力的手段了。但黑格尔说这是庸人对莱布尼茨相异律的误解，"假如依照相异律说某物本身即是相异，则其相异乃基于它的固有的规定性。这样，我们所意谓的就不再是广泛的差异或相异，而是指谓一种特别的差别。这也就是莱布尼茨相异律的意义"②。在莱布尼茨那里，相异律并不是那种简单的外在的、单纯借助感观经验就可以区分的差别；相反，这里的差异是事物本身性质的不同，这种不同内含于事物自身的内在属性。

对于莱布尼茨的充足理由律，黑格尔也给予了很高的评价，并在自己的哲学体系中继承发展开来。黑格尔在《小逻辑》中写道："根据的规律（即莱布尼茨提出的充足理由律）是这样说的：某物的存在，必有其充分的根据，这就是说，某物的真正本质，不在于说某物是自身同一或异于对方，也不仅在于说某物是肯定的或否定的，而在于表明一物的存在即在他物之内，这个他物即是与它自身同一的，即是它的本质。这本质也同样不是抽象的自身反映，而是反映他物。根据就是内在存在着的本质，而本质实质上即是根据。根据之所以为根据，即由于它是某物或一个他物的根据。"③ 黑格尔行文中的"根据"一词就是理由的意思，他认为理由应该是同一与差别的统一，而这里的统一并不是抽象的同一，

---

① ［德］黑格尔：《小逻辑》，贺麟译，商务印书馆1980年版，第250页。

② ［德］黑格尔：《小逻辑》，贺麟译，商务印书馆1980年版，第251—252页。

③ ［德］黑格尔：《小逻辑》，贺麟译，商务印书馆1980年版，第259页。

换言之，理由不仅是同一与差别的统一，而且甚至是异于同一与差别的东西。黑格尔反对对充足理由律进行形式主义的理解，"根据之所以是根据，只是因为有根据异议证明，但有根据所证明的结果即是根据本身，这就是根据的形式主义所在"。在这里，黑格尔反对形式主义的理解，按照形式主义的逻辑，原因和由此原因所证明的内容就变成了同一的东西，尽管它们仍然存在差别，但这种差别不外是简单的外在差别，或者是一种被设定的存在的形式差别。如此一来当我们去考察一个事物的时候，不仅要看到其直接的一面，还要看到它的原因，但在这里的原因已经不是直接的了，因为按照形式主义的要求，其他的学科必须有其存在的原因，并且这一原因不能直接以自己的内容为依据。可是形式逻辑自己却成了最大的反例，提出了一个未经推理、未经演算、没有原因的思维规律。可能在日常生活及某些学科里使用这种思维方式无伤大雅，但是黑格尔清醒地意识到，"这种认识方式，无论就理论或就实践来看，都不能给予人以确定的满足。其所以这样，乃由于这里所谓根据还没有自在自为的规定的内容，因此当我们认为一物有了根据时，我们不过仅仅得到了一个直接性和中介性的单纯的形式罢了"。按照黑格尔的观点，既然我们将充足理由称为充足理由，那么"充足"一词就不是没有任何意义的画蛇添足的表达，而是添加了"理由"一词本身所不具有的一些其他含义，假如"充足"一词仅仅泛指提出理由的能力，那便成了多余的同义反复，因为"根据之所以是根据，即因为它有提出理由的能力"。也就是说，黑格尔赞同莱布尼茨的充足理由律，当黑格尔为之辩护的时候，黑格尔正是在这一含义的指称下进行的。"莱布尼茨心目中所要反对的，正是现时仍甚流行的，许多人都很爱好的，单纯机械式的认识方法，他正确地宣称这种方法是不充足的。……如果有人以为莱布尼茨对于如此贫乏的形式的充足理由律会表示满意，这对他未免太不公平，他认为可靠的思想方式正是这种形式主义的反面，因为这种形式主义在寻求充足具体的概念式的知识时，仅仅满足于抽象的根据。也就从这方面着想，莱布尼茨才区别开致动因与目的因彼此间不同的性质，力持不要停留于致动因，须进而达到目的因。"也就是说，黑格尔反对仅仅从事物的外部去寻找流于表面的差别，而认为事物的差别来源于事物的本质，同时事物之间的差别也意味着事物的同一，否则差别就没有意义，这是和黑格尔的辩证法一脉相承的"同样的、内部的、本身的自己运动，一般的冲动（单子的能动性或冲力、绝对单纯的本质的隐德来希），不外是由于在同一关系中有着某物自身和它的空无，即某物自身的否定的一面"①。概而言之，黑格尔将莱布尼茨的思想视为"伟大的思想"，在其哲学体系中，我们总是能看到莱布尼茨留下的痕迹。比如莱布尼茨认为单子是在自身中反映着全宇宙的观点、认为事物持续变化的原因在于内在的动力的观点，这些思想都被黑格尔认同，并且成为黑格尔哲学体系的理论来源。包括黑格尔"绝对精神"的思想以及"绝对精神"在自身发展过程中的不断外化、具体化的过程，与莱布尼茨的"上帝"的概念和"单子"的变化，我们都可以看到存在着某种相似的关联。

从德国古典哲学奠基者康德伊始，莱布尼茨科学观的辩证思想的影响就贯穿了整个德国古典哲学流派。费希特（Fichte）那里创造出一切的原初的"自我"，与莱布尼茨的最高级的"单子"就是极为相似的。莱布尼茨的单子是映射着整个宇宙的一面镜子，整个宇宙都是单子自身固有知觉的自发的展开或发展；而费希特"自我"与代表着整个世界的"非我"，也是如此展开演化而来的。到了谢林（Schelling）那里，那个同一的、包含一切的"绝对"，和莱布尼茨那里最高的、创造一切单子的"单子"又是极为类似的。所以在世界莱布尼茨研讨大会上，布尔（Boole）才会说，黑格尔与莱布尼茨持共同的观点，那就是因为对他们来说，哲学是关于认识世界整体的一种知，是关于对存在与世界上人的行为理解的一种知，既然世界和人的行为都处在不断的运动变化中，那么哲学也就成了一门关于生成和变化的学问。对此，我们可以得出这样的结论，德国古典哲学核心思想的基础就滥觞于莱布尼茨科学观的辩证有机论。

费尔巴哈

莱布尼茨对德国古典哲学的影响还明显地表现为对人本主义哲学家费尔巴哈（Feuerbach）的影响。1830 年时年 26 岁在爱尔兰根大学做讲师的费尔巴哈匿名发表了《关于死于不死的问题》一书，抨击基督教关

---

① ［俄］列宁：《哲学笔记》，人民出版社 1974 年版，第 146 页。

于灵魂不死的宗教教义，因此被逐出大学讲台。为了证明自己的能力，重返大学课堂，费尔巴哈着手写作哲学史著作，1833 年出版了《近代哲学史》（从培根到斯宾诺莎），1836 年写作了《对莱布尼茨哲学的叙述、分析和批判》，并于次年出版。在写作此书的过程中，费尔巴哈对莱布尼茨思想体系进行了系统的深入研究。在《对莱布尼茨哲学的叙述、分析和批判》写作期间，费尔巴哈还秉持唯心主义的观点，到了 1947 年费尔巴哈编纂自己的全集的时候，把这部书收录于全集的第五卷，并从唯物主义的观点出发补写了第二十一节"对莱布尼茨的灵物学的批判"和第二十二节"对莱布尼茨的神学和神正论的评论"以及若干注释。由于这本论述莱布尼茨的著作十分精彩，以至于 1914—1915 年列宁阅读费尔巴哈的全集时，唯独对这本著作做了摘要，并且写道："在对莱布尼茨精彩的叙述中应当摘下某些特别出色的地方，这不是容易的事，因为第一部分（第 1—13 节）全都是出色的。"[1] 对比大部分情况下列宁对唯心主义哲学思想深恶痛绝的态度，可以得见这样的评价是多么难得。尽管写作这本著作时费尔巴哈的思想与其成熟时期比较还有一定的差距，但是我们可以得出这样的结论，对莱布尼茨哲学的研究，促成了费尔巴哈个人哲学思想的转变和成熟。

像所有研究莱布尼茨的学者一样，费尔巴哈对莱布尼茨评价颇高，"通常，人们只禀赋有这种或那种天才；可是，莱布尼茨却集各种各样的天才于一身：他既具有抽象的数学家的特性，又具有实践的数学家的特性；既具有诗人的特质，又具有哲学家的特质；既具有思辨的哲学家的特质，又具有经验的哲学家的特质；既具有史学家的才能，又具有发明家的才能；他具有很好的记忆力，从而不必耗费精力去重读他过去记下的东西；他既具有植物学家和解剖学家的显微镜似的眼睛，也具有进行概括工作的分类学家的高瞻远瞩的目力；他具有学者的忍耐心和敏锐感，也具有依靠自学的、独立思考的、寻根问底的研究者的坚韧力和勇气"[2]。

在费尔巴哈看来，莱布尼茨哲学的中心概念是实体，但与前人实体

---

① ［俄］列宁：《哲学笔记》，人民出版社 1974 年版，第 427 页。

② ［德］费尔巴哈：《费尔巴哈哲学史著作选》（第二卷），涂纪亮译，商务印书馆 1978 年版，第 17 页。

概念不同的是，在莱布尼茨那里，诸如不可入性、生命一类的看似独立存在的事物并不一定是实体，因为按照莱布尼茨的思想，实体的概念只有与力的概念相结合，并且是那种活动的力的概念联系在一起的时候，才能阐释实体的概念。费尔巴哈曾说："在莱布尼茨看来实体概念与能、力、活动这些概念是不可分的，严格地说，甚至这些概念是同一的；更确切一点，这是一种通过自身实现的活动，即自己的活动。"① 也就是说，莱布尼茨的实体概念是在前人实体概念的基础上增加了力的概念，而且是活动的力的概念建立起来的。这样莱布尼茨通过"神学而接近了物质和运动不可分割（并且是普遍绝对的）联系的原则"②。我们知道力的概念在莱布尼茨的哲学中是占据非常重要的位置的，由于力的原因事物的本质才得以构成，即便是类似于广延性这样的一些最高原则，也是要以力作为前提和条件的。莱布尼茨认为解释事物的本质必须借助于一些清楚明白的概念，力是最好的选择，所有事物处于一种永恒的运动中的原因就在于事物本身包含着活动的"力"。因此，费尔巴哈明确指出，莱布尼茨的实体概念和笛卡尔的实体概念已经绝然不同。在笛卡尔那里，实体是机械的，只有广延性质，实体的运动是在外力推动下的惰性运动；但是在莱布尼茨那里，实体是因为自身包含活动的力的原因的，处于永恒的、主动的运动之中的。费尔巴哈对于莱布尼茨这种活动的力的概念高度强调，十分重视莱布尼茨哲学体系中的能动性特征。而活动的力的概念正是德国古典哲学从莱布尼茨那里继承发展开来的辩证法的源头所在。应该如何理解力这一概念，费尔巴哈认为力的概念的提出是针对事物运动原因的阐释所要借助的关系或原则，也就是事物本身无法构成解释事物运动的原因，因此力的概念与一般的物理学那种物质的或者机械的范畴一定不同，也就是力的概念一定是某种超出物质的概念的范畴，不同于物质本身的特性，比如不可入性、复合性、广延性等。力的概念应该是与之相反的，是一种不可分的、单纯的存在，那么力就是一种精神的、理性的对象存在物，既不是感性或知性的对象也不是物理的对象。

---

① ［德］费尔巴哈：《费尔巴哈哲学史著作选》（第二卷），涂纪亮译，商务印书馆 1978 年版，第 32 页。

② ［俄］列宁：《哲学笔记》，人民出版社 1974 年版，第 427 页。

实际上，按照其自身的性质而言是一种形而上学的精神的实体。所以对于"力是有形的实体"应该解释为，有形的实体只有借助于无形的"力"才成为真正的实体，才具有了形而上学的意义，才成为真正的存在。费尔巴哈认为如果从单子的角度、从起源方面去观察物质，按照莱布尼茨所说实在、至少是"绝对实在，只处在单子和单子的表象中"，那么就意味着对莱布尼茨而言，哲学严格意义上的物质仅仅指称一切单子和单子的表象。简而言之，物质是表象。这似乎与一般的理解是相左的，我们一般把物质看成实在，而把表象看成与物质性质相反的一种非实在的、表面的印象。在这里，在莱布尼茨的这种解释中，表象和物质不再是对立的了，恰恰相反，表象不仅是实在的，而且成了物质的本质，成了一切实在性的基础和源泉。这一时期的费尔巴哈还是一个唯心主义的哲学家，因此赞同将物质视为表象的观念，把莱布尼茨的学说称为"一种聪明绝顶、感情充沛和思想丰富的唯心主义。你所感觉到、听到和看到的一切，都是灵魂的表现、幻影；你在万物中都能觉察到本质、灵魂、精神、无限性。你的感觉只不过是一些模糊的思想"①。尽管在若干年后，费尔巴哈就转向了唯物主义阵营，1847 年费尔巴哈补写的第二十一节，转而批判唯心主义，认为感性提供对象，理性则为对象提供名称，理性不是感性的东西。

　　我们知道费尔巴哈的人本主义哲学是在批判基督教上帝的概念的基础上建立起来的，尽管费尔巴哈不承认自己是无神论者，但是他的人道主义的神学，实际上就是把人当作上帝，以人的位置取代上帝的位置。正如费尔巴哈自己所说："我的第一个思想是上帝，第二个是理性，第三个也是最后一个是人。"② 考察费尔巴哈这一思想是如何转变形成的，可以发现莱布尼茨的哲学在其中起到了重要的作用。因为费尔巴哈将莱布尼茨的神学部分称为"令人舒畅的人类学神学"，费尔巴哈认为莱布尼茨的神学是对这样见解的一个相当通俗的证明，即"神学的秘密就是人类

---

　　① ［德］费尔巴哈：《费尔巴哈哲学史著作选》（第二卷），涂纪亮译，商务印书馆 1978 年版，第 153 页。

　　② ［德］费尔巴哈：《费尔巴哈哲学著作选集》（上卷），荣震华、李金山译，商务印书馆 1984 年版，第 247 页。

学"。正如费尔巴哈不承认自己是无神论者，莱布尼茨也不承认自己是非基督徒，尽管莱布尼茨同时代的人普遍以"什么都不信仰的人"去称呼他。除了莱布尼茨从不进教堂外，更重要的恐怕还是莱布尼茨的神学思想。莱布尼茨认为上帝这一概念并不是超脱于人的概念之上的存在，上帝概念本身就包含在人的概念之内，就像绝对空间的概念是包含在现实物理空间的概念之内，上帝无非就是完美的、没有任何制约的、没有任何缺陷的人的极致理想罢了。

　　费尔巴哈比较了莱布尼茨上帝的概念和人的概念，例如莱布尼茨说上帝始终是十分快乐和满足的，这也是人所追求的目标；真正的上帝始终是永恒不变的，而人也把永恒不变当作自己的格言；上帝一举一动是为了行善而不是为了获得善，可是莱布尼茨在这一段中所引用的格言"施与受胜于接受"，同样适用于人；上帝绝不可能是迟疑不绝的，他了解一切不可能产生怀疑，他不可能不做出自己的判断，他的意志始终是明确的，可是这些也是人试图做到、追求的状态；上帝的统治，贤人的统治都是理性的统治，不过只有上帝始终受理性的支配的，可是既然都是理性的统治，那么上帝与贤人的本质区别何在？难道上帝和贤人之间的区别仅仅在于上帝永远如此，而贤人仅仅有人有时如此吗？上帝的一举一动是有目的的，可是人的活动也是如此；因而费尔巴哈提出疑问，为什么这个显然是人的存在物竟表现为一种与人不同的存在物？这是因为上帝不仅被表现为道德的存在物，而且同时被表现为物质的存在物，表现为自然界的本质和原因。莱布尼茨在一封信中写道："我们可以按物质的和道德的这两种方式来想象上帝。从物质上来说，他仿佛是事物的最后根据……从道德上来说，他又仿佛是君主……"① 使上帝与自然界区别开来的那些特性是从人那里抽象来的，而上帝与人区别开来的那些特性是从自然界那里出来的，莱布尼茨说上帝是关怀人的，他爱人类他希望人幸福，这是再真实不过的了，可是人并不是上帝唯一的对象，"上帝的对象是某种无限之物，他关怀整个宇宙"。人不是绝对的存在物，而是有局限的存在物，人不是整体而是整体的一部分，换句话说上帝不仅代

① ［德］费尔巴哈：《费尔巴哈哲学史著作选》（第二卷），涂纪亮译，商务印书馆1978年版，第200页。

表人，而且代表非人的存在物，它不仅是人的上帝或人的本质，而且是自然界的上帝或自然界的本质，"上帝没有忽视那种没有生命的事物；它们没有感觉，可是上帝代替它们有感觉。上帝没有忽视动物，动物没有理性，可是上帝代替它们有理性"。费尔巴哈指出，莱布尼茨指责培尔说他把上帝想象的过于像人了；可是莱布尼茨借以超越于培尔的神人同形论之上，借以排除或者至少限制神人同形论的那种东西，只不过是自然界这个概念，只不过是宇宙这个概念，然而仅仅作为自然界的代表，仅仅表现了人格化的、具有人性的和被奉为神灵的宇宙的那个上帝，实际上并不是真正的基督教的本来意义的上帝，所以费尔巴哈的结论是："莱布尼茨是半个基督教徒，他既是有神论者或基督教徒，又是自然论者，他用智慧、理性来限制上帝的恩惠和万能。但这种理性无非是自然科学的研究室，无非是关于自然界各个部分的联系、整个世界的联系的观念。因此莱布尼茨用自然论来限制自己的有神论，他通过有神论的否定来肯定维护有神论。"[1] 必须承认，莱布尼茨作为一个基督徒，他的上帝的概念和费尔巴哈上帝的概念还是有着区别的，但是费尔巴哈从莱布尼茨上帝的概念解读出人的概念，将上帝的本质解读为人的本质的提升，已经预示了费尔巴哈终将彻底抛弃基督教，走向无神论的道路，对于费尔巴哈从一个神学家转变为人本主义者，从对精神思辨的关注转向真实的世界和实在的自然，转向活生生有血有肉的具体的人，不得不说是在对莱布尼茨批判地继承和发展基础上才得以实现的。

三　对现代人本主义思潮的影响

现代西方哲学人本主义思潮兴起于 19 世纪 40 年代，主要流行于欧陆国家以及英美，因此受到欧洲大陆的唯理论影响，康德的批判哲学是欧陆唯理主义发展的一个重要转折，他在吸收休谟不可知论的同时，通过对先验范畴的提出，强调了人的主体性。黑格尔则把理性主义进一步辩证法化，再然后客观唯心主义的理性主义转向了主观唯心主义的非理性主义，人本主义思潮正是在反思欧陆唯理论的基础上，沿着非理性主义

---

① ［德］费尔巴哈：《对莱布尼茨哲学的论述、分析和批判》，涂纪亮译，商务印书馆 1979 年版，第 202 页。

的路径发展建立起来的，强调绝对、直觉、关注人的存在意义，重视非理性的作用。

叔本华

叔本华（Schopenhauer）是现代西方哲学人本主义思潮的创始人，其意志主义哲学却是以改造过的莱布尼茨的充足理由原则为基本前提的。青年时代的叔本华在其博士论文《充足理由原则的四重根》中把充足理由原则宣称为"一切科学之母"，并明确肯定第一个正式把充足理由原则作为一切认识和科学的主要原则来论述的是莱布尼茨。"由于充足根据律堪称为整个科学的基础，所以，其重要性是显而易见的。因为通过科学我们才能理解一个概念系统，即一个互相联系的概念整体，而非缺乏联系、完全分离的概念集合。但是，把这个系统的各个部分连接起来的如果不是充足根据律，又是何物呢？每门科学之所以不同于一个纯粹的集合，就在于科学的概念是从它们的根据出发一个跟一个地衍生出来的。"①叔本华其后的哲学都建立在这一论文的基础上，充足理由原则在他的哲学中不是序论也不是偶然出现的一个客体，而是构成了叔本华哲学的起始点，是其哲学的真正根源乃至哲学主体。叔本华相信任何事物都有其存在的理由，他的代表作《作为意志和表象的世界》开篇就说："世界是我的表象，这是一个真理，是对于任何一个生活着和认识着的存在都有效的真理，但只有人能够将它纳入反省的、抽象的意识罢了。"②叔本华这句话并不是否认客观世界的存在，或认为世界是由我来创造的，他强调的是，世界被我们表象或者向我们呈现，我们任何关于世界的认识都是在这个前提下获得的，世界的样子就是对我们表象出的样子。也就是说，叔本华认为世界对我们而言，永远是我们表象出来的样子。叔本华认为表象世界完全被他简单假定的充足理由律支配着。这一规律尽管在表达方式上有所不同，本质上却主张，存在着适用一切现象的一个充足

---

① ［德］叔本华：《论充足理由律的四重根》，陈晓希译，商务印书馆1996年版，第6页。

② ［德］叔本华：《作为意志和表象的世界》，石冲白译，商务印书馆1982年版，第25页。

理由。叔本华说，充足理由律主张："每一可能的客体……与其他客体必然联系着，一方面作为被决定的，另一方面作为决定着的。"充足理由律确定了呈现给意识心灵的一切客体都处于彼此相互之间的联系之中，因此每个被表现的客体根据它与其他课题之间的联系而得以全面的解释。在这里，如果把叔本华表述中的"客体"一词换成"单子"一词，那么我们看到的就是莱布尼茨的哲学和单子论，无法看出叔本华的观点和莱布尼茨的观点有什么差别。同时，莱布尼茨的充足理由律在这里体现为叔本华表象世界的本体论意义。在此基础上，叔本华进一步发展的莱布尼茨的充足理由律，他称之为"充足理由律的四重根，"分别是：生成或变化的充足理由律、认识的充足理由律、存在的充足理由律和行为的充足理由律。充足理由律的这四重根，实际上是叔本华认识到我们人有不同的表象方式，正是由于表象方式的不同，才有我们对不同类型的事物的分类，所以叔本华将我们不同的表象方式或能力进行了区分。第一种"生成或变化的充足理由律"的表象方式是直观经验，构成物理世界的对象；第二种"认识的充足理由律"的表象方式是抽象的逻辑概念，构成我们的判断；第三种"存在的充足理由律"的表象方式是对时间和空间的先天直观，构成数学的对象；第四种"行为的充足理由律"的表象方式是行为，其对象就是意志主体。物理世界在发生着变化，叔本华认为持续变化的客体即为物质，他甚至把物质定义为"时间和空间的可感知性……它的存在就是它的行为"①，直观经验着的物理世界是充分根据律所提供的，存在于此种类型各种表象之间的关联的形式。理性作为人类独有的能力，使我们形成抽象的表象或概念，对于叔本华来说，概念是表象的表象，因此表象一定源于感知。同时由感知获得的材料至少能够在原则上被认为包含于某个概念之下，因为概念本质上是抽象的和普遍的，因此任何概念都可以被认为具有一定范围，判断决定了各种各样的概念所涉及的范围之间的联系。充足理由律保证，每个真判断能够被归因为一个理由，并且真理借此可以被建立起来，判断的理由的特殊形式依赖于所做的判断的类型。逻辑真理以其他判断为基础，质料的真理以经验为基础，超验真理以经验可能性的条件为基础，元逻辑真理则以思

---

① ［德］叔本华：《作为意志和表象的世界》，石冲白译，商务印书馆 1982 年版，第 8 页。

维的形式条件为基础。世界作为表象的直观形式是时间与空间，时间与空间通过意识的一切客体构成，并把世界个体化，形成特殊和个体的各种客体，其在我们所知觉的世界的可能性过程中起到了根本性的作用，这就是存在的充足理由律。按照叔本华的观点，充足理由律从属于存在，其形式是时间与空间。存在的充足理由律通过确定在一种关系中存在着的时间和空间之内的各种位置彼此相互决定而从属于我们的时间和空间直观，或者可以说，客体在时空中的位置只有与其他位置发生联系时才能被决定，叔本华使用数学来反映在时空中各种位置之间的相互联系。他认为数学描述时间关系，几何学描述空间关系。二者的证明都依赖充足理由律。意识的表象既包括直观的表象，也包括抽象的表象，直接被直觉认识的客体中既有感性客体，也有它们可能存在的条件，后者就包括了时间、空间及因果律，因果律是充足理由律在与感知客体相关联时所使用的形式，叔本华称之为变化。因为对于叔本华而言，原因与经历时间的种种状态的变化相关。行动的充足理由律其对象是行为的客体，是意志者的存在本身。行为的理由就是动机，动机决定的仅仅是意志的外部结果，作为表象世界之中的行为。叔本华还敏锐地关注到了身为理性主义者的莱布尼茨理论体系中的非理性要素，将莱布尼茨的单子论改造为其非理性的意志本体论，尽管他对莱布尼茨的解释截然相反，得到了完全不同的结论。叔本华的追随者尼采（Nietzsche）则反对叔本华的那种否定意志的消极主义，而是像莱布尼茨一样主张充分发挥本能的作用。但是尼采所致的发挥本能绝不是莱布尼茨那种理性本能，尼采认为只有靠非理性的精神才能将本能的作用发挥，而理性只会扼杀、阻碍本能。"我们和所有柏拉图学派与莱布尼茨学派在思想方式上最大的不同点便是：我们不相信有所谓永恒的概念，永恒的价值，永恒的形式，永恒的灵魂，而哲学对我们仅意指概念'历史'的不断扩展。"①

胡塞尔

胡塞尔（Husserl）是 20 世纪最重要的哲学运动之一——现象学的创

---

① 陈鼓应：《悲剧哲学家尼采》，生活·读书·新知三联书店 1987 年版，第 147—148 页。

立者，尽管胡塞尔的影响更多地限制在学院派的范围之内，学术圈外知道胡塞尔的人似乎是屈指可数的，但是如果没有胡塞尔，就没有现象学的诞生。胡塞尔对哲学的重要贡献在于对意向性概念的发展，他重申了前现代性的观点，赋予其新的活力也就是我们的认知行为是意向性的。当我们思考或讨论某一事物的时候，当我们感知某一事物的时候，我们是在直接处理它们，而不是处理精神性的中介，意向性是我们对世界的开放性，是我们存在的超越方式。因为在胡塞尔所生活的那个时代，西方文明正经历着一场科学的危机，科学所追求的那些可靠的，普遍的永恒真理的基础已经千疮百孔了，因此胡塞认为："我们时代的真正唯一的有意义的斗争，是在已经崩溃的人性和尚有根基并为保持这种根基，或为新的根基而奋斗的人性之间的斗争。"① 胡塞尔的哲学就是在为这一目标而进行推进，胡塞尔首先要使数学和逻辑学确定为纯粹先天的科学，避免偶然性和相对性的可能，或者说将它们奠定在不变的认知形式和意识结构的基础上，然后逐步展开意识内容的本质，阐明对象性的构成及其与意识的相关性，得出存在的意义和存在的有效性都只是意识的能力所致的结论。意向性作为胡塞尔的核心思想，指向了自我和对象两者，而其中之一的自我概念和莱布尼茨有着直接的联系。胡塞尔对莱布尼茨的文献是极为熟悉的，在莱比锡大学专门学习过莱布尼茨哲学的胡塞尔认为："莱布尼茨的长处在于，他在近代是第一个……认识了观念便是在特有的观念直观中自身被给予统一性的人。人们可以说，对于莱布尼茨来说，作为自身被给予意识的直观是真理和真理意义的最终源泉。"② 胡塞尔对莱布尼茨哲学中最认可的部分就是其单子论，胡塞尔对单子论评价极高，认为"他的整个单子论是历史上最伟大的预测之一"③。并明确指出："通向一种在最高意义上得到最终奠基的认识的必然道路，或者说，通向一种哲学认识的道路，也是通向一种普遍的自身认识的道路，且首先是通向一种单子的认识，然后是通向一种单子间的认识的必然道

---

① ［德］胡塞尔：《欧洲科学的危机和超验现象学》，王炳文译，商务印书馆 2001 年版，第 25 页。

② ［德］胡塞尔：《胡塞尔选集》，倪梁康编选，上海三联书店 1997 年版，第 174 页。

③ ［德］胡塞尔：《胡塞尔选集》，倪梁康编选，上海三联书店 1997 年版，第 172 页。

路。"① 在胡塞尔哲学成熟期的代表作《笛卡尔式的沉思》中，胡塞尔不仅直接使用莱布尼茨的"单子"这一概念，而且胡塞尔作为单子的自我概念也正是从莱布尼茨的单子论那里继承与发展而来的。可以说，胡塞尔是采用了莱布尼茨"单子"这一概念，并把它纳入现象学的核心，在胡塞尔那里，单子概念表达了一种完全的整合，即把每一种意向性的呈现整合为它的意义，把每一种意义整合到意向活动之中，这些沉思指向或给予意义，并且最后，每一种意向活动，每一种思维都被整合到自我之中。因此，胡塞尔表达了任何作为现象的东西是如何成为自我的生命的，要成为"自我的生命"就意味着每一种现象都是为我而存在的，无论是作为主格的我，还是作为宾格的我或者是我的自我，生活的每一种思维之中，并且通过每一种思维，我生活在这种思维所给予的意义之中，生活在每一种给予我的现象之中，任何现象的为我性都是从自我之中显露出来的。

在胡塞尔的现象学中，胡塞尔区分了两种自我，即心理的自我和纯粹的自我。心理的自我是世界上的一种实在，而纯粹的自我是超验还原的结果，即意识领域经过悬置后的剩余物，这种区分具有更加强调现象与心理分离的结果，然而这种分离在两个方向上都不是绝对的，因为心理学依赖现象学。胡塞尔把纯粹的自我描述为所有思维都由之产生的极点，这种自我通过其自身的活动而辐射。这种纯粹的自我既不是意向活动，也不是对象，但是它作为某种自我来显示自身，伴随着我的全部表象，并在不改变那种情形的条件下研究探索这些表象。在这里有两点需要注意，第一点纯粹的自我不是某种对象，作为结果它也不完全是某种现象。当我对我的意识的主要结构"自我，我思和我思之物"进行现象学反思时，这种作为我的注意力之对象的自我与从事现象学反思的自我不是同一的。但是它对任何现象、任何对象来说都是一种超验的条件。第二点要注意的是不改变情形表达的意思是，这种体验或意向活动包含着指向它的相应对象的意向，而自我则伴随着这种体验。因为纯粹的自我不是一种对象或现象，所以胡塞尔称之为不可还原的悬置的剩余物，它在所有精神活动中都永远是现实的，甚至在悬置起作用的过程中也是

---

① ［德］胡塞尔：《笛卡尔式的沉思》，张廷国译，商务印书馆 2002 年版，第 214 页。

如此，在这个意义上纯粹的自我是一种与我们的全部活动相伴随的超验之物，纯粹的自我是一种超验自我。

按照胡塞尔的思想，应该对自我进行悬置或还原。但问题在于如何解释自我与世界的关系，因为世界上不仅有自我的存在，同时还存在大量自我之外的事物，自我之外的人，自我与自我之外的关系如何。对此胡塞尔的解决方法是借助莱布尼茨的单子论思想，胡塞尔将一般的主体概念改造成处在一定的历史关系中的具体的个人。单子性的自我，既包括全部物理的现实生活，也包括可能的潜在的精神生活，这样自我的概念就涵盖了历史性与可能性的双重性质。胡塞尔建议对证明他人存在的经验进行抽象，其目的既不是要通过实际上与他人和世界隔绝的主体间性来描述意义的产生，也不是要向我们保证我们与他人的现实联系在一起。相反，胡塞尔的目的只是要揭示其他自我关于自我和世界的个体意识在这里，胡塞尔的现象学分析是一种重构，而不是意义的创造。"（客观世界）本质上则是与本身的在无限敞开的观念性中构造出来的交互主体间性相关的，而这种交互主体间性的诸个别主体又是借助于相互协调一致的构造系统而得以形成的。因此，一种单子的'和谐'，及恰好是那种在诸单个的单子中的和谐的构造，因而也是在个别的持续发生中的一种和谐的构造，本质上就属于客观世界的构造。"① 正如其弟子海德格尔所说："胡塞尔受到了博尔扎诺的深刻影响，而博尔扎诺本身是被莱布尼茨本质性地规定的；胡塞尔也同样如此，但更确切地说，胡塞尔是直接被莱布尼茨本质性地规定的，而不仅仅是通过博尔扎诺才被莱布尼茨所规定。"②

海德格尔

海德格尔（Heidegger）是第三代西方哲学人本主义思潮的代表人物，作为 20 世纪最伟大、最重要的西方哲学家之一，海德格尔哲学对后世的影响极大，甚至可以说改变了现代西方哲学的进程。海德格尔终生都关

---

① ［德］胡塞尔：《笛卡尔式的沉思》，张廷国译，商务印书馆 2002 年版，第 147—148 页。
② 张柯、张荣：《德国古典哲学的奠基之路》，《哲学研究》2016 年第 8 期。

注关于存在的问题，而存在是一个非常古老的哲学命题，关于存在的理论即本体论不仅是西方形而上学的源头，而且是传统形而上学的核心，但是海德格尔却认为传统的形而上学讨论存在问题仅仅停留于表面，实际上却是对存在的遗忘，整个形而上学史就是一部存在的遗忘史，因为传统形而上学所讨论的存在并非真正的存在，而只是存在者。存在与存在者二者之间存在着天壤之别。以此为基础，海德格尔展开了对传统形而上学的批判，建立起了自己的哲学体系。作为胡塞尔的学生，海德格尔也重视莱布尼茨的单子论，认为"单子论意在说明存在者之存在。因此就必须从某种获得一个典范的存在理念。……恰恰我们自己的存在纠缠着我们。所以，撇开其他原因不谈，追问者本己的存在在某种程度上始终是指导线索，在单子论的纲要中情形亦然"①。海德格尔认为现象学是可以揭示存在的多样性哲学，只不过海德格尔比他的老师胡塞尔走得更远。海德格尔早期"尝试作一种对莱布尼茨的辨析。当时，指导这个意图的，乃是对人的绽出的'在世界中存在'的考察，而这种考察是根据存在问题的洞见来进行的"。他认为追问存在的问题就必须从人着手，因为只有人这个存在者能够提出存在的意义的问题，能够领会存在，或者说人与存在有一种特殊的关系，这种存在的特殊关系也是人的特殊存在方式，海德格尔借用莱布尼茨的观点进行论述："莱布尼茨说道：'如果我们本身不是存在者，不能在自身中发现存在，那么我们怎么可能拥有存在的观念。'没有存在的观念我们不能是我们所是，即存在的理解对此在是构成性的。我们自身是存在观念的源泉，但这个源泉应被理解为此在的首要的超越，这就是从主体得出存在观念的含义。仅仅就主体是某种超越的东西而言，存在的理解才属于主体。……通过求助于主体，莱布尼茨提出和解决了存在问题。在莱布尼茨及其前辈和后继者那里，这种对自我的求助仍是含混不清的，这是因为'我'自身并没有在它的本质结构及其特殊的存在方式上被理解。这就是为什么莱布尼茨给人这种印象：对存在者的单子论式的解释仅仅是拟人说和万物有灵论。但莱布尼茨不应该被这样肤浅地对待，他企图给这种类比以哲学上的说明：'因为事物的本性是一致的，我们的本性不可能与宇宙中的其他实体完全

---

① ［德］海德格尔：《路标》，孙周兴译，商务印书馆2000年版，第96页。

不同。'这种解释是一种一般的本体论原则，它自身还需要证据。"① 海德格尔将人的这种特殊存在方式称为"生存"，而将人称为"此在"。需要注意的是海德格尔将人称为此在，是想强调这一概念是在存在论层次上的存在，或者说，是就人特殊的存在方式来规定人。传统对人的定义是从事实出发，比如人是理性的动物，理性的存在者，劳动的动物，等等。海德格尔对人的定义则是从可能性出发，因为人的本质就在于"它所包含的存在向来就是它有待去是的那个存在"②。也就是在海德格尔这里，此在不是一般意义上的人，或者说不是传统形而上学中人的意义。同样地，海德格尔的世界也不是我们普通所理解物质世界、物理世界等等，而是在存在论意义上把它理解为存在向我们展示出来的意义整体，海德格尔认为无论把世界表述为一切自然物总体的代名词，还是表述为人的集体名称都是错误的，世界是存在着总体的关系，人与事物的关系和人与人的关系以及事物在这关系总体中所展示出来的意义。海德格尔认为莱布尼茨单子论的真正意图是从主体性出发探讨存在者的存在问题，作为构造世界主体的单子相互之间并不是没有任何联系的、独立的存在；相反，单子是作为身在世界中的一种存在，但自见的联系是一种不可分割的关系。海德格尔认为"单子论作为对实体的实体性的解释规定了真实存在者的存在"③。这一时期的海德格尔给予了莱布尼茨相当高的评价，认为莱布尼茨是自己思想的先驱之一。但后期随着海德格尔自己思想的转变，他对待莱布尼茨的态度也有了鲜明的变化。后期的海德格尔不再从主体路径追问存在，而转向了存在自身的展现。因此，他对莱布尼茨的解读不仅有着一如既往的重视，更有了前所未见的批判，"在历史上以一种潜在而不彰著的方式，莱布尼茨不仅决定了近代逻辑发展成逻辑主义和思想机器，不仅决定了在德国唯心论哲学及其后继者中的对主体的主体性的更激进的解释，莱布尼茨的思想还支撑和铸造了我们所说的现

---

① Heidegger, *The metaphysical foundation of logic*, translated by Michael Heim, Bloomington. 1978, p. 88.

② ［德］海德格尔：《存在与时间》，陈嘉映、王庆节译，生活·读书·新知三联书店 2014年版，第 15 页。

③ Heidegger, *The metaphysical foundation of logic*, translated by Michael Heim. Bloomington, 1978, p. 72.

时代的形而上学的基本趋势。……只有通过回顾莱布尼茨所思想的，我们才能看清现时代——一个被称作原子时代的时代——是一个完全被充足理由律所统治的时代。对所有表象提供充足理由的要求在今天以'原子'和'原子能'的名义说话"①。在海德格尔那里，现代社会最严重的危机就在于人与自然这种主客对立的二元论思维方式，现代人试图通过种种手段将自然统治于自己的麾下，忘记了存在本身。而这种给思维方式形成的罪魁祸首就是莱布尼茨的充足理由律。

需要注意的是，海德格尔对于莱布尼茨的充足理由律并不是全然否定的，实际上海德格尔十分重视莱布尼茨的充足理由律。他曾说："莱布尼茨思想用一种新的方式唤醒并聚集了西方思想传统，它为根据律（即充足理由律），作为一种最高原理的那种要求开放了道路，由此，那种在此要求中隐蔽着的权力施展活动就开始生效了。"② 在莱布尼茨那里充足理由律提供了对为什么这个问题的终极答案，它立足于真理的本性，对于莱布尼茨来说，真理主要存在于判断之中，而判断在根本上是由主词与谓词间的同一性构成的，这个同一性可以表明任何的谓词（P）都是从主词（S）组分析派生出来的。对于莱布尼茨来说这个真理的分析概念并非仅仅是一件逻辑学的事情，它有一个存在论的基础。也就是所有的 S 是 P 的逻辑命题的存在论基础都在和谐地组成实在的单子之中。关于单子的性质、位置、层次等，每个单子都在自身具有其理由和根据。在早期存在论时期，海德格尔发表的一些论著中，如《论理由的本质》《逻辑学的形而上学基础》等，表现出更多的还是对莱布尼茨观点的认同（尽管海德格尔拒绝莱布尼茨所认可的判断的传统特权），比如理由问题必须根据真理问题来处理，他还同意任何存在的状态上的真理都预设了一个单子本性的存在论基础。不同的是莱布尼茨把这一基础置于"存在—神学"的框架下，而海德格尔则把它归之为此在超越存在者朝向存在的超越过程。这一超越过程作为存在状态，是真理为之去蔽的根本实现。无论如何，海德格尔认为莱布尼茨"不仅规定了现代逻辑到数理逻辑的发展以及现代逻辑到思维机器的发展，也规定了德国观念论哲学及其后继

---

① Heidegger, *The principle of reason*, Bloomington, 1991, p. 6.

② Heidegger, *Der Satz vom Grund*, GA 10, Frankfurt: V. Klostermann, p. 104.

分支中的那种对主体之主体性的更为极端的阐释，……莱布尼茨的思想
承载着和烙印着近现代形而上学的主要倾向。在我们的沉思中，莱布尼
茨这个名字并不代表着对一种过去的哲学体系的标记。这个名字命名了
一种思想的当前，这种思想的力量还没有消逝，而这种当前，首先还在
迎候着我们"①。

四　对现代科学主义思潮的影响

如果说莱布尼茨对现代西方哲学人本主义思潮的影响是需要阐发的，
那么莱布尼茨对现代西方哲学科学主义思潮的影响就是相当直接、具体
的。尽管现代科学主义思潮作为一场思想运动门派林立、各家之言不同，
但是他们对莱布尼茨的思想都有着一定程度的直接沿革，继承着莱布尼
茨未竟的事业。现代西方哲学科学主义思潮兴起源于 20 世纪初，强调逻
辑、归纳和实证，关注自然科学的哲学问题。此时的自然科学已获得了
巨大的成就，在促进人类社会的发展方面取得了累累硕果，但是在传统
的形而上学领域内，则呈现出截然相悖的景象，争论了几千年的问题仍
然没有得出统一的结论，各执一词。以弗雷格、罗素等为代表的数理逻
辑学家认为之所以出现这种矛盾的原因在于传统形而上学缺乏自然科学
的方法，更准确地说是缺乏自然科学所使用的那种精确的，即数理逻辑
化的语言。在传统的形而上学中，对同一概念的不同阐释比比皆是，存
在着普遍性的概念模糊不清，推理逻辑混乱的情况。对于同一个词语或
语句可以有不同的理解，因此他们试图建立一种理想的人工语言，即数
理逻辑化的或高度公理化的语言，来代替非科学语言和人文学科语言，
以结束这种看起来无穷无尽的争论。也就是说他们的目的在于进一步贯
彻科学主义，把包括哲学在内的人类一切知识自然科学化或数理逻辑化。
从科学主义思潮起源的目的就可以看出，他们试图要做的工作和莱布尼
茨当年试图要发明一种普遍语言，当遇到问题的时候就可以坐下来计算
是多么一致！所以罗素才会对莱布尼茨在数理逻辑方面的成就评价颇高，
认为莱布尼茨是"数理逻辑的一个先驱，在谁也没认识到数理逻辑的重

---

① Heidegger, *Der Satz vom Grund*, GA 10, Frankfurt: V. Klostermann, p. 51.

要性的时候，他看到了它的重要"①。罗素甚至断言：莱布尼茨的研究成果当初假使发表了，"他就会成为数理逻辑的始祖，而这门科学也就比实际上提早一个半世纪问世"②。胡塞尔也曾经明确指出莱布尼茨对现代数理逻辑的开创性贡献："近代哲学在开始时所具有的动机，即对科学进行完善和重构的观念，也促使莱布尼茨为改造逻辑学做出了不懈的努力。但他比他的前辈更明晰地把握了经院哲学逻辑学，他不是把它诋毁成空洞无物的公式垃圾，而是把它理解为真正逻辑学的一个宝贵的准备阶段，它虽不完善，但却能为思维提供真实的帮助。他锲而不舍地力图达到这样一个目标：将经院哲学逻辑学进一步发展成为一门具有数学形式和严格性的学科，一门在最高和最广泛意义上的普遍数学。"③ 莱布尼茨包括普遍字符、普遍语言在内的普遍科学是弗雷格、罗素和诸多逻辑实证主义哲学家都期望建立的逻辑分析语言的源头所在，尽管他们的论述角度有所不同。

弗雷格

莱布尼茨科学观方法论首先对数理逻辑和现代分析哲学奠基人弗雷格（Frege）产生了巨大的影响，从而开始了对现代分析哲学思潮的影响。弗雷格的逻辑思想，尤其是作为现代逻辑开山之作的《概念文字》，是在对莱布尼茨的普遍语言设想的基础上批判地继承并发展实现起来的，弗雷格自己也曾明确说过："莱布尼茨也认识到一种恰当的表达方式的优点，并且也许高估了它。他关于一种普遍语言、一种哲学演算或推理的思想过于宏大，以致在努力实现它时只完成了一些准备工作。"④ 在弗雷格看来，不仅具体事物是客观实在的，而且数学、逻辑等一切概念、关系都是客观实在的。也就是弗雷格认为实在的东西并不一定具有空间上的广延性，当我们说概念、关系是客观实在的，是指它或它们并不是一

---

① ［英］罗素：《西方哲学史》（下卷），马元德译，商务印书馆1976年版，第124页。
② ［英］罗素：《西方哲学史》（下卷），马元德译，商务印书馆1976年版，第124页。
③ ［德］胡塞尔：《逻辑研究》（第一卷），倪梁康译，上海译文出版社2003年版，第191页。
④ ［德］弗雷格：《弗雷格哲学论著选辑》，王路译，商务印书馆2006年版，第3页。

种纯粹的符号，而是指它本身是有内容的，概念的内容就是它的意义，意义自身是客观实在的。所以弗雷格反对当时在哲学界流行的心理主义，比如对胡塞尔早期的立足于心理主义分析的著作《算术哲学》就曾提出过严厉的批评，促使了胡塞尔与心理主义的决裂。弗雷格主张逻辑主义和对语言的逻辑分析，提倡将逻辑的分析与心理的过程区分开来，认为哲学研究的出发点不应该是心中的观念，而应该是客观的逻辑。因为主观的观念常常是变化的、不稳定的，是因人而异的，而逻辑才是客观实在的，是一切数学、逻辑、哲学的基础，因此逻辑是哲学研究的必要工具，没有对语言的逻辑分析就不可能有哲学的发展。弗雷格说："哲学的任务是打破语词对人类精神的统治，揭示几乎无法避免地出自普遍语言用法的关于概念关系的欺骗，把思想从语言表达方式性质的影响中解放出来。我的概念文字（符号逻辑）就能够成为哲学家们用以推进这种目的的有效工具。"① 弗雷格认为意义问题是语言的核心，语词的意义不明确，就失去了语言的正确理解和交流的可能性，从而产生误解。传统的观念认为语词的意义在于其所指代的名称，而弗雷格认为并不是如此，因为语词有意义和意味的区别。"符号、符号的意义和符号的意谓之间有规律的联系是这样的：相应于符号，有确定的意义；相应于这种意义，又有某一意谓；而对于一个意谓（一个对象），不仅有一个符号。相同的意义在不同的语言中，甚至在同一语言中有不同的表达。"② 因此，弗雷格反对孤立地理解语词的意义，认为语词只有在命题中才有真正的意义，因为只有句子才能表达思想。要判断句子的真假与否，就必须进行逻辑的分析。与传统逻辑对句子的分析不同，数理逻辑的分析不但要对句子的内部成分进行分析，也要对组成论证的一系列句子的相互关系进行分析。弗雷格像莱布尼茨一样，认为日常语言不够精确，不能很好地表达哲学命题，因此产生了很多问题。这是由于日常语言的含义往往是含混不清的，不能够清晰明白地表达真理命题，反倒是容易产生误解，误导人们去看待事物。也就是说日常语言在逻辑上不具有严密性和明确性，

---

① Gottlob Frege, *Concept Script*, *a Formal Language of Pure Thought Modelled upon that of Arith-metic*, Cambridge, 1967, pp. 12 – 13.

② ［德］弗雷格:《弗雷格哲学论著选辑》，王路译，商务印书馆 2006 年版，第 92 页。

是无法形式化的，缺少完善性、无法构成明晰推理的手段，缺乏区分不同种类推理的功能。但语言又是我们不可或缺的工具，因此弗雷格认为只有建立形式逻辑的理想语言及其标准，才能够被识别和消除日常语言所具有的缺陷。唯有通过形式逻辑的方法对自然语言的日常用法进行批判和梳理，哲学才会具有明晰性。为此他设计了一套逻辑符号系统，这也就是现代数理逻辑的发端。而弗雷格这套逻辑符号系统，正是沿着莱布尼茨预想的路线继续前进的。弗雷格在1789年出版的《概念文字》第一次实现了莱布尼茨普遍语言的理想，为其后数理逻辑的发展奠定了坚实的基础，可以说这本书是继亚里士多德之后在逻辑学领域最重要的著作之一。《概念文字》的完整标题是："一种模仿算术语言构造的纯思维的形式语言"，弗雷格在书中将概念文字解释为"它必须有逻辑关系的简单表达方式，这些表达方式限制在必要的数量之内，必须能够被人们简便而可靠地掌握。这些形式必须适合于与内容最密切地结合在一起。同时必须力求简明，以便能够充分利用书写平面的二维广延达到描述的清晰。有内容意义的符号非常少。一旦出现普遍的形式，就能够很容易根据需要制造这种符号。如果看上去不能或者不必把一个概念分解为其最小组成部分，那就可以满足于暂时使用的符号"①。这些理念无一不是来自莱布尼茨普遍科学的理想，弗雷格的概念文字就是他构造的形式语言，在此基础上采用公理系统的方法进行的演算，从而消除自然语言的歧义，达到逻辑上的精确，即莱布尼茨所期望的所有推理的错误都是计算的错误，面对争论只要进行计算就可以解决的理想状态。弗雷格自己也承认莱布尼茨对其影响："这位建立一种普遍语言的创造者（指莱布尼茨）考虑到一切事物本身的表达方式，这种方式能够大大增强人类精神能力而备受鼓舞，然而却低估了阻碍实现这样一个庞大计划的重重困难。但是，即使这一崇高的目标不能一蹴而就，也不可怀疑，可以缓慢地、逐步地接近他，我们可以把算术的、几何学的、化学的符号看作是莱布尼茨思想在个别领域的实现。这里建议的概念文字为这些符号增加了一种新的符号，而且这些符号处于中心位置，它与所有其它的符号相邻接。由此出发着手填补现存形式语言的空缺，把它们迄今分离的诸领域结合成为

---

① ［德］弗雷格：《弗雷格哲学论著选辑》，王路译，商务印书馆2006年版，第44页。

一个单一形式语言领域，并扩展到迄今缺少这样一种形式语言的领域是很有希望的。"①

罗素

　　作为数理逻辑和现代分析哲学的重要代表，罗素哲学之路的启蒙导师正是莱布尼茨，因而在罗素的哲学思想中总是可以发现莱布尼茨哲学的种种烙印。罗素早期在剑桥大学讲授莱布尼茨哲学，他于 1900 年出版的《莱布尼茨哲学述评》是其最早的著作之一，至今仍被西方哲学界公认为研究莱布尼茨的权威性著作。罗素之后的工作也大多受到了莱布尼茨科学观的影响，无论是确立逻辑和数学的联系，建构"数理逻辑"，或是确立逻辑和哲学的联系，建构分析哲学。在数理逻辑的研究中，从形式上看，罗素是在前人的研究成果基础上系统化和完善化逻辑演算论。但从本质上，罗素一系列的工作无一不是莱布尼茨的继承和发展。罗素在完成数理逻辑的大部分工作后，着手将这种新的方法引用传统哲学，建构与逻辑同格的分析哲学。在罗素看来，哲学史上争论了很多年的重大的哲学问题，比如世界的本质是物质的还是精神的，物质与精神何为第一性的关系问题，这些都不是真正的问题，而只是因为语言中的逻辑混乱或逻辑误解造成的，所以只要在逻辑上进行梳理和澄清，就可以消除这些无谓的争论。他认为"只要是真正的哲学问题，都可以归结为逻辑问题。这并不是由于任何偶然，而是由于这样的事实：每个哲学问题，当经受必要的分析和澄清时，就可以看出，它或者不是真正的哲学问题，或者是具有我们所理解的含义的逻辑问题"②。与其说罗素的这些思想是醉心于现代逻辑的精确完美，不如说是对莱布尼茨科学理想的实践。传统哲学认为物质与意识的关系问题是哲学的首要根本问题，而实证主义则绕过了对这个问题的追问，他们认为这一问题并不是真正的哲学问题，因此哲学也不需要围绕这一问题进行讨论。那么哲学的根本问题应该是什么？罗素对此的回答是：哲学的本质是逻辑。罗素认为人的认识领域

---

①　［德］弗雷格：《弗雷格哲学论著选辑》，王路译，商务印书馆 2006 年版，第 3—4 页。

②　洪谦：《现代西方哲学论著选辑》，商务印书馆 1982 年版，第 221 页。

只能局限在经验的范围之内，经验以外的世界存在与否，是怎样存在的，以及物质与意识的关系等传统哲学问题超出了人的认知界限，因此是不可知的，对于此类问题的讨论也是没有意义的，"一种真正科学的哲学，并不提出，也不企图提出关于人类或宇宙的命运的问题的回答"。在罗素看来，只有通过感官直接经验到的知识才是最确切、最值得信任的知识，所以任何复杂的科学理论或知识体系在本质上不过是直接经验知识的逻辑构造，应该对其进行直接经验知识的还原和逻辑的分析，以确保它的可靠性或确定性。在这一思想下，罗素最开始在《数学原理》中将整个数学还原为逻辑，后来又推广运用于物理学与哲学。对比莱布尼茨期望将数学、逻辑的方法引入哲学，建立没有疑义、可以计算的哲学，可以说，作为莱布尼茨的研究者，罗素的分析哲学无疑是这一理念的实践。罗素的逻辑基本原则是，"在进行任何逻辑分析时，即在讨论任何复杂符号或观念的意识，在决定什么是实在的、什么是真的，是应当坚持不懈地努力弄清楚构成这些符号和观念的最少的真正的组成部分和要素，从而弄明白这些复杂符号或观念究竟是什么"①。按罗素的想法，哲学的任务是对科学的语言进行逻辑分析，而科学语言是表述经验世界的，那么对科学语言进行逻辑分析和对经验世界进行逻辑分析就是相一致的，因为它们是同格的、同构的。对于罗素来说，认识经验世界的方法是分析的方法，即把复杂的经验世界分解为各个最基本的原子单位，然后对这些原子单位逐一认识，"以一件一件的、细节的和可证实的分析来代替仅依据想象而提出大批未经验的空泛说法，这是一种伽利略式的进步，……接触任何主题内容的本性的方法是分析法。对万物进行分析，直至不能再分析所得到的东西就是逻辑原子。它不是物质的小片，而是构成万物的思想和基础"。在这里罗素认为感觉要素或物并不是构成经验世界的原子单位，而原子事实，也就是一些基本的感性经验的事实才是真正的原子单位。这与其数理逻辑的理论是一致的，因为罗素认为一个孤立的语词是没有任何意义的，不能够被认为语言和逻辑的最基本单位，只有若干语词所构成的语句才具有语言方面的意义，才是逻辑和语言中的基本单位。

---

① ［美］穆尼茨：《当代分析哲学》，吴牟人、张汝伦、黄勇译，复旦大学出版社1986年版，第154页。

在逻辑理念的影响下，罗素对莱布尼茨哲学进行了全新的逻辑解读，他是最先提出莱布尼茨的哲学差不多完全源于他的逻辑学的学者。罗素在《莱布尼茨哲学述评》中就明确指出："莱布尼茨的哲学开始于命题的分析"，并强调了"命题分析"对哲学的基本重要性。他写道："是否凡命题都可以还原为主谓项形式这个问题对于所有的哲学都具有基本的重要性，对于运用了实体概念的哲学更是如此。因为实体这个概念，如我们将会看到的，是由主谓项的逻辑概念派生出来的。"① 罗素自己的分析哲学体系就是以莱布尼茨这一"基于命题分析"的哲学模型为典范构建起来的，甚至在某些具体细节方面，如"理想语言"、"绝对多元论"、"不对称关系"以及"主观空间与客观空间的关系"、"语言与世界在结构上的同型性"等问题上，我们都隐约可以看到莱布尼茨"数学—哲学"的投影。

逻辑实证主义

莱布尼茨科学观的逻辑部分为逻辑实证主义的维也纳学派吸收继承，他们主张只有通过运用逻辑分析的方法，才可最终解决传统哲学问题，一个命题的意义就是它的证实方法，维也纳学派这种观点使无法通过经验证实或证伪的一切陈述，都当作无意义的陈述排除在外。比如世界的本质、宇宙的目的或是康德的物自体的争论，逻辑实证主义者认为只需要考察经验事实就可以了，如果经验事实和经验可能性是一致的，那么它们没有给出任何答案；如果它们是相互冲突的，那么陈述也就是无意义的。对于逻辑实证主义者哲学不是一套学说，而应该是澄清意义的活动，唯有科学有资格探索真理，哲学的任务是分析和澄清语言的科学用法和概念，如此就可以拒斥形而上学的危险。在澄清科学语言的过程中，哲学家必须表明一切经验陈述如何以真值形式从基本陈述或基本句子中建构起来。在宣告其学派成立的《科学的世界概念：维也纳学派》的宣言中，开篇伊始就说明了对莱布尼茨逻辑的重视，其后更是数次强调了

---

① ［英］罗素：《对莱布尼茨哲学的批评性解释》，段德智、张传有、陈家琪译，商务印书馆 2000 年版，第 15 页。

莱布尼茨的影响①：

下面是汇聚在维也纳的来自科学史和哲学史的主要线索，我们标明它们的代表人物，他们的著作被着重阅读和讨论：

（1）实证主义和经验主义：休谟，孔德，穆勒，阿芬那留斯，马赫。

（2）经验科学的基础、目的和方法（物理、几何等学科中的假设）：赫姆霍茨，黎曼，马赫，彭加勒，安里克，迪昂，波尔兹曼，爱因斯坦。

（3）符号逻辑及其在现实中的应用：莱布尼茨，皮亚诺，弗雷格，施罗德，罗素，怀特海，维特根斯坦。

（4）公理学：帕施，皮亚诺，维拉提，皮瑞，希尔伯特。

（5）快乐主义和实证主义的社会学：伊壁鸠鲁，休谟，边沁，穆勒，孔德，费尔巴哈，马克思，斯宾塞，弥勒莱尔，莱克斯，C. 门格尔。

维也纳学派三杰之一的卡尔纳普继承了罗素的关于"哲学的研究的中心课题就是对逻辑的研究"这一思想，他坚持运用逻辑工具分析科学概念，期望以此建立起新的哲学。在逻辑实证主义者看来，哲学关键问题在于区分有意义的命题和无意义的命题，有意义的命题包含经验内容，而无意义的命题不包含经验内容。或者说，有意义的命题可以分辨出真假，而无意义的命题则既不为真也不为假。基于这样的观点，历史上很多的哲学争论是没有意义的。卡尔纳普对这一原则深以为然，他认为哲学的任务"只是从逻辑的观点讨论科学。哲学是科学的逻辑，即是对科学概念、命题、证明、理论的逻辑分析；各门科学中有构造概念、命题、证明、假设、理论的各种可能的方法，我们从这些方法中可以看出一些共同的方面，而哲学就是对这些共同的方面的逻辑分析"②。如此一来，

---

① ［奥］纽拉特：《科学的世界观：维也纳小组》，《世界哲学》1994 年第 1 期。

② ［美］穆尼茨：《当代分析哲学》，吴牟人、张汝伦、黄勇译，复旦大学出版社 1986 年版，第 316 页。

哲学就转变成了逻辑学和语言哲学，知识的问题就转变成了知识的陈述问题。卡尔纳普在《世界的逻辑构造》开篇中写道："本书的研究目的是提出一个关于对象或概念的认识论的逻辑的系统，提出一个'构造系统'。此处'对象'一词总是在最广泛的意义上使用的，即指可对其做出陈述的一切东西。……把一切概念都从某些概念中逐步地引导出来，'构造'出来从而产生一个概念的系谱，其中每个概念都有其一定的位置。认为一切概念都可能从少数几个基本概念中这样推导出来，这是构造理论的主要论点。"① 这部著作正是卡尔纳普朝着莱布尼茨所期望的哲学目标所进行的努力和尝试，卡尔纳普在书中也明确地指出了这一点。② 卡尔纳普建立的逻辑句法理论和物理语言思想奠定了逻辑实证主义关于构建理想语言或人工语言的基础与楷模。在卡尔纳普看来，既然我们整个经验世界是统一的，那么我们陈述经验世界的理想语言也应该是统一的，然而现实的情况是不同学科都有各自不同的术语、概念，不同学科门类之间的隔阂因此而形成。好的形而上学确切地说科学的形而上学应该消除不同学科之间的差别与隔阂，实现统一。那么如何才能实现这种科学的统一呢，卡尔纳普认为唯一的方法就是把不同学科门类的语言统一起来，在这里，我们看到了莱布尼茨普遍科学的理想。只是与莱布尼茨不同的是卡尔纳普认为统一的普遍的语言应该是物理的语言，因为物理的语言的基本概念如大、小、声音、味道是经验世界的基础，如果把一切科学语言都翻译成物理的语言，那么一切科学的对象也就都还原于基本的物理经验要素了，"物理主义理论认为，物理语言是一种普遍的科学语言，也就是说，一切属于科学的任何领域的语言都可以等价地翻译成物理语言，从这儿可以推论出科学是一个统一体系，在这个体系里没有根本不同的对象或领域，这就是关于科学统一的理论"③。与莱布尼茨一样，卡尔纳普拒斥那种纯粹思辨的形而上学，认为哲学应该是一个建立在清晰概念或对象的基础上的逻辑体系。这一逻辑体系不仅要研究不同性质的概念，并且要通过不同概念的组合推导出新的概念，最后建立起清晰

---

① ［美］卡尔纳普：《世界的逻辑构造》，陈启伟译，上海译文出版社 2008 年版，第 3 页。
② ［美］卡尔纳普：《世界的逻辑构造》，陈启伟译，上海译文出版社 2008 年版，第 6 页。
③ Rudolf Carnap, *Philosophy and Logical Syntax*, London：Kegan Paul, 1935, p. 68.

明确的哲学体系逻辑大厦。可以看出，卡尔纳普试图建构的这种逻辑言语体系明显受到了莱布尼茨普遍科学的影响，不同的是卡尔纳普将之看作物理、经验世界的中立语言体系。

尽管维特根斯坦与他的老师罗素在很多问题上都存在意见的分歧，比如维特根斯坦认为世界是事实的总和，"存在着的基本事实的总和就是世界"①，而基本事实是就逻辑结构而言最简单的、不能再分解的事实，基本事实由对象组成，但是维特根斯坦这里的对象是纯粹逻辑的概念，是作为世界构成元素的绝对简单物。也就是说，在罗素那里构成世界基本单位的原子事实是经验事实，而维特根斯坦指的基本事实是逻辑事实。但是在语言与世界是逻辑同构的这一点上维特根斯坦与罗素却是相同的，他们都认为语言与世界之间存在着严格的对应关系，事实对应于命题，基本事实对应于基本命题，对象对应于名称。但是即便我们承认语言和世界有相同的逻辑结构，二者毕竟还不是同一的，语言作为命题的总和，如何能表述世界的事实，换言之，语言为什么能够描述这个世界？对此问题的解决，维特根斯坦提出了著名的图像论来进行回答。考察维特根斯坦的图像论就不难看出莱布尼茨普遍科学的影响。图像论认为语言是实在的一个图像，对于维特根斯坦来说，一个命题就相当于一个图像，因为它的各部分与世界之间有类似的对应关系，命题的各部分组合起来的方式，也就是命题的结构，描述了事物的一种可能状态。② 需要注意的是，在维特根斯坦那里图像并不是一般意义上的图像，而是指逻辑图像，图像之所以能够描绘它所描绘的事物，不仅在于它与所描绘的事物有着相同数目的构成因素，更是因为图像的要素以一定的方式相互联系，事物也是以同样的方式相互联系，也就是说它们的逻辑形式是相同的。"任何一种图像不管具有何种形式，为了能一般地以某种方式正确或错误地图示实在而必须与实在共有的东西，就是逻辑形式，即实在的形式。"③，也就是说只有依靠逻辑，图像才能与其描绘的事实保持对应的投影关系。"当我说'命题是事态的逻辑图像'时，我的意思是：我可以将一个图

① ［英］维特根斯坦：《逻辑哲学论》（第二卷），商务印书馆 2018 年版，第 4 页。

② 张汝伦：《现代西方哲学纲要》，上海人民出版社 2018 年版，第 207 页。

③ ［英］维特根斯坦：《逻辑哲学论》（第二卷），商务印书馆 2018 年版，第 18 页。

像，就字面意义而言，一个素描插入一个命题，然后继续使用我的命题，因此，我可以像使用一个命题那样使用一个图像，这如何可能呢？答案是，正是因为两者在某些方面上一致，而它们共同具有的东西便是我叫作图像的东西。这里'图像'这个表达式已被引申地使用了，我是从两方面继承这个概念的：首先，是从绘制的图像那里；其次，是从数学家们所说的图像那里。数学家们所谈论的图像就已经是一个很一般的概念了，因为在数学家们谈论到的描画的许多场景，画家们根本就不再使用这个表达式了。"[1] 在维特根斯坦这里图像论并不是反映论，因为维特根斯坦的图像不是客观物质世界的图像，而是逻辑形式，同时维特根斯坦的图像是符号式的，就好像乐谱是音乐的符号。因此从本质上说，维特根斯坦的图像论是一种逻辑主义与符号主义的理论，是对莱布尼茨逻辑理论与普遍字符的一种新的发展和继承。

莱布尼茨的普遍科学思想对分析科学哲学家如斯特劳森、蒯因、克里普克、刘易斯等也产生了深刻的影响。与大部分分析哲学家对形而上学抱有排斥的态度不同，斯特劳森（Strawson）主张我们应该回到形而上学去。斯特劳森将莱布尼茨的形而上学称为"修正的形而上学"，认为莱布尼茨的形而上学不满足于我们已有的思维的实际结构，而试图要给世界提出一个更好的结构。斯特劳森则主张"描述的形而上学"，这种形而上学"满足于描述我们关于世界的思维的实际结构"，这种形而上学就像描述的语言分析那样，只希望弄清我们实际的概念行为，而不希望改变它们，尽管形而上学的研究范围更大，一般性程度更高。蒯因（Quine）作为 20 世纪影响最大的哲学家之一，他的著作大半以上都是关于逻辑学的，但是实际上，蒯因关注的最重要问题却始终是语言哲学的问题和存在论的问题，和斯特劳森的观点一样，在蒯因那里语言哲学的研究最终是解决存在论或形而上学的手段和方法，蒯因并不排斥存在论和形而上学，相反他和斯特劳森在一起，试图在分析哲学中重新恢复作为存在论的形而上学的地位。

克里普克（Kripke）和他的老师蒯因一起在很大程度上改变了分析哲学的面貌，克里普克哲学的核心概念是可能的世界。而正是莱布尼茨第

---

① McGuinnes, *Ludwig Wittgenstein and Vienna Circle*, New York, 1979, p. 185.

一次将可能的世界概念引入哲学的范畴内。莱布尼茨认为除了我们生活于其中的现实世界外，还有许多可能世界，"一个世界如果与逻辑原则不相矛盾，就可称为'可能的世界'"。也就是说可能世界在理论上的数量是无限的，而现实世界只是可能世界中唯一的、最好的和现实的那一个世界。因此，一个命题或理论如果在所有的可能世界都成立，那么它就是必然真理；如果命题只在现实世界中成立，那么它就是偶然真理。数学真理与逻辑真理具有普遍必然性，在一切可能的世界中都成立，因此是必然真理。事实真理只在现实世界中成立，因此是偶然真理。也就是说莱布尼茨期望用可能世界的概念区分必然性与偶然性，这样的一种方式深刻地影响了克里普克的思想。

在逻辑学中一般将"可能的"和"必然的"称为"模态词"，而把用可能世界概念分析模态词所建立的逻辑学称为"模态逻辑"，克里普克和辛迪卡（Syndicate）等正是采纳了莱布尼茨可能世界的概念，提出了模态逻辑的可能世界语义学。克里普克的研究成果被公认为现代逻辑的重大成就，从而为模态逻辑在绝大多数哲学家和逻辑学家的心目中奠定了地位，使模态逻辑成为现代逻辑研究和逻辑研究的标准工具，他的"可能世界"概念为模态逻辑的语义解释提供了直观的基础。但对于什么是"可能世界"并没有做出明确的说明，因而对可能世界究竟是一种真实的存在，还是一种说话方式等问题，在哲学家和逻辑学家那里展开了激烈的争论。克里普克认为真实存在的世界只有一个，那就是我们居住于其中的现实世界；而可能世界则只是"世界可能存在的方式"或"整个世界可能状态的历史总和"，是一种抽象的实体，他建议用"世界的可能状态（或历史）"或"非真实的状况"来代替"可能世界"。[1] 而逻辑学家刘易斯（Lewis）则继承了莱布尼茨的"模态实在论"，认为可能世界是实在存在。这个看起来似乎十分荒谬的观点，实际上却有着自身严谨的逻辑论证。首先所有的可能性都必须以某种方式得到承诺，否则就无所谓是"可能的"了，而在这里这种承诺所采取的方式自然而然地就是承认相应的可能世界的存在，这个想法对于"某种可能性存在"这样的说法从字面上严格对待。那么，我们难免产生这样的问题：那些除了

---

① Saul Kripke, *Naming and Necessity*, Oxford：Blackwell, 1980, pp. 15 – 20.

现实世界以外的可能世界是如何存在的？一个世界在时空中包含了所有的东西，在这个时空之内或与这个时空相连续的事物都属于这个世界，世界是通过时空连续性得到个体化。因此刘易斯的解释是，可能世界是与现实宇宙相平行的宇宙，各个可能世界间彼此不相交，因此我们就不可能观察得到另外一个可能世界。随之而来的问题是，如何知道另一个可能世界是怎样的。刘易斯给出的回答是，不是位于现实世界中的这个你知道的另一个可能世界是怎样的，而是位于那个可能世界中的你的对应物知道那个世界是怎样的。你在另一个可能世界中的对应物就是一个与现实世界的你一模一样的存在物。这个看起来有些不可思议的回答，实际上仍然是莱布尼茨思想的发展，莱布尼茨的同一律提出了"不可分辨的同一性原则"，即莱布尼茨法则，将性质上不可区分的东西当作同一个东西。如果我不能区分我在哪个可能世界中，那么无论我在哪个可能世界中，情况对我来说都是一样的，因此当我谈及某种在现实世界中并没有实现的可能性时，我所谈及的可能性实际上就是另一个可能世界中的情况，作为对应物的我在那个可能世界中知道的这种情况。应该说刘易斯的可能世界强调的是知识论的可能性，而克里普克的可能世界强调的则是对象本身所允许的组合方式。但无论如何，莱布尼茨对克里普克和刘易斯的影响是都相当直接和深刻的。

结　　论

　　莱布尼茨生活在 300 多年前的欧洲，但其在哲学、政治学、逻辑学、法律、语言学等领域内提出的观点、思路与设想却显示了惊人的超前性或者说现实性。这是近年来在世界范围内莱布尼茨研究能够持续展开，引起各个国家学者的兴趣，受到学界及政界普遍重视的一个重要原因。本文"汲旧传之余波"，论述莱布尼茨的科学观，主要结论如下。

　　1. 莱布尼茨普遍主义科学观的内涵。莱布尼茨所处时代，数学、力学、天文学等学科都已经获得了长足的进步，欧洲的新兴资产阶级更是要求发展生产，复兴科学。此时科学也开始成为哲学家反思的对象，面对什么是科学知识，怎样获得科学知识，如何确立科学知识的标准和原则等一系列问题，莱布尼茨提出了自己的解决方案，他试图建立一种普遍科学，表达和发展人类一切的知识，包括用普遍字符确定系统化的科学知识；利用推理演算证明和获得科学知识；其原则和标准是逻辑上没有矛盾。

　　2. 科学思想的技术倾向。近代科学的先驱们不再单纯地满足于为好奇心而进行知识的探索，他们希望理论性的科学与实用性的技术之间存在更为密切的关系。莱布尼茨的科学思想就明显地表现出一种技术的倾向性，尽管技术在他那里还不是一个独立的领域。但是技术在莱布尼茨那里预示着科学图景中的一个全新的因素。技术在莱布尼茨那里带有明显的与科学互补的特征，是建立在理论科学基础之上的。莱布尼茨将技术活动的产物比喻成机器，尽管人的技艺不如造物主，却因此获得了技术活动的合法权利。应该承认在科学迅速崛起，技术仍不发达的年代，将技术提升到科学的高度是很有远见的。

3. 对中国文化的推崇。莱布尼茨很善于从外界吸收营养以建立他自己的哲学体系，对待中国的文化他始终抱有一种兼容吸收的态度。莱布尼茨始终坚持以下原则：友善、普遍、求同求通求一、多样性、交流与相对。莱布尼茨关注东、西文化交流以及由此导致的争论，并且提出了自己的跨文化诠释构想：建立在理性之上的宽容。人是会思考的动物，理性的一个重要内涵是思维，是按照一定的规律而进行的精神活动。这是保证人与人、文化与文化之间能够沟通对话的先决条件，同时假设了每个文化中皆有合乎理性的思想；以此为基础而提出的宽容则不仅是对对方的尊重，更是对自己的观点以及自身文化的怀疑。

4. 科学存在的原因在于理性的上帝。在莱布尼茨理论体系中，理性的上帝是科学得以发生、存在、被感知和研究的形而上学的前提。自然界是可以根据最简单的几条数学和力学原理来加以精确的描述和计算的对象。因为这些规律是理性安排的结果，上帝作为一个理性主义者，在他计算时亦必须按照一定的数学程序，他在思维上亦必须遵守思维逻辑。结果是上帝的所思、所想、所为肯定是正确的，是值得我们信任的，是能够被科学所揭示的。科学研究，通过成为人认识上帝的中介和手段，获得了合法的权利和地位。

5. 莱布尼茨所追求的科学的最终指向。在一个为战争和偏见所困扰的世界里，莱布尼茨一直努力寻求和平与相互理解。莱布尼茨所追求的科学的最终目标就是以知识来激发人类，使世界所有的人都能达到他所憧憬的完善境界。对他来说，科学知识和道德实践是统一的。科学不仅是为了认识自然，更重要的是通过这一认识来寻求人的自由、正义和幸福。莱布尼茨的科学思想与形而上学都浸透出同样一种精神：对秩序、和谐、普遍原则、理性的热爱。这些普适的价值仍然是我们追求的目标和行为的准则。

6. 莱布尼茨科学观的特点。对上帝十分忠诚；推崇理性的思维方式；重视推理演绎的方法；在近代机械论世界观占据压倒性胜利的思想界，独树一帜地坚持辩证有机论；在欧洲中心论弥漫的年代，宽容地接受并赞扬异质文化；关注现世的生活技术。

7. 莱布尼茨科学观对近现代哲学的影响。无论是近代哲学还是现代哲学，莱布尼茨的影响都是广大而深远的。其科学观的辩证部分不仅被以狄德罗为首的法国百科全书派所批判继承，而且也是德国古典哲学的核心思想——辩证法的根源所在，从康德到黑格尔的德国辩证思维系统的建立都与莱布尼茨科学观的思想密不可分；莱布尼茨科学观对现代西方哲学人本主义思潮的影响主要体现在叔本华、胡塞尔、海德格尔等人身上；莱布尼茨包括普遍字符、普遍语言在内的普遍科学是弗雷格、罗素和诸多逻辑实证主义哲学家都期望建立的逻辑分析语言的源头所在，极大地影响了数理逻辑和现代分析哲学的产生和发展。

从科学观视角对莱布尼茨哲学进行阐释是对莱布尼茨研究的一种新的尝试和补充，但国内外对其关注还不是很多，因而这是一项具有挑战性的工作。本文在尽可能多的文献基础上，对莱布尼茨的科学观进行了梳理和论述，但仍存在以下问题有待深入分析：科学哲学是否真的是一门没有未来的学科，费耶阿本德（Feyerabend）强调回到史料里去，那么回到莱布尼茨那里，除了本文论述的观点外，莱布尼茨还可以给我们今人以哪些启示？如理论与观察之间的关系如何？科学与宗教是怎样相互影响作用的？科学与价值是怎样统一的？面对现代科学带来的负面效应，如何在实践层面实现莱布尼茨所期望的完善境界？

莱布尼茨是一位后人难以企及的天才型学者，思想深邃、见识卓远，他对科学和哲学的反思贯穿于一生。但是由于本人学识的不足和时间的有限对此题目的驾驭难免捉襟见肘，甚至自不量力。首先，莱布尼茨的著作和研究文献数量丰富，收集其中对科学的论述实属不易；其次，莱布尼茨的一手文献中大部分由拉丁语、法语写作，少量用德语写作，极少量由英语写作，这给我的阅读和研究带来了极大的困难；最后，理论本身的复杂和艰辛也是难以从容把握的。忽视科学的科学哲学研究状况不仅在中国而且在西方同样存在，所以本文不可能完美地回答莱布尼茨科学观的诸多内涵，也不敢说提出了哪些震撼人心的观点。但是无论如何大胆地探索才是解决问题时我们应持有的态度，即使将理论向前推进一小步也是有价值的，只希望我的探索和尝试可以引起人们对莱布尼茨科学观的一些关注和进一步研究，相信随着莱布尼茨全集的整理出版，这座人类的精神宝藏会发出更加耀眼的光芒。

附录一　莱布尼茨科学观的现代解读①

"古代的先人可以同时驾驭八匹高头大马，与之相似，莱布尼茨竟然可以同时驾驭所有的科学。以至于我们不得不将他分开了解，用哲学的语言说，分析他。古人推崇若干大力士中的一个英雄；而我们则从一个莱布尼茨身上看到了若干个专家。"② 这是莱布尼茨友人在其葬礼上的一段悼词。确实，莱布尼茨浩瀚如海的成就令我们叹为观止，也为后世的研究带来不小的麻烦。作为近代史上罕见的百科全书式的奇才，正像我们所知，莱布尼茨在数学、物理学、生物学、化学、地理学、航海学、地质学等诸多自然科学领域都留下了浓墨重彩的一笔。将他的科学成就或者形而上学分开研究是历来的传统，但是莱布尼茨一定不满意这种方法。对他来说，自然是普遍联系的，万千世界背后的秩序、和谐才是他孜孜以求的目标。

莱布尼茨生活的 17、18 世纪，欧洲的数学、力学、天文学等学科都获得了长足的进步，新兴的资产阶级更是要求发展生产，复兴科学。此时科学逐渐进入哲学家的视野，成为新的反思对象。面对什么是科学知识，怎样获得科学知识，如何确立科学知识的标准和原则等一系列问题，莱布尼茨提出了自己的解决方案：建立一种普遍科学，它精确、简便，

---

① 本文原发表于《自然辩证法研究》2011 年第 1 期，略有改动。

② Leibniz, *Die philosophischen Schriften von Leibniz*, hrsg. Von C. I. Gerhardt Ⅰ, Hildesheim, 1978：16.

能够系统地表达、论证和促进自然学、伦理学、形而上学直至人类的一切知识。在这里，中世纪神学及哲学家莱蒙·鲁勒（Raimundus Lulus）的记忆术变成了一门数学理论。这就是莱布尼茨的科学观，具体地说，包括用普遍字符确定系统化的科学知识；利用推理演算证明和获得科学知识；其原则和标准是逻辑上没有矛盾，这不仅是普遍科学的原则，也是科学本身的原则。合理的方法是科学研究的有效必要手段，虽然古希腊亚里士多德和斯多葛派也发明了逻辑或类似的方法，然而不够简便，一些部分为后人所遗弃。我们知道亚里士多德主张对科学做分门别类的研究，面对这一问题，他的信徒——莱布尼茨这次却将他的方法抛诸脑后，转向了培根和笛卡尔。尽管是一位唯理论哲学家，莱布尼茨还是看到了培根经验主义归纳法中的积极成分，将之在自己的方法中进一步发展。但对莱布尼茨普遍科学影响更大的还是笛卡尔的普遍数学设想，尽管他不满意笛卡尔所提出的科学方法，认为笛卡尔并没有找到真正的科学发展方法，普通的人也不能借助笛卡尔的那些方法进行研究。其实笛卡尔对莱布尼茨的影响处处可见，无论这种影响是以继承的形式还是以批判的形式展现，欧洲人在某种意义上都是笛卡尔主义者，恐怕莱布尼茨就是最好的例证。

一　什么是科学

尽管无法给"科学"下一个严密的定义，但一般来说，现代普遍认为科学包含事实与规律两个方面，是建立在实践基础上，经过严密逻辑论证的，关于客观世界各种事物的本质及运动规律的知识体系，这种现代意义上的科学内涵是在 18 世纪后逐渐形成的。而在近代之初"科学"一词的含义则并非如此，在莱布尼茨那里，科学指所有可以系统表达并带有极大确定性的知识，与这种科学相对应的是那种缺少确定性的模糊的理念或者与实践相关却不涉及知识理论的技艺。在其同时代的人中，这是一种对科学非常普遍的看法。莱布尼茨认为自然所有的一切都是一个无法分割的整体，任一存在物都与其他存在物相关联。尽管出于理解的目的，有时我们不得不将其中某种特殊的情况或存在物孤立出来，但是还应该要联系到整个系统，尽可能在综合的背景下进行研究。也就是说，如果将整体分割成凋零的个体，就会失去本来的面貌，只能将侧重点集中于整体的某一个方面。这预示着所有科学知识是互相关联的，就像是一部复杂机器的各个零件，只有所有的零件共同运转，这部机器才可能正常工作。其实，莱布尼茨的思想也正是这样一个相关联的系统，他的科学观与他的形而上学、伦理学、宗教都交织在一起，互相作用影响。

对确定性的憧憬使 17 世纪的学者总是对数学刮目相看，因为数学表现出的那种明晰确定的模式让他们看到了科学的楷模。确实，数学对那个年代自然科学的发展功不可没，"量在思想家们的心目中被看作绝对的实在，被看作自然界的唯一认识原则"[①]。作为宇宙静力学的一种，数学显示出事物的种种动力。所以数学自然拥有了超乎其他科学的优越的地位，成了一切科学的基础、本质。只有包含了类似于数学的那种确定、系统的性质，才能被看作真正的科学。身为数学家的莱布尼茨十分了解和欣赏数学中确证的表达与论证方式，问题在于，各门学科有着完全不同的研究领域、理论基础、表达术语、思考模式等，如何才能体现和表达这种确定性与系统性呢？莱布尼茨想到了传说中的"巴别塔"[②]，他想用符号将所有的科学在统一的规则下加以表达，"发现好的标志符号是人类心灵最大的帮助之一"[③]，针对传统的自然语言模糊不定，含有歧义，并非表达思想的理想工具。而历史表明惊人的科学发现往往借助于一种新的语言的数、字或符号而来临[④]。其实莱布尼茨自己就是好的例证，他与牛顿几乎同时发明了微积分，但是历史证明牛顿所使用的那些烦琐、令人费解的微积分符号严重地阻碍了英国数学乃至其他学科的发展；而莱布尼茨在微积分中精心构造的那些简明易懂、方便实用的符号不仅使欧洲大陆在之后一百多年的数学发展远远领先于英国，并且时至今日我们在微积分中仍大多使用这些符号。这样看来采用符号表达科学就显得十分必要和有效，符号不会产生歧义，不易引起误解，在进行推理时，

---

① ［德］费尔巴哈：《对莱布尼茨哲学的叙述、分析和批判》，涂纪亮译，商务印书馆 1985 年版，第 38 页。

② 《圣经》创世纪记载，人类开始都使用同一种语言，后来试图建造巴别塔与上帝一争高低。上帝震怒下打乱了人类的语言，人类无法进行沟通，巴别塔的建造工作就此告终。

③ ［德］莱布尼茨：《人类理智新论》，陈修斋译，商务印书馆 1982 年版，第 478 页。

④ 陈乐民：《莱布尼茨读本》，江苏教育出版社 2006 年版，第 87 页。

将符号看作机械式的工具，只要遵守规则就可以了，不必考虑它们原来所代表的含义，从而能够准确、简便、迅速地进行推理演算，这就是他的普遍字符。也就是科学的系统化，因为表面看起来各不相同的学科知识如果可以用统一的原则加以表述，它们就体现出了作为一个完整系统的秩序性的普遍存在。数学在这里仍然占据统率的位置，我们可以将之看作一种统一和相互连接一切知识的符号；同时，数学和逻辑作为宇宙这一有机整体以及人类心智世界的基本原则可以实现将一切科学知识系统化。

普遍字符"能这样地形成和排列符号，使得它们能够表达思想。一个表达式是一些符号的组合，这些符号能表现被表示的事物。如果被表示的那个事物的概念是由一些事物的概念组成的，那么那个事物的表达也是由这些事物的符号组成的"①。为了使普遍字符确定无误地表述知识，首先要选择数量有限的字符表示最简单的原初概念，因为莱布尼茨认为所有的科学知识都是从少数几个基本的概念、公理演化而来的，这一思想也被后来的罗素所绝对化，认为莱布尼茨所有"好的"哲学都是从五个基本前提演绎得来。原初概念是普遍字符的出发点，这些概念必须意义明确而不用解释，重要的是不会再被分解，在对原初概念分类的基础上，选择一定的符号加以表示，最好是编号。这些符号就是普遍字符，作为原初概念的抽象与提升，其特殊属性在于根本性和不可分析性，除拥有原初概念的那些性质外，通过规定普遍字符的演变规则与运算规则进行精确的推论，其他领域的科学知识都可以通过普遍字符得以系统地表达。而反过来，在这样表述结果中，科学的秩序性、系统性被鲜明地展现在我们面前。尽管莱布尼茨也设想借助于简单的图像，比如用一个点表示一，用多个点表示其他数字，用线条表示物与物之间的关系等等，但其普遍字符的选择最终还是落脚于数字，可能是因为他相信"数是一种基本的形而上学形式"，数字之中隐藏了最深的奥秘，那就是一切的事物和知识皆可以被指定为确定的特征数字。早在 1666 年《论组合术》中，年轻的莱布尼茨就表达了"事物犹如数字"这一思想。他还假定一

① *Der Briefwechsel des Gottfried Wilhelm Leibniz in der Königlichen Öffentlichen Bibliothek zu Hannover*, hrsg. Von Ed. Bodemann, Hannover, 1895：80.

些特殊的特征数字是已知的，还有一些特有的一般性质是可以被观察到
的。一旦找出或发明与事物本身相对应的特征数字，就可以判断一个命
题在实质上确定与否，由于数字意义明确，因而没有任何困难，也没有
陷入谬误的危险。

二　如何获得科学知识

莱布尼茨已经确定了科学划界问题，那么应该怎样促进科学的不断
发展，也就是如何获得新的科学知识。世界存在着各种各样的事物，其
不同的属性使得一事物得以区别于另一事物。怎样才能获得关于某一事
物的完全知识，用来布尼茨的话"既能包含发现新命题的技术，又能包
含对这些命题的批判的考察的技术"，即发现和判断科学知识，这是我们
真正理解世界的基础。莱布尼茨想通过包括数学计算和逻辑推导在内的
推理演算来发现新的科学知识并对其加以证明，"通过由它组成的联系和
词的分析，其他一切都能被发现和判断"[①]。发现的目标指向找寻未知的
科学知识，从原初概念或少数科学公理出发运用推理演算进行组合，近
似于我们的综合法。判断的目标则指向将模糊不清的或理解不彻底的思
想予以澄清，将之分解到原初概念或科学公理，即分析命题法。

莱布尼茨确信如此有秩序、和谐的知识，必然是造物主的手笔，当
然就会存在一个关于科学知识的储存库。那么，发现内含于可能存在中
的普遍字符后，通过类似于数学的推理演算，一切的概念、命题、知识
都会从这个储存库里派生出来，不但可以确证所有已经发现的知识，将
来的可能的知识都会被推导出来。这是莱布尼茨对柏拉图绝对理念在科
学中的运用，这一思想极大地影响了后世的德绍尔（Dessauer）的技术哲
学[②]。1714 年 1 月 10 日莱布尼茨在致德雷蒙（N. Rémond）的信中写道：
"所有理性真理皆可归结为一种演算。……当我们的资料尚不足以确证命
题的真理性时，它还能使我们估计其可信度，并告诉我们达到确证还需

---

① ［德］莱布尼茨：《莱布尼茨自然哲学著作选》，祖庆年译，中国社会科学出版社 1985
年版，第 3 页。

② Leibniz, *Die philosophischen Schriften von Leibniz*, hrsg. Von C. I. Gerhardt II, Hildesheim,
1978：99.

要些什么。对于我们经常多半会犯错误的生活问题和实际考虑来讲，这类估计显得极为重要。"① 推理演算是一种形式化的方法，以计算方式处理普遍字符记录的科学知识，通过逻辑推理来发现科学知识的未来可能性。举例来说，如果我们用质数 "2" 和 "3" 分别表示 "动物" 和 "理性" 这两个概念，那么 "$2 \times 3 = 6$" 就表示 "人是有理性的动物"。在这里，"动物" 和 "理性" 所对应的普遍字符 "2" 和 "3" 的乘积就表示了 "人" 这一复合概念，实际上，这种复合概念的表达式本身也已经体现了推理演算的结构。普遍科学作为形式系统，正是由于形式推理自动体现在复合字符的结构之中的性质，成为发现和证明科学真理的工具。由于科学知识被系统地由普遍字符表述为一个整体，按照统一规则，我们就可能推知超出现有知识的新的发现。用我们今天的话说，这是一种获得和确证新的科学知识的方法、手段、路径等。尽管这种方法不等同于数学，但由于思维推理运算的方式类似于数学，所以结论就同样地确证和明晰，错误变得显而易见，失去了生存的空间。"使所有的推理错误都只成为计算的错误，这样当争论发生的时候，两位哲学家和两位计算家一样，用不着辩论，只要拿起手中的笔，坐在计算器面前，面对面地说，让我们来计算吧。"②

世界能否被彻底认识一直困扰着人类，如爱因斯坦所说 "宇宙最不可理解的是，它竟然是可以理解的"，实际上我们使用一种精简的方式解读世界，比如，用很少的理论假设来解释万事万物，就像可以计算多个对象的一种计算机程序。我们将若干复杂的事物定义为最简单的理论。这样看起来，我们似乎可以将所有的复杂性概括成有限的理论，但是 "自然只用最长的丝线来编织它的图案，所以它每一小片的织物都展示了整个织锦的构造"③。自然是一个统一的和谐的整体，自然中的每一存在物都遵循着相同的规则；反过来，每一最小的存在物也是自然的有机成

① Leibniz, *Die philosophischen Schriften von Leibniz*, hrsg. Von C. I. Gerhardt II, Hildesheim, 1978：605.

② ［德］莱布尼茨：《莱布尼茨自然哲学著作选》，祖庆年译，中国社会科学出版社 1985 年版，第 22 页。

③ G. J. Chaitin, *On the intelligibility of the universe and the notions of simplicity*, complexity and irreducibility. German Philosophy Association, 2002, p. 36.

分，反映着整个世界。用莱布尼茨的话说，每一单子都表象着整个宇宙，宇宙是完全的，所以单子的数目无限。因此尽管莱布尼茨也同样梦想有一天彻底地认识世界，获取关于宇宙的所有知识，但他还是与现代科学保持了一致，倾向于认为由于不确定性因素的存在，自然的复杂性无穷无尽，所以我们不可能以完全确定的方式解释宇宙①。对于普遍科学莱布尼茨虽然给予了莫大的期望，却明确地指出人类的字母表是不可能完备的，而是无限接近上帝心中的无穷的概念的一个过程，"我们必须持续进行综合，直到我们能把它变换成分析"②，这并非自相矛盾，恰恰说明了莱布尼茨认为科学知识处在一个无穷尽的动态发展中，所以他的普遍科学是一个开放的系统。现代的科学，正如莱布尼茨预想和我们所知晓的一样，是以几何级在数量上无穷扩大的。普遍科学则利用组合术以及各种运算产生无穷无尽的表达方式，来解决知识在数量上是无限的这一问题。

三　科学的标准

莱布尼茨的普遍科学作为理论统一体相当于逻辑实证主义"统一科学"设想，不同的在于，莱布尼茨这一设想立足于理性主义传统。对于理性主义者来说，理性是远远优于感性的，无论其客体是哲学还是科学，一切具有普遍系统性的科学知识都不能从感觉经验得来而只能起源于理性，而理性正是检验科学知识的准绳。尽管莱布尼茨认为感觉经验也有值得借鉴的地方，但是只有借助理性才能将科学所蕴含的必然真理阐明，"只有理性才能建立可靠的规律，最后在必然后果的力量中找出确定的联系"③。因为在"理性的灵魂或精神"中，"比在单子或单纯的灵魂中有着更多的东西。它不仅是创造物的宇宙的一面镜子，而且也是上帝的一个形象。精神不仅有一个对上帝的作品的知觉，它甚至能够产生与这些

---

① G. J. Chaitin, *On the intelligibility of the universe and the notions of simplicity*, complexity and irreducibility. German Philosophy Association, 2002, p. 36.

② ［德］莱布尼茨：《莱布尼茨自然哲学著作选》，祖庆年译，中国社会科学出版社 1985 年版，第 27 页。

③ ［英］罗素：《西方哲学史》（下卷），马元德译，商务印书馆 1982 年版，第 5 页。

作品类似的某些东西，虽然是在小规模上"①。就是说对于莱布尼茨而言，只有理性才是可靠的，运用作为认识和判断能力的理性进行识别作为普遍的真理的科学知识，这也是莱布尼茨推崇推理演绎方法的原因所在。这很容易联想到大陆理性主义的奠基者笛卡尔所说的，"借助于理性的作用，我们才能认识事物，而不必担心任何谬误"②。

理性的原则具体表现在科学的标准上，就是这一命题在逻辑上不存在任何矛盾。也就是将一个概念或知识不断地分解至通过事物自身就能理解的原初概念，无须其他前提，比如一个概念的数值可以被组成它的质数除尽的话，这个概念便不含有矛盾。在莱布尼茨的身上，有着所有科学家的都拥有的可贵品质，即对于其他的一切事物的怀疑态度，"最好一开始就能设想我们自身位于反面"③。当然，莱布尼茨的这种怀疑有着深深的时代烙印，那就是上帝是不容置疑的。这种怀疑的态度不仅仅针对其他存在的事物，而且也针对人类的思维。在分析具体命题的每个步骤中，必须不含偏见地保持不间断的链条，也就是没有矛盾的规则，就像 A 等于 B，B 等于 C，C 等于 D，所以 A 等于 D 一样，不能将前提没有的任何东西加诸结论。这样，一切学科的复杂的真理经过一步步进行不容置疑的推理，或者得到不可能被怀疑的简单自明的原初概念或公理，或者找到可能被怀疑的命题，以此我们就可以判断哪些是可靠的知识，哪些是真正的科学。

但是，很显然很多人的工作都不尽如莱布尼茨之意，他批评同样十分推崇公理演绎方法的笛卡尔没有用几何学方法思考形而上学；指责斯宾诺莎在《伦理学》中仅用几何学来论证实体的性质、身心关系等体系结构，却缺乏数学家的明晰；他还想为牛顿力学建立更原初的概念或基础的公理，证明欧几里得的几何公理。这些努力都想通过人为的方法确立科学知识的标准，在一个公理化体系中安排所有的真命题。普遍科学不仅是将各门科学用原初概念和普遍字符加以表达，它同时更是一种科

---

① 北京大学哲学系外国哲学史教研室编译：《十六—十八世纪西欧各国哲学》，商务印书馆 1975 年版，第 498 页。

② Descartes, *Philosophical Writing. Selected and Translated by Norman Kemp Smith*, 1911：7.

③ ［德］莱布尼茨：《莱布尼茨自然哲学著作选》，祖庆年译，中国社会科学出版社 1985 年版，第 43 页。

学方法，组合、算术、代数、分析、传统逻辑和密码翻译都不过是该系统中极为特殊的演算。在这个形式系统中，最重要的原则是：给出一个谓项，找出其所属的主项；给出一个主项，找出其所属的所有谓项。哥德尔的思想无疑是莱布尼茨最准确的诠释：建立人类思想的字母表，就是寻找模糊或直观概念的精确"解"①。清晰的概念是客观存在的，并且在一切可能的世界中皆为真。在给阿尔诺的一封信里有一段最明确的申述莱布尼茨关于他的普遍科学的标准，"考察我对一切真命题所持的概念，我发现一切谓语，不管是必然的或偶然的，不论是过去、现在，或未来的，全包含在主语的概念中，于是我更不多求。……这命题非常重要，值得完全确立，因为由此可知每一个灵魂自成一个世界，与神以外的其他一切事物隔绝独立；它不仅是永生的，还可说是无感觉的，但它在自己的实体中保留下它所遭遇的所有事情的痕迹"。罗素正是以这种"基于命题分析"的哲学为样本最终构建起了自己的分析哲学。

四 最终指向

莱布尼茨对自己的普遍科学评价很高，"没有人，不论是先知或君王，能像对上帝的荣耀那样，对人类幸福给自己提出一项比这个更具有伟大意义的任务"。在这儿我们可以看到他的这种科学方法的最终指向——上帝的荣耀与人类的幸福。上帝创造了包括科学在内的自然界，所以科学系统是和谐统一的整体，"各门科学的整体可以看作一个海洋，它到处延伸而没有终止和分界，尽管人们想象其中的各个部分，并按自己的方便给它们以名称"。基于此，所有的科学知识才有了可以被系统地表达、不断地扩大的可能性。反过来，科学展现的秩序表达了世界的和谐，显示了造物主即上帝的智慧。从基督教的角度看，这一点对于灵魂的完善很是重要。"采用这种通用字符，无异于建立了和理智分担内在和谐的真正宗教。"就是说这种科学方法在莱布尼茨那里成了一种基础或者前提，其最终的目的是建立理性宗教。

普遍科学不仅打开了通向基督教信仰之路，还打开了通向幸福之路，这一思想来自莱布尼茨"使人类更加完美"的信念，"根据这门科学，慈

---

① Hao Wang, *Reflections on Kurt Gödel*, *MIT Press*. 1987, p. 36.

爱与正义永远不会错，会带来自由与健康"，即精神层面道德的提升还是物质层面福利的增加。莱布尼茨赞同苏格拉底的看法，相信道德程度的高低取决于知识的掌握。他的论证是，道德的必要性"要求去遵循完美智慧的规则"，而"智慧是关于幸福之科学，或关于达到永久满意的方法之科学"①。如此，科学知识的发展会促进理性的认识，人们按照最佳的理性原则作为，获得心灵的宁静。17、18 世纪欧洲到处弥漫着重商主义，莱布尼茨不再满足"以认识自然为最高宗旨的，为科学而科学的科学"。事实上，莱布尼茨一生都关注现实的人类的福祉，他把自己所有的科学发现和技术发明都看成其普遍科学的应用②。因为对于莱布尼茨来说，普遍科学不仅仅是揭示科学的一般方法，重要的是从科学理论到实践的转化。现代的科学获得了一种内在前进的动力，片面追求"高科学""新科学"的我们似乎忘记了这种前进本身并无任何意义，科学只有依赖于主体才有价值、意义可言。

莱布尼茨身上表现出一种特有的矛盾，一方面他兴趣广泛得让人眼花缭乱；另一方面他坚持不懈地试图以一种单一的原则整合全然不同的各种科学，找寻所有知识的一致性。在莱布尼茨那里，这根本不是问题，"完美"即意味着"最大限度的丰富多样，同时又是最大限度的秩序"。秩序与多样不仅不是对立的，而且是最可能完美的世界的两方面，并且这两方面都要发展到各自的极致。其实这并不难理解，莱布尼茨的科学思想与形而上学都浸透出同样一种精神——对秩序、和谐、普遍原则、理性的热爱。这些普适的价值似乎仍然是我们追求的目标和行为的准则。莱布尼茨倡导中西文化交流，从一个侧面反映了他所追求的目标，即找到一条可以为人类进步和世界和谐服务的道路。在今天，我们似乎更应继承莱布尼茨的遗志，因为"没有什么事情比在理性与多元中求和谐更重要"③。基于此，科学的用途不仅在于使人们的生活成为可能；更重要的是作为理论，科学显示了世界是有意义的。这种世界意义同时也能为人的行动提供导向，譬如按照莱布尼茨的看法，世界是和谐的，因此，

---

① ［德］莱布尼茨：《形而上学序论》，陈德荣译，商务印书馆 1979 年版，第 344 页。

② 李文潮、波塞尔：《莱布尼茨与中国》，科学出版社 2002 年版，第 159 页。

③ 李文潮、波塞尔：《莱布尼茨与中国》，科学出版社 2002 年版，第 12 页。

人的所有的行为目的应该也是和谐的。

参考文献

1. 北京大学哲学系外国哲学史教研室编译：《十六—十八世纪西欧各国哲学》，商务印书馆 1975 年版。

2. 陈乐民：《莱布尼茨读本》，江苏教育出版社 2006 年版。

3. 李文潮、波塞尔：《莱布尼茨与中国》，科学出版社 2002 年版。

4. ［德］费尔巴哈：《对莱布尼茨哲学的叙述、分析和批判》，涂纪亮译，商务印书馆 1985 年版。

5. ［德］莱布尼茨：《人类理智新论》，陈修斋译，商务印书馆 1982 年版。

6. ［德］莱布尼茨：《莱布尼茨自然哲学著作选》，祖庆年译，中国社会科学出版社 1985 年版。

7. ［英］罗素：《西方哲学史》（下卷），马元德译，商务印书馆 1982 年版。

8. G. J. Chaitin, *On the intelligibility of the universe and the notions of simplicity*, complexity and irreducibility. German Philosophy Association, 2002.

9. R. Descartes, *Philosophical Writing*. Selected and Translated by Norman Kemp Smith, Macmillan, 1952.

10. Leibniz, *Die philosophischen Schriften von Leibniz*, hrsg. Von C. I. Gerhardt Ⅰ, Hildesheim, 1978.

附录二　论莱布尼茨科学思想的技术倾向[①]

科学发展到莱布尼茨的时代，近代科学的先驱们不再单纯地满足于17世纪英国皇家学会所倡导的"以认识自然为最高宗旨的，为科学而科学的科学"。他们希望理论性的科学与实用的技术之间存在更为密切的关系来发展生产。如果新的科学知识非常实用，必将赋予人类以力量，使人类得以成为自然界真正的主人。科学家很少考虑抽象思辨的问题，他们着手做各种实验，既探索自然的内在奥秘、获得知识，更解决实际的问题，产生有益的功利效果。查理二世为英国皇家学会建立发布的特许状写道："朕且获悉他们已经通过各种有用而出色之发现，创造和实验，在提高数学、力学、天文学、航海学和化学方面取得了相当的进展。因此，朕决定对这一杰出团体和如此有益且称颂之事业授予皇家恩典。保护和一切应有的鼓励。"[②] 新兴资产阶级对工业和商业的关注正预示着工业革命的来临，培根宣称"知识就是力量"，笛卡尔主张要"解决有用的问题"，斯宾诺莎"志在使一切科学都集中于一个最终目的，这就是达到我们所说过的人的最高的完善境界。因此，科学中凡是不能促进我们目的实现的东西，我们将一概斥为无用；换言之，我们一切行为与思想都必须集中于实现这一唯一目的"[③]。但似乎没有任何人像莱布尼茨那样，

①　本文原发表于《科学技术哲学研究》2012年第1期，略有改动。

②　［英］贝尔纳：《科学的社会功能》，陈体芳译，商务印书馆1986年版，第61页。

③　［荷］斯宾诺莎：《知性改进论》，贺麟译，商务印书馆1960年版，第22页。

看到了科学与技术相互促进的内在联系，并将整个人类世界都理解成具有预见性的技术图景。在莱布尼茨身上表现出了明显的技术乐观主义倾向，近代科学家、思想家常常对科学和技术抱有一种肯定和崇拜的态度，将科学技术视为人类社会进步的阶梯，这与近代之初人类发现自身对自然界的支配和改造而大大增强的自信心不无关系。

一　科学与技术的结合

大概由于狄德罗"就哲学家和数学家这两个词所能具有的最充分的意义来说，莱布尼茨是一位哲学家和一位数学家"① 评价的广泛流传，谈及莱布尼茨时，我们一般想到的总是哲学家和科学家，鲜为人知的是他同时也是一位制造了多种机械装置的技术发明家。"既具有思辨哲学家的特质又具有经验哲学家的特质"的莱布尼茨在矿山工作时发明了多种风车、传动装置，以及阿基米德螺杆、气压连杆等一系列排水设备；而他最重要的技术发明就是"乘法器"，即机械计算机。莱布尼茨发明的"乘法器"可以进行加、减、乘、除及开方的运算，是人类计算工具的一次进步，也使得莱布尼茨得以跻身于英国皇家学会会员之列。考察莱布尼茨的技术发明就会发现，这些技术不仅呈现出系统化的特征，而且大都是建立在理论科学的基础之上。这种理论知识和实践应用"欢愉的结合"体现的正是莱布尼茨所主张的科学与技术结合的观点。"正如事实上在医学中人们就是把它们结合在一起的，不仅从前在古代人那里是如此（那时医学家也同时是外科医生和药剂师），而且今天，尤其在那些化学家那里也是如此。"②

科学之所以要与技术相联系，是由于二者存在着互相促进发展的作用。科学理论作为必然真理，是放诸四海皆准的原理，"甚至盲目的理论都比没有理论指导的实践有用"③，因为理论是实践的抽象与提升，具有一般性、普遍性，它可以提供行动的可能，指导实际的情况，预测可能

①　[德] 莱布尼茨：《人类理智新论》，陈修斋译，商务印书馆1982年版，第1页。

②　[德] 莱布尼茨：《人类理智新论》，陈修斋译，商务印书馆1982年版，第642页。

③　Leidniz, *Die Philosophischen Schriften Von Leibniz*. Hildesheim：hrsg. Von C. I Gerhardt Ⅲ, 1978：167.

的结果，促进技术的发展。正因为如此，莱布尼茨十分倡导人类对于科学知识的追求，他认为通过认识范围的不断扩大，人类的权力就会越大，就越可能更加理性地有所作为；反过来，实践为理论提供了可供思考的素材，伴随着实践的深入、技术的提高，新的科学认识才会不断产生。尽管在莱布尼茨的年代，科学没有表现出对技术完全的依赖，但敏锐的莱布尼茨还是发现了这一点，而在现今，似乎我们可以找到科学脱离技术寸步难行的充足证据。理论性的科学与实践性的技术作为人类赖以生存的技能，前者有助于人类智慧的不断提升，后者则帮助人们"保护身体，身体是灵魂的工具"。科学的重要意义在于其理论的用途，昭示着这个世界造物主的存在。而技术，在一定意义上我们可以将之看作实用性的自然科学，它对于维持人的生命便有了至关重要的作用，因为人作为"有缺陷的动物"，是需要技术来进行自我完善的。不得不承认，在那个科学占主导地位、技术仍不发达的年代，将技术提升到科学的高度是很有远见的。所以英国学者麦克唐纳·罗斯认为，莱布尼茨在科学研究中一直采取了一种未来主义态度①。

　　莱布尼茨是为数不多的对中国抱有好感的西方思想家，其深层的原因就在于他认为自己所在的欧洲长于科学，长于理论性的思辨，而中国这个历史悠久的大国长于技术，长于实践性的经验。莱布尼茨曾与从中国返回的耶稣会士闵明我的会谈中，提出了 30 个关于中国的问题。除了一个问题涉及几何学的形而上学外，其余基本上全部是关于技术方面的问题，包括制造火药、中医药、冶炼金属、造纸术、丝绸生产、制陶、建筑材料、玻璃工艺、外科手术、天文观测、农田耕作以及航海等实用技术。和那些试图以科学为手段传播基督教的传教士不同，莱布尼茨着眼于中国的实用性技术。他确信像中国这样的文明古国，在技术方面一定有领先欧洲的地方。而按照莱布尼茨通过交流可以促进知识增长的设想，他殷切希望传教士将这些技术带回欧洲，"中国人亦有义务通过您（指在华传教士闵明我）传授给我们他们通过长期观察而取得的有关自然方面的知识……以便推进我们的科学的进展……能够给欧洲带来点实际

---

① ［英］罗斯：《莱布尼茨》，张传友译，中国社会科学出版社 1987 年版，第 50 页。

的后果"①。技术不仅是我们现实生活的组成部分，而且赋予了世界一种新的技术解释模式。按照这种模式，整个宇宙可以被理解为有生命的、有自身发展规律的、有目的的世界。同样地，在技术创造过程中人也追寻目的，那就是实践上的有用性，即莱布尼茨终生追求的以保证最大的幸福为目的。这一切技术活动都建立在人的理性基础之上，"只有理性才能建立可靠的规律，最后在必然后果的力量中找出确定的联系"②。因为在"理性的灵魂或精神"中，"比在单子或单纯的灵魂中有着更多的东西。它不仅是创造物的宇宙的一面镜子，也是上帝的一个形象。精神不仅有一个对上帝的作品的知觉，它甚至能够产生与这些作品类似的某些东西，虽然是在小规模上"③。唯有运用理性的手段和方法，人才可能在技术活动中找寻最佳解决之路。

二　技术活动的产物

莱布尼茨哲学的重要思想之一是将技术的产物比喻成"机器"。在当时的欧洲，机器这一比喻十分普遍，笛卡尔就将人的身体看作由零件运转构成的机器。莱布尼茨则在哲学层面阐释了机器的比喻，机器作为技术活动的产物，在他那里包含两层含义：首先是上帝的创造物，其范围广泛，涵盖整个宇宙以及所有的有生命的东西，比如人；其次是人的创造物，包括人工机器或人工创造物。通过机器的比喻莱布尼茨将技术与上帝完美地结合在了一起：一切有生命的生物都是上帝的技术活动的产物，宇宙则成了具有因果过程和自我调节的完美机器。

莱布尼茨将整个宇宙都比喻成上帝创造的机器，而由于每个单子都反映着整个宇宙，所以宇宙中的每个生物也是一个机器。不过上帝创造的机器是有机的，"物质的每个部分都可以设想成一座充满植物的花园，一个充满着鱼的池塘。可是植物的每个枝丫，动物的每个肢体，它们的每一滴体液，也是一个这样的花园或这样的池塘。虽然花园中植物与植

---

①　［德］莱布尼茨：《莱布尼茨致闵明我的一封信及附录》，李文潮译注，《中国科技史料》2002 年第 2 期。

②　［英］罗素：《西方哲学史》（下卷），马元德译，商务印书馆 1976 年版，第 5 页。

③　北京大学哲学系外国哲学史教研室编译：《十六—十八世纪西欧各国哲学》，商务印书馆 1975 年版，第 498 页。

物之间的泥土和空气、池塘中鱼与鱼之间的水并不是植物也不是鱼，然而却包含着植物和鱼"①，只是因为太过细微的原因，不易被我们觉察罢了。如此一来，宇宙中便没有任何荒芜不毛、死气沉沉的所在，根本没有混沌和混乱。这有点像远处池塘中所显示的情况：人们在远处可以看见池中的鱼的一种混乱的运动和骚动，而分辨不清鱼本身。上帝的机器作为有机体是可以无限分割的，每分割到较小的部分仍然是机器，而这些机器和单子一样，由于出自鬼斧神工的上帝之手因而是前定和谐的，表现出完美和谐的状态，"空间中的一切都被充塞着，一切物质都处于相互联系之中"②。

　　同样作为上帝的创造物，人由于理性的存在而区别于其他。人不仅可以认识上帝创造的世界，而且可以在实际中模仿上帝的行动，这就是人的技术性的创造活动，在这一过程中人成为自己世界的"小上帝"。虽然莱布尼茨强调人是一个不完全的产品制造者，是一个不完美的工匠，但由此人却获得了进行技术创造的合法权利。问题是人的思维与上帝思维的差别，所以人的技术活动不是发明，而是发现，是在上帝的观念之中的发现。人工创造物"在事物的可能性中有其原型的，……样式的组合，并不完全是随意的或武断的，……可以发明一些好的和可行的机器，它们在我们来说除了发明者的观念之外并无其他原型，而发明者的观念本身是有事物的可能性或上帝的神圣观念作为原型的，而这些机器是某种实体性的事物。……一个观念，不论它是一个样式的观念或是一个实体性事物的观念，可以随着人们对形成总体观念的那些部分观念理解得好坏而是完全的或不完全的；而这在它使人完全认识对象的可能性时就是一个完满观念的一种标志"③。就像在柏拉图的"理念"中找寻一样，莱布尼茨的技术创造是在上帝的可能世界中发现现实存在，或者用波普的话来说，就是使潜在的未具体化世界三对象具体化。

　　把上帝的技艺与人的技艺进行对比，莱布尼茨断言上帝所发明的机

---

①　[德]莱布尼茨：《神义论》，朱雁冰译，生活·读书·新知三联书店2007年版，第495页。

②　[德]莱布尼茨：《神义论》，朱雁冰译，生活·读书·新知三联书店2007年版，第495页。

③　[德]莱布尼茨：《人类理智新论》，陈修斋译，商务印书馆1982年版，第642页。

器"超过我们所发明的人造机器",因为"自然机器的发明者超过我们一样",他所创造的"每个生物的有机形体乃是一种神圣的机器,或一个自然的自动机,无限地优越于一切人造的自动机"。即上帝发明的机器或者说自然的机器每一部分都是有机构成的,可以分解至无穷,而无论多么细小的部分都可以表象整个宇宙。人工机器则仅仅是一种机械的构成,仅是一些支离破碎的片段,不具有有机性。机械性构成远远落后于有机的机器结构,对于莱布尼茨来说出现这样的结果是正常的:上帝作为有机机器的创造者,本身拥有最高最完美的理性,人的理性远不能相提并论。然而更为重要的是,人类在这一模仿过程中意识到了理性的重要性。随着知识的增加和认识的扩大,人们获得了行动上理性的指导,才有可能同样地按照最佳原理选择最佳方案,决定自己的行动。

三　科学技术的目的

科学技术的进步会促进理性的增长,从而带来惠及人民的福利。"不仅为着上帝的荣耀,为着福音的传播,更有利于人类的幸福,……是超出人们想象的光辉伟业。"[①] 基于此,科学的用途不仅在于使人们的生活成为可能;重要的是向我们揭示了上帝所创造出来的世界必然有着自己的理性秩序,是可以被理解和认识的。

17、18 世纪的欧洲到处弥漫着重商主义,而莱布尼茨的祖国德国,更是由于"三十年战争"受到了严重的损伤,远远落后于其他的欧洲国家。在莱布尼茨那里科学似乎是万能的,他寄希望于科学可以带来和平的同时,也期望通过科学发展技术,增加国家的经济实力,改善人民的生活,无论是精神层面还是物质层面。与之相对应,科学更多地停留于理论层面,而技术则着重于实践中的应用性。在 1680 年左右完成的《新物理学思考》这部纲领性著作中,莱布尼茨一开始就强调了自然科学的有用性。他反对亚里士多德的科学仅仅是为了满足人的好奇心的观点。莱布尼茨认为科学必须以有用性为准则,而有用性在于通过科学可以获得和增加自己的幸福生活,他的信条是——科学为生活而存在。以科学的有用性为准则的态度,看起来似乎会导致一种庸俗的功利主义。令我

---

① ［德］莱布尼茨:《中国近事》,李文潮编译,大象出版社 2005 年版,序。

们欣慰的是莱布尼茨不是那种狭隘的功利主义者，"我不属于那些眼睛里只有自己的祖国，只有某个具体民族的人，我关心的是整个人类的命运与福祉……我的兴趣与着眼点始终是人类整体的进步"。莱布尼茨尊重异质文化，期望建立世界性的科学研究机构，使来自不同民族和国家的学者交流合作，取得的科学成果归属于全人类。因为科学的实际应用"提供生活的多种方便，对各种境况应用（科学原理）的技术，恰当判断或推理的艺术、发现尚未了解的真理的技术，以及在一瞬间和必要时唤起人们识别能力的技术"。所以"应从一开始就使工作和科学面向应用。这就是说，其目的是理论与实践的统一，不仅要改善艺术和科学，而且要改善国家和民众、家田作业、手工制造和商业，即总而言之要改善食品"。①

莱布尼茨科学思想的技术倾向代表了当时特定历史条件下欧洲学者对理性的崇拜与信任。今天，这种相信所有的问题都可以通过科学技术来解决的乐观主义不再被盲目地承认和接受。技术在当今社会已经构成了生活的基础，如：能源技术、交通技术、信息技术、通信技术……这些技术系统在给人们带来生活便利和身心幸福的同时，其弊端日趋显著，尤其是大型技术或高科技系统所带来的不良后果得到了越来越多的关注和审视。由于人的认识的有限性，尽管在所有的可能性中我们试图做出最佳的选择，但行动的结果总会包含某些无法预知的因素，导致在一定程度上威胁着人的生存，甚至生命。即科学技术只能在逻辑可能的领域中活动，在逻辑之外的范围必然会受到其他诸如社会、经济、道德等因素的制约，道德伦理意义上的"善"要求人在行动之前、做出决定之前根据自己的知识程度选择道德意义上的最佳可能。如此一来，莱布尼茨最终陷入了循环的旋涡：一方面，完善的科学技术发展需要道德等人文环境的制约；另一方面，道德的最佳选择需要科学理论和实践技术的支撑。

---

① ［德］哈特科普夫：《莱布尼茨和柏林科学院的建立》，转引自《科学学译丛》1990 年第 5 期。

参考文献

1. ［英］贝尔纳：《科学的社会功能》，陈体芳译，商务印书馆 1986 年版。

2. ［德］莱布尼茨：《中国近事》，李文潮编译，大象出版社 2005 年版。

3. ［德］莱布尼茨：《人类理智新论》，陈修斋译，商务印书馆 1982 年版。

4. ［德］莱布尼茨：《神义论》，朱雁冰译，生活·读书·新知三联书店 2007 年版。

5. ［德］莱布尼茨：《莱布尼茨致闵明我的一封信及附录》，李文潮译注，《中国科技史料》2002 年第 2 期。

6. ［英］罗斯：《莱布尼茨》，张传友译，中国社会科学出版社 1987 版。

7. ［英］罗素：《西方哲学史》，马元德译，商务印书馆 1976 年版。

8. ［荷］斯宾诺莎：《知性改进论》，贺麟译，商务印书馆 1960 年版。

9. Leibniz, *Die philosophischen Schriften von Leibniz.* Hildesheim：hrsg. ，Von C. I. Gerhardt Ⅲ，1978.

参考文献

一　中文文献

（一）中文著作

1. 北京大学哲学系外国哲学史教研室编译：《西方哲学原著选读》，商务印书馆 1981 年版。

2. 北京大学哲学系外国哲学史教研室编译：《十六—十八世纪西欧各国哲学》，商务印书馆 1975 年版。

3. 陈修斋：《欧洲哲学史上的经验主义和理性主义》，人民出版社 1986 年版。

4. 陈修斋：《莱布尼茨与十八至十九世纪法国和德国哲学的联系》，《湖北社会科学》1987 年第 4 期。

5. 陈修斋：《从莱布尼兹与狄德罗的哲学看对立统一规律在哲学发展史上的表现》，《武汉大学学报》（哲学社会科学版）1979 年第 3 期。

6. 陈乐民：《莱布尼茨读本》，江苏教育出版社 2005 年版。

7. 陈鼓应：《悲剧哲学家尼采》，生活·读书·新知三联书店 1987 年版。

8. 段德智：《莱布尼茨哲学研究》，人民出版社 2011 年版。

9. 洪谦：《现代西方哲学论著选辑》，商务印书馆 1982 年版。

10. 洪晓楠：《科学文化哲学的前沿探索》，人民出版社 2008 年版。

11. 胡阳、李长铎：《莱布尼茨二进制与伏羲八卦图考》，上海人民出版社 2006 年版。

12. 季羡林主编：《东学西渐丛书》，河北人民出版社 1999 年版。

13. 江畅：《自主与和谐》，武汉大学出版社 1995 年版。

14. 李文潮、波塞尔：《莱布尼茨与中国》，科学出版社 2002 年版。

15. 李文潮、刘则渊：《德国技术哲学研究》，辽宁人民出版社 2005 年版。

16. 李文潮、余慧贤：《第七届莱布尼茨国际学术会议在柏林召开》，《哲学动态》2002 年第 3 期。

17. 林成滔：《莱布尼茨：科学与神学》，博士学位论文，北京师范大学，2006 年。

18. 刘啸霆：《莱布尼兹：微积分学中的理性倾向》，《自然辩证法研究》1991 年第 12 期。

19. 蒙虎：《十七世纪西方数学的自然哲学背景》，博士学位论文，西北大学，2003 年。

20. 桑靖宇：《莱布尼茨与现象学》，中国社会科学出版社 2009 年版。

21. 孙小礼：《莱布尼茨与中国文化》，首都师范大学出版社 2019 年版。

22. 汪堂家、孙向晨、丁耘：《十七世纪形而上学》，人民出版社 2005 年版。

23. 忻剑飞：《世界的中国观》，学林出版社 1991 年版。

24. 徐端康：《欧洲近代经验论和唯理论哲学发展史》，武汉大学出版社 2007 年版。

25. 詹向红、张成权：《中国文化在德国：从莱布尼茨时代到布莱希特时代》，中国社会科学出版社 2016 年版。

26. 张柯、张荣：《德国古典哲学的奠基之路》，《哲学研究》2016 年第 8 期。

27. 张汝伦：《现代西方哲学纲要》，上海人民出版社 2018 年版。

28. 张西平：《欧洲早期汉学史》，中华书局 2009 年版。

29. 张西平：《莱布尼茨思想中的中国国元素》，大象出版社 2010 年版。

30. 赵敦华：《西方哲学简史》，北京大学出版社 2005 年版。

31. 周可真：《哲学观的历史演变与现代哲学之所当然》，《中共南京市委党校南京市行政学院学报》2005 年第 8 期。

32. 朱光潜：《西方美学史》（上卷），人民文学出版社 1987 年版。

33. 朱谦之：《中国哲学对于欧洲的影响》，福建人民出版社 1985 年版。

34. 朱新春：《莱布尼茨自然有机论研究》，博士学位论文，中国科学技术大学，2010 年。

（二）中文译著

35. ［英］玛利亚·安托内萨：《莱布尼茨传》，宋斌译，中国人民大学出版社 2015 年版。

36. ［美］贝尔：《数学精英》，徐源译，商务印书馆 1991 年版。

37. ［英］贝尔纳：《科学的社会功能》，陈体芳译，商务印书馆 1986 年版。

38. ［英］贝尔纳：《历史上的科学》，伍况甫等译，科学出版社 1981 年版。

39. ［美］卡尔·波耶：《微积分概念史》，上海师范大学数学系翻译组译，上海人民出版社 1977 年版。

40. ［奥］路德维希·贝塔朗菲：《普通系统论的历史和现状》，王兴成译，《国外社会科学》1978 年第 2 期。

41. ［德］保罗·鲁道夫·卡尔纳普：《世界的逻辑构造》，陈启伟译，上海译文出版社 1999 年版。

42. ［德］保罗·鲁道夫·卡尔纳普：《世界的逻辑构造》，陈启伟译，上海译文出版社 2008 年版。

43. ［德］恩斯特·卡西尔：《启蒙哲学》，顾伟铭、杨光仲、郑楚宣译，山东人民出版社 1988 年版。

44. ［英］F. 柯普斯顿：《西洋哲学史》（第六卷），陈洁明、关子尹译，台湾黎明文化事业股份有限公司 1993 年版。

45. ［加］秦家懿编译：《德国哲学家论中国》，生活·读书·新知三联书店 1993 年版。

46. ［英］约翰·科廷汉：《理性主义者》，江怡译，辽宁教育出版社 1998 年版。

47. ［英］W. C. 丹皮尔：《科学史及其与哲学和宗教的关系》，李珩译，商务印书馆 1989 年版。

48. ［法］笛卡尔：《第一哲学沉思集》，庞景仁译，商务印书馆 1986 年版，第 82 页。

49. ［法］笛卡尔：《谈谈方法》，王太庆译，商务印书馆 2000 年版。

50. ［美］阿尔伯特·爱因斯坦：《爱因斯坦文集》，许良英、范岱年译，商务印书馆 1976 年版。

51. ［德］恩格斯：《反杜林论》，《马克思恩格斯选集》（第三卷），人民出版社 2012 年版。

52. ［法］艾田蒲：《中国之欧洲》，钱林森、许钧译，河南人民出版社 1994 年版。

53. ［德］路德维希·安德列斯·费尔巴哈：《对莱布尼茨哲学的叙述、分析和批判》，涂纪亮译，商务印书馆 1985 年版。

54. ［德］路德维希·安德列斯·费尔巴哈：《费尔巴哈哲学史著作选》，涂纪亮译，商务印书馆 1978 年版。

55. ［法］皮埃尔·弗雷德里斯：《勒内·笛卡尔先生在他的时代》，管震湖译，商务印书馆 1997 年版。

56. ［德］弗里德里希·弗雷格：《弗雷格哲学论著选辑》，王路译，商务印书馆 2006 年版。

57. ［美］方岚生：《互照：莱布尼茨与中国》，曾小五译，北京大学出版社 2013 年版。

58. ［德］汉斯·伽达默尔：《真理与方法》，洪汉鼎译，上海译文出版社 1992 年版。

59. ［美］汉姆普西耳编：《理性的时代：十七世纪哲学家》，陈嘉明译，光明日报出版社 1989 年版。

60. ［美］M. 克莱因：《古今数学思想》，北京大学数学系数学史翻译组译，上海科学技术出版社 1981 年版。

61. ［德］黑格尔：《哲学史讲演录》，贺麟、王太庆等译，商务印书馆 1960 年新 1 版。

62. ［德］黑格尔：《小逻辑》，贺麟译，商务印书馆 1980 年版。

63. ［德］海因里希·海涅：《海涅选集》，张玉书等译，人民文学出版社 1984 年版。

64. ［德］海因里希·海涅：《论德国宗教和哲学的历史》，海安译，商务印书馆 1974 年版。

65. ［德］沃纳·卡尔·海森堡：《物理学与哲学》，范岱年译，科学出版社 1974 年版。

66. ［德］马丁·海德格尔：《存在与时间》，陈嘉映译，生活·读书·新知三联书店 2000 年版。

67. ［德］马丁·海德格尔：《路标》，孙周兴译，商务印书馆 2000 年版。

68. ［美］杰拉德·霍耳顿：《物理科学的概念和理论导论》，戴念祖、张大卫译，高等教育出版社 1983 年版。

69. ［德］埃德蒙德·胡塞尔：《逻辑研究》，倪梁康译，上海译文出版社 2003 年版。

70. ［德］埃德蒙德·胡塞尔：《欧洲科学的危机和超验现象学》，王炳文译，商务印书馆 2001 年版。

71. ［德］埃德蒙德·胡塞尔：《胡塞尔选集》，倪梁康编选，上海三联书店 1997 年版。

72. ［德］胡塞尔：《笛卡尔式的沉思》，张廷国译，商务印书馆 2002 年版。

73. ［德］卡尔·雅斯贝斯：《现时代的人》，周晓良、宋祖良译，社会科学文献出版社 1992 年版。

74. ［英］尼古拉斯·乔里：《莱布尼茨》，杜娟译，华夏出版社 2013 年版。

75. ［德］康德：《未来形而上学导论》，庞景仁译，商务印书馆 1995 年版。

76. ［德］莱布尼茨：《人类理智新论》，陈修斋译，商务印书馆 1982 年版。

77. ［德］莱布尼茨：《新系统及其说明》，陈修斋译，商务印书馆 1999 年版。

78. ［德］莱布尼茨：《神义论》，朱雁冰译，生活·读书·新知三联书店 2007 年版。

79. ［德］莱布尼茨：《形而上学序论》，陈德荣译，商务印书馆 1996 年版。

80. ［德］莱布尼茨：《中国近事》，李文潮编译，大象出版社 2005 年版。

81. ［德］莱布尼茨：《莱布尼茨与克拉克论战书信集》，陈修斋译，武汉大学出版社 1996 年版。

82. ［德］莱布尼茨：《莱布尼茨自然哲学著作选》，祖庆年译，中国社会科学出版社 1985 年版。

83. ［俄］列宁：《哲学笔记》，中央编译局，人民出版社 1974 年版。

84. ［加］威廉·莱易斯：《自然的控制》，岳长龄、李建华译，重庆出版社 1993 年版。

85. ［英］安东尼·肯尼：《牛津西方哲学史》，王珂平译，中国人民大学出版社 2010 年版。

86. ［德］马克思、恩格斯：《马克思恩格斯全集》（第三十二卷），人民出版社 1974 年版。

87. ［美］约翰·洛西：《科学哲学历史导论》，邱仁宗等译，华中工学院出版社 1979 年版。

88. ［美］M. K. 穆尼茨：《当代分析哲学》，吴牟人、张汝伦、黄勇译，复旦大学出版社 1986 年版。

89. ［美］孟德卫：《莱布尼茨和儒学》，张学智译，江苏人民出版社 1998 年版。

90. ［美］加德纳·墨菲、约瑟夫·柯瓦奇：《近代心理学历史导论》，林方、王景和译，商务印书馆 1980 年版。

91. ［奥］奥图·纽拉特：《科学的世界观：维也纳小组》，《世界哲学》 1994 年第 1 期。

92. ［英］艾萨克·牛顿：《自然哲学之数学原理》，太朴译，商务印书馆 1957 年版。

93. ［美］D. J. 奥康诺主编：《批评的西方哲学史》，洪汉鼎等译，东方出版社 2005 年版。

94. ［古希腊］柏拉图：《理想国》，郭斌和、张竹明译，商务印书馆 1986 年版。

95. ［法］维吉尔·毕诺：《中国对法国哲学思想形成的影响》，耿昇译，商务印书馆 2000 年版。

96. ［德］汉斯·波塞尔：《什么是科学》，李文潮译，上海三联书店 2002 年版。

97. ［美］帕特里克·赖利：《莱布尼茨政治著作选》，张国帅、李媛、杜国宏译，中国政法大学出版社 2014 年版。

98. ［英］麦克唐纳·罗斯：《莱布尼茨》，张传友译，中国社会科学出版社 1987 版。

99. ［英］伯特兰·罗素：《对莱布尼茨哲学的批评性解释》，段德智、张传有、陈家琪译，商务印书馆 2000 年版。

100. ［英］伯特兰·罗素：《西方哲学史》，马元德译，商务印书馆 1976 年版。

101. ［德］亚瑟·叔本华：《论充足理由律的四重根》，陈晓希译，商务印书馆 1996 年版。

102. ［德］亚瑟·叔本华：《作为意志和表象的世界》，石冲白译，商务印书馆 1982 年版。

103. ［英］斯科特：《数学史》，侯德润、张兰译，商务印书馆 1981 年版。

104. ［荷］斯宾诺莎：《伦理学》，贺麟译，商务印书馆 1981 年版。

105. ［荷］斯宾诺莎：《笛卡尔哲学原理》，王荫庭、洪汉鼎译，商务印书馆 1980 年版。

106. ［荷］斯宾诺莎：《神学政治论》，温锡增译，商务印书馆 1963 年版。

107. ［美］斯坦贝格：《斯宾诺莎》，黄启祥译，中华书局 2002 年版。

108. ［美］H. S. 塞耶编：《牛顿自然哲学著作选》，上海外国自然科学哲学著作编译组译，上海人民出版社 1974 年版。

109. ［美］弗兰克·梯利：《西方哲学史》，伍德增补，葛力译，商务印书馆 2015 年版。

110. ［美］加略特·汤姆森：《莱布尼茨》，李素霞、杨富斌译，中华书局 2014 年版。

111. ［美］加勒特·汤姆森：《笛卡尔》，王军译，中华书局 2002 年版。

112. ［英］阿尔弗雷德·怀特海：《科学与近代世界》，何钦译，商务印书馆 1962 年版。

113. ［英］路德维希·维特根斯坦：《逻辑哲学论》，贺绍甲译，商务印书馆 2018 年版。

114. ［英］亚·沃尔夫：《十六、十七世纪科学、技术和哲学史》，周昌忠等译，商务印书馆 1984 年版。

115. ［英］约翰·齐曼：《可靠的知识——对科学信仰中原因的探索》，赵振江译，商务印书馆 2003 年版。

二　英文文献

1. Robert Merrihew Adams, *Leibniz: Determinist, Theist, Idealist*, New-York: Oxford University Press, 1994.

2. E. J. Aiton, *Leibniz: A Biography*, Bristol and Boston: Adam Hilger, 1985.

3. Jason Bardi, *The Calculus Wars: Newton, Leibniz and the Greatest Mathematical Clash of All Time*, London: High Stakes, 2006.

4. E. T. Bell, *Men of Mathematics*, New York: Dover Publication, 1963.

5. David Calleo, *The German Problem Reconsidered*, London, 1978.

6. G. J. Chaitin, *On the intelligibility of the universe and the notions of simplicity, complexity and irreducibility*, German Philosophy Association, 2002.

7. J. M. Child, *The Early Mathematical Manuscripts of Leibniz*, La Salle Illinois: Open Court, 1920.

8. Julia Ching, Willard Gurdon Oxtoby, *Moral Enlightenment: Leibniz and Wolff on China*, Routledge, 1992.

9. Martin Davis, *The Universal Computer: The Road from Leibniz to Turing*, New York: W. W. Norton & Company, 2000.

10. R. Descartes, *Philosophical Writing*, Selected and Translated by Norman Kemp Smith, Macmillan, 1952.

11. R. Descartes, *The Philosophical Works of Descartes*, volume I, Cambridge University Press, 1967.

12. Corey W. Dyck, A Wolff in Kant's Clothing: Christian Wolff's Influence on Kant's Accounts of Consciousness, Self – Consciousness, and Psychology, *Philosophy Compass*, 2011 (6): 44 – 53.

13. Gottlob Frege, *Concept Script, a Formal Language of Pure Thought Modelled upon that of Arithmetic*, Cambridge, 1967.

14. E. Hamilton, H. Cairns, *Plato: Collected Dialogues*, New York, 1961.

15. J. E. Hofmann, *Leibniz in Paris* (1672 – 1676), *His Growth to Mathematical Maturity*, Cambridge, 1974.

16. E. S. Haldaney, G. R. T. Ross, *The Philosophical Works of Descartes*, London: Cambridge University Press, 1931.

17. E. Hamilton, H. Cairns, *Plato: Collected Dialogues*, New York: 1961.

18. Heidegger, *The metaphysical foundation of logic*, translated by Michael Heim, Bloomington, 1978.

19. Paul Hazard, *Die Krise des europaischen Geistes*, Hamburg, 1939.

20. Nicholas Jolley, *The Light of the Soul: Theories of Ideas in Leibniz, Malebranche, and Descartes*, Oxford: Clarendon Press, 1992.

21. Nicholas Jolley, *The Cambridge Companion to Leibniz*, Cambridge: Cambridge University Press, 1995.

22. Saul Kripke, *Naming and Necessity*, Oxford: Blackwell, 1980.

23. Leibniz, *Die Werke von Leibniz*, ed. by O. Klopp, 11 vol. Hannover 1864 – 1884.

24. Leibniz, *Discourse on Metaphysics*, *Correspondence with Arnald and Monadology*, trans. by DR. George R. Montgomery. Open Court, 1918.

25. Leibniz, *Sämtliche Schriften und Briefe*, ed. by Preußische Akademie der Wissenschaften zu Berlin, Darmstadt (later on Leipzig, now: Berlin: Akademie Verlag) , 1923.

26. Leibniz, *Textes inédits d'après les manuscrits de la Bibliothèque de Hanovre*, *publ. et ann*, Par Gaston Grua, Paris, 1948.

27. Leibniz, *Leibnizens mathematische Schriften*, ed. by C. I. Gerhardt (Berlin 1849 – 1863, reprint: Hildesheim: Olms Verlag, 1962) , vol. 7.

28. Leibniz, *Logical Papers*, trans. by G. H. R. Parkinson, Oxford: Clarendon Press, 1966.

29. Leibniz, *The Leibniz – Arnauld Correspondence*, Manchester University Press Barnes & Noble, 1967.

30. Leibniz, *Philosophical Papers and Letters*, ed. by Leroy E. Loemker, 2nd ed. , Dordrecht and Boston: Reidel, 1969.

31. Leibniz, *The Monadology and Other Philosophical Writings*, ed. and trans. by Robert Latta, Londin: Oxford University Press, 1971.

32. Leibniz, Patrick Riley edited, *Political Writings*, London: Cambridge University Press, 1972.

33. Leibniz, *Philosophical Writings*, ed. by G. H. R. Parkinson, trans. by Mary

Morris and G. H. R. Parkinson, London: J M Dent& Sons, 1973.

34. Leibniz, *Die philosophischen Schriften von Gottlied Wilhelm Leibniz*, ed. by C. I. Gerhardt, 7 vol. , Berlin 1875 – 1890 (reprinted: Hildesheim 1978).

35. Leibniz, *New Essays on Human Understanding*, trans. by Peter Remnant and Jonathan Bennett, Cambridge: Cambridge University Press, 1981.

36. Leibniz, *Theodicy: Essays on the Goodness of God, the Freedom of Man, and the Origin of Evil*, Open Court, 1985.

37. Leibniz, *Leibniz: a Language, Signs and Thought*, ed. by Marcelo Dascal, Philadelphia: John Benjamins Publishing Company, 1987.

38. Leibniz, *Philosophical Essays*, trans. by Roger Ariew and Daniel Garber, Indianapolis: Hackett, 1989.

39. Leibniz, *Leibniz Korrespondiert mit China*, ed. by Rita Widmaier, Frankfuru: V. Klostermann, 1990.

40. Leibniz, *Monadology*, Routledge, 1991.

41. Leibniz, *Writings on China*, ed. by DJ. Cook and H. Rosemont, Jr. Chicago and La Salle, IL: Open Court, 1994.

42. Leibniz, *Philosophical Texts*, trans. and ed. by R. S. Woolhouse and Richard Francks, Oxford: Oxford University Press, 1998.

43. Wenchao Li, *Die christliche China – Mission im 17 Jahrhundert*, Stuttgart: Frant Steiner Verlag Stuttgart, 2000.

44. Benson Mates, *The Philosophy of Leibniz: Mataphysics & Language*, New York and Oxford, 1986.

45. Robert J. Mulvaney, The Early Development of Leibniz's Concept of Justice, *Journal of the History of Ideas*, 1968 (29): 53.

46. D. E. Mungello, *Leibniz and Confucianism: The Search for Accord*, Honolulu, University of Hawaii Press, 1977.

47. K. Okruhlik, J. R. Brown. *The Natural Philosophy of Leibniz*, Dordrecht, 1985.

48. G. H. R. Parkinson, *Logic and Reality in Leibniz's Metaphysics*, Oxford, 1965.

49. Hans Poser, *Nihil sine ratione*, Hannover, 2002.

50. E. S. Nelson, Leibniz and China: Religion, Hermeneutics, and Enlight-

enment, *Religion in the Age of Enlightenment*, 2009 (1): 277 – 300.

51. Nicholos Rescher, *The Philosophy of Leibniz*, Englewood Cliffs: Prentice-Hall, 1967.

52. Nicholos Rescher, *Leibniz: An Introduction to his Philosophy*, Hampshire: Gregg Revivals, 1993.

53. Patrick Riley, *Leibniz'Universal Jurisprudence*, Cambridge: Harvard University Press, 1996.

54. G. MacDonld Ross, *Leibniz*, NewYork: Oxford University Press, 1984.

55. Bertrand Russell, *The philosophy of Leibniz*, London, 1937.

56. Bertrand Russell, *A Critical Exposition of the Philosophy of Leibniz*, New York: Routledge, 2005.

57. Donld Rutherford, *Leibniz and the Rational Order of Nature*, Cambridge: Cambridge University Press, 1997.

58. Gustavo Sarmiento, On Kant's Definition of the Monad in the Monadologia Physica of 1756, *Kant – Studien*, 2005 (1): 1 – 19.

59. Omar Swartz, *The Rise of Rhetoric and Its Intersections with Contemporary Critical Thought*, West view Press, 1998.

60. Hao Wang, *Reflections on Kurt Gödel*, MIT Press, 1987.

61. P. Wiener, *Leibniz Selections*, New York, 1951.

62. Catherine Wilson, *Leibniz's Metaphysics: A Historical and Comparative Study*, Manchester: Manchester University Press, 1989.

63. R. S. Woolhouse, *Leibniz: Metaphysics and Philosophy of Science*, Oxford, 1981.

后 记

本书是在笔者博士论文的基础上稍加扩充而成的。回首攻读博士学位既往，能在美丽的大连理工大学校园，能在众多学富五车、才华横溢的老师的熏陶下度过，实是人生之幸。

文章的写作是枯燥艰辛而又富有挑战的，特别是对于莱布尼茨这样一位旷古奇才的思想的把握难度是极高的，笔者在写作的过程中，往往感慨狄德罗对于莱布尼茨的评价："当一个人考虑到自己并把自己的才能和一位莱布尼茨的才能来做比较时，就会恨不得把书都抛弃，去找个世界上极偏僻的角落躲藏起来以便安静地死去。"在这里我特别要感谢我的导师李文潮教授、洪晓楠教授。李文潮教授是莱布尼茨研究的世界级大师，在德国担任柏林自由大学哲学教授、国际莱布尼茨学会副主席兼学术委员会主任、柏林—勃兰登堡科学院《莱布尼茨全集》编辑部主任等，作为首位担任此职务的外国学者，李文潮教授精通中文、德文、英文、法文乃至拉丁文，是极少数可以直接阅读莱布尼茨一手文献的学者，莱布尼茨研究是其学术强项，堪称专业领域的大师。笔者也因此获得了若干关于莱布尼茨研究的珍贵一手文献，并获得了在德国继续学习的机会。在此，谨向李文潮教授致以最诚挚的谢意和崇高的敬意！洪晓楠教授知识渊博、思维敏锐、学风严谨，尽管行政事务繁忙仍欣然指导我写作，在论文的整体框架、文字的具体表述等方面都提出了切实中肯的指导意见和建议，让我在论文写作的迷茫中有了前进的目标和方向。可以说，若没有二位导师的辛勤栽培、孜孜教诲，资质愚钝、见识浅薄的我难以顺利完成论文。一日为师，终身为父！在此，谨向李文潮教授、洪晓楠教授表示最诚挚的谢意和崇高的敬意！

博士毕业后来到美丽的人间天堂苏州工作，开启了人生新的篇章。苏州大学政治与公共管理学院学术氛围浓厚、同人团结友爱、学生积极向上，让我感受到了大家庭的温暖与支持。在哲学系十分幸运地遇到了大师风范、高山仰止的学术前辈任平教授、周可真教授，结识了视野开阔、治学严谨的庄友刚教授、邢冬梅教授、韩焕忠教授、郭世平教授、车玉玲教授、于树贵教授、杨思基教授、李继堂教授、曹润生副教授，结交了志同道合、朝气蓬勃的青年学者桑明旭教授、朱光磊教授、田广兰副教授、高山副教授、李红霞副教授、王新水副教授、张亮博士、王一成博士，无论是在工作上还是在生活中，他们都给予了我最热切的关心和帮助，在与他们的交流中，我受益良多。正是在这样浓厚的学术氛围、舒适的工作环境中，我才得以顺利完成此书，在此谨向苏州大学的诸位同人一并致以最真诚的感谢！

我要特别感谢我的家人，他们给予了我最无私的爱，为了我的成长一如既往地付出了所有。也正是因为我的家人，我所做的一切才有意义；也正是因为有了他们，我才有了前进的勇气和信心。

尽管由于种种主客观因素，生命中难免有不尽如人意之遗憾，但回望来路，于我个人而言，恰如莱布尼茨《神义论》论证的主题：这是可能世界中最好的世界，一切都是最好的安排！

是为记。